DIEU, UN DÉTOUR INUTILE ?

LOUIS-MARIE CHAUVET

DIEU, UN DÉTOUR INUTILE ?

Entretiens avec
DOMINIQUE SAINT-MACARY
et
PIERRE SINIZERGUES

LES ÉDITIONS DU CERF

www.editionsducerf.fr
24, rue des Tanneries
75013 Paris

ISBN : 978-2-204-13965-6

OUVERTURE

Le jour où Dominique et Pierre, une paroissienne de Deuil-La Barre et un ancien paroissien d'Eaubonne, m'ont proposé de mener des entretiens « en vue, peut-être, d'une publication », j'ai vraiment résisté : « Je n'ai rien à dire d'un peu original ! » Ils ont insisté : « Mais si, pensez à ces chrétiens qui paraissent nous ressembler tellement, mais qui, eux, ont quitté l'Église ou du moins se sont marginalisés par rapport à elle… » Cet argument m'a ébranlé : comment pourrais-je dire à ces personnes-là combien à la fois je comprends et regrette leur prise de distance ?

Je la comprends d'abord : les évolutions culturelles et sociétales, avec leur retentissement non seulement sur les mots qui disent la foi mais aussi, et plus encore peut-être, sur la manière pour l'Église de se comprendre dans le monde actuel sont si profondes qu'il ne faut pas s'en étonner, si du moins on refuse l'attitude frileuse du repli sur la « dentelle » liturgique ou sur les affirmations identitaires massives.

Mais je la regrette aussi. Et même beaucoup ! C'est d'ailleurs là que mes interlocuteurs ont emporté le morceau : « Vous avez des choses simples à leur dire sur l'essentiel de la foi. » Et, ayant déjà répété à plusieurs reprises, dans le sillage du pape François, que quand on va à l'essentiel, tout se simplifie, je les ai crus. Mais pour que je puisse les croire, il fallait bien que je m'y sente plus prêt que je ne voulais bien le dire et que cela rejoigne en moi quelque désir suffisamment fort, conscient ou inconscient.

En tout cas, une fois lancé sur ce thème par mes deux interlocuteurs, j'y ai pris du plaisir. Pas seulement le plaisir de rencontres toujours agréables. Mais le plaisir aussi de mettre au jour, en l'exprimant, quelques essentiels de la foi chrétienne qui me tiennent à cœur et qui me semblent pouvoir parler dans notre actuelle postmodernité. Car je fais totalement miens les propos de nos évêques, en 1994, dans leur fameuse *Lettre aux catholiques de France* : « Les temps actuels ne sont pas plus défavorables à l'annonce de l'Évangile que les temps passés de notre histoire. » Simplement, les conditions culturelles et sociales de cette annonce, parce que plus complexes, nous poussent plus qu'autrefois sans doute, « à aller aux sources de notre foi et à devenir disciples et témoins du Dieu de Jésus-Christ d'une façon plus décidée et plus radicale ».

C'est cette conviction que je désire partager. La partager en disant pourquoi l'annonce de l'Évangile a autant, et même plus à certains égards, de pertinence aujourd'hui qu'autrefois. Ce « pourquoi » est évidemment lié à l'intelligence théologique que j'en ai prise, notamment durant mes années de professeur de théologie à l'Institut catholique de Paris[1]. Quant à mon désir de la partager, il est sûrement lié, lui, aux multiples rencontres, réunions, célébrations que j'ai pu faire dans mon activité pastorale de prêtre en paroisse. Il m'est arrivé si souvent de vérifier, sur le terrain, la pertinence de l'Évangile !

Encore faut-il que cet Évangile ne soit pas réduit à des « valeurs » de justice et de générosité. Faute de quoi, ces valeurs ayant été largement inculturées par vingt siècles de christianisme dans notre société occidentale, on ne voit pas pourquoi le détour par la foi en Dieu aurait quelque intérêt. Pour bien des personnes en effet, autant lesdites « valeurs » sont partagées, en théorie et souvent en pratique, autant le « détour par Dieu » semble désormais « inutile », ou simplement à la carte. C'est justement à ces nombreuses personnes-là que les pages qui suivent voudraient s'adresser.

1. L'Institut catholique de Paris, ICP, sera souvent désigné dans la suite comme la *Catho*.

1
LE DÉFI DE LA MODERNITÉ

En commençant cette série d'entretiens, nous nous engageons dans une belle aventure ! Nous voudrions vous interroger sur la foi chrétienne, hors de tout langage convenu et en nous plaçant résolument dans la culture contemporaine. Ainsi nous allons faire appel aux expériences que vous avez vécues en tant que chrétien et prêtre, à la croisée d'une Église au fonctionnement pluriséculaire et d'une Église issue de Vatican II toujours en recherche. Ce sera pour vous l'occasion de nous donner votre compréhension des fondements de la foi et de présenter les richesses que celle-ci offre à tous les hommes d'aujourd'hui. Notre première question concerne, tout simplement, les destinataires de ce recueil.

Je n'ai pas la prétention d'avoir quelque chose de très original à apporter, mais il y a quand même des choses que, depuis plusieurs années, j'ai envie de dire à un certain type de personnes : des gens qui ont été généralement formés dans le christianisme. Parmi ceux-là, il y en a qui ont été ou qui sont encore pratiquants ; qui sont « dans les clous », et d'autres qui ne le sont plus ; des qui se considèrent toujours comme bien intégrées dans l'Église, et d'autres qui, au contraire, ont pris leurs distances et se sont mises en retrait.

Au fond, les gens auxquels je pense et veux m'adresser sont ceux qui, par leur formation et leur culture, pourraient être appelés les enfants du Siècle des Lumières, et qui, consciemment ou non, sont habités par la culture du « pense par toi-même, mets en œuvre ta raison critique » qu'a si fortement initiée le grand philosophe Emmanuel Kant.

Cela signifie que ce que j'ai à dire ne s'adresse pas en premier lieu aux chrétiens qui continuent de vivre de leurs traditions comme si le monde n'avait pas changé, ni à ceux qui prolongent dans notre culture européenne « postmoderne » leurs comportements religieux traditionnels : chrétiens d'origine antillaise, africaine, ou de pays européens comme le Portugal ou la Pologne. Ce n'est pas d'abord à ceux-là, si respectable bien sûr que soit leur manière de se comprendre et de « se vivre » comme chrétiens, que mes propos s'adressent.

L'influence du Siècle des Lumières serait-elle encore vivante aujourd'hui ?

Pour beaucoup de gens, la philosophie des Lumières fait partie de leur *habitus*. Pour des personnes qui viennent d'autres cultures, ou de l'ancienne Europe de l'Est, c'est très différent. Au fond, c'est d'abord chez ceux qu'on peut appeler les « Gaulois de souche » que l'influence des Lumières, donc de la raison critique, est la plus forte. Cette appellation n'est évidemment pas très juste, mais comment les identifier si, comme je le pense clairement, identification il doit y avoir ? Ce sont eux surtout qui ne se retrouvent plus dans l'Église et dans la foi chrétienne, sauf à réduire le christianisme à des « valeurs » (justice, responsabilité, partage, etc.), valeurs que le christianisme a si bien réussi à inculturer que beaucoup d'entre eux n'ont plus besoin de la foi en Dieu pour en vivre. Il me semble qu'ils sont nombreux, ces chrétiens devenus plus ou moins marginaux par rapport à l'Église. J'en connais pour ma part un certain nombre, y compris parmi des amis qui me sont proches.

Leur prise de distance est pour moi l'une des choses les plus préoccupantes pour l'Église d'aujourd'hui. Je pense à ce sujet à ce qui m'est arrivé il y a un peu plus de dix ans, quand je suis revenu à Cergy[1]. L'évêque m'avait alors demandé de revenir dans cette ville nouvelle, où j'avais déjà été envoyé comme prêtre dix années plus tôt. Je me souviendrai toujours de la surprise étonnée et attristée que j'ai eue quand j'ai observé que des chrétiens que j'avais considérés comme très engagés dans la foi, qui avaient même eu des responsabilités pastorales importantes, n'étaient plus, ou plus guère, partie prenante, voire avaient carrément pris le large. Cela a été un choc pour moi,

1. Voir le chapitre II.

et plus qu'un choc : une véritable blessure. Je me suis dit : « mais que s'est-il donc passé ? »

C'est peut-être un phénomène lié à l'évolution de la pensée et de la foi chrétienne. Aujourd'hui, il paraît tout à fait normal de secourir les nécessiteux, de loger les migrants ; on n'accepte pas que quelqu'un soit malade et ne puisse pas être soigné dans un hôpital, gratuitement s'il le faut. Est-ce qu'on ne se trouve donc pas dans une situation où le christianisme a tellement pénétré la société qu'on a finalement suivi le Christ et rendu la société plus fraternelle ?

Oui, je suis bien d'accord avec cela et j'irais même plus loin : ce n'est pas seulement le christianisme, mais le judéo-christianisme qui a réalisé cela. L'inculturation des valeurs bibliques a été si réussie que dès lors, on ne voit plus pourquoi on aurait besoin d'aller chercher « Dieu » pour tout cela, parce que les droits de l'homme, le respect d'autrui, la tolérance à l'égard des autres religions ou des autres cultures, l'écologie, etc., font partie de l'air culturel qu'on respire.

Finalement, pour être parfaitement chrétienne, il ne manque à cette société que les sacrements et la vie communautaire de gens qui lisent la Bible ?

Absolument. Mais ce « ne que » que vous venez d'employer est en fait une montagne ! Je suis habité par l'immense regret de constater que toutes ces personnes qui ont souvent une culture universitaire, qui ont fait ou qui font une carrière professionnelle brillante, ont mis entre parenthèses la foi chrétienne, parce qu'elle ne leur parle plus. Elles n'en ont plus besoin et c'est, pour une part, lié au décalage qui existe entre la culture qu'elles ont acquise – une culture critique et universitaire – et les représentations liées à la foi chrétienne qui sont demeurées dans bien des cas des représentations de l'école primaire.

Par exemple, il est clair que si ce qui me vient à l'esprit concernant la résurrection, c'est le texte d'Ézéchiel au chapitre 37 pris au pied de la lettre, où les os se raboutent et la peau repousse, je n'y trouve aucune crédibilité. Le décalage entre la culture profane et la culture religieuse n'a pas été suffisamment comblé. Si l'on n'arrive pas à dire la résurrection dans des mots simples, adaptés à la culture actuelle, je ne vois pas comment on pourrait y croire. Considérons par exemple que, du point de vue de la phénoménologie[1] contemporaine, le corps est autre chose que le simple « organisme ». Que ce corps est d'abord une affaire de relations et pas seulement une affaire de cellules biologiques, et que tout ce qui nous fait, dans le plus intime et le plus spirituel de ce que nous sommes, passe justement par ce « corps », c'est-à-dire par la relation, par les regards, par les paroles, par les sourires, par les services rendus, etc. C'est précisément cela qui est en jeu dans ce qu'on appelle la « résurrection ».

Je suis animé par la conviction que l'on peut dire les choses les plus essentielles de la foi et de la révélation chrétienne, y compris la résurrection, avec des mots relativement simples et que la culture contemporaine justement nous permet cela. Cette culture n'est pas l'ennemie de la foi, bien au contraire : elle nous offre des ressources pour penser ce qui est en jeu dans la foi chrétienne.

Est-ce que précisément, l'évolution actuelle qui se fait au détriment de la culture littéraire et du monde des concepts, et au profit du visuel, de l'immédiateté et du ressenti ne crée pas un défi insurmontable ?

Vous faites allusion à ce qu'on appelle souvent la culture du zapping : on passe d'un sujet à un autre, « c'est intéressant parce que c'est nouveau ». Les affects sont très sollicités aujourd'hui pour une adhésion à un parti politique, à un syndicat, à une religion ou à des valeurs morales. Inutile de m'étendre sur les limites de tout cela. Le décalage entre cette culture de l'immédiat, du nouveau, du sentiment, et ce que demande l'Église, à savoir au contraire une fidélité, une permanence, une conviction qui nous a habitués à nous dire que la vérité de la foi ne se mesure pas à l'aune des sentiments que l'on éprouve, ce déca-

1. La phénoménologie désigne ce courant philosophique, né avec Husserl il y a plus d'un siècle, qui pense à partir des choses mêmes, à commencer par les choses les plus simples : un arbre, un pont, un ciel. Elle peut être proche, de ce fait, de la poésie. Mais, à la différence de celle-ci, elle tente d'élaborer une pensée conceptuelle rigoureuse dans sa démarche.

lage constitue un vrai défi pour la foi aujourd'hui : beaucoup de gens ne s'y retrouvent pas.

Ne peut-on pourtant pas approcher la foi chrétienne par le canal du ressenti ?

Je n'exclus évidemment pas ce canal, je suis même convaincu qu'il faut lui faire une véritable place (la liturgie joue d'abord sur ce registre), mais il faut le croiser avec le canal de la réflexion. Le fait que j'ai été théologien pendant plus de 35 ans à l'Institut catholique de Paris, et que j'ai constamment sollicité la raison, et la raison critique, a renforcé en moi cette conviction : Dieu nous désire, mais il nous désire intelligents !

Justement, il me semble que l'actuelle modernité est un atout en ce sens. Je parlais du corps il y a un instant pour penser la résurrection : la phénoménologie contemporaine nous apporte quelque chose. Il en va de même quand je parle des sacrements, de la présence du Christ dans l'eucharistie. Les évolutions culturelles en cours, notamment du côté des sciences humaines, nous fournissent des ressources que l'on n'avait pas au Moyen Âge, des ressources dont saint Thomas d'Aquin ne pouvait disposer à son époque[1]. Sa théologie n'est sûrement pas moins bonne que celle que nous pouvons élaborer aujourd'hui ; elle était différente, parce qu'elle était habitée par une tout autre culture que la nôtre. Je le dis souvent : nous ne sommes pas meilleurs que nos pères ou que nos grands-pères, nous sommes différents. Ma piété à moi n'est pas, ne peut pas être celle de ma mère. Et pourtant, ma mère était une sainte femme, une femme intelligente ; elle était paysanne, elle est sortie de l'école à l'âge de 12 ans pour aller garder les moutons, et pourtant elle ne faisait pas de faute d'orthographe dans ses lettres ; et même, elle lisait de vrais livres, pas n'importe lesquels il est vrai : ceux de ladite « Bonne Presse » ! Mais je n'ai pas la même forme de piété, la même sensibilité que ma mère, et heureusement ! Je ne suis pas meilleur, je suis différent, c'est tout.

1. Thomas d'Aquin est sans doute le théologien le plus important du Moyen Âge. Son importance a été démultipliée par le fait que, notamment depuis la fin du XIXe siècle avec le pape Léon XIII, le recours à la pensée de saint Thomas a été largement favorisé par l'Église catholique.

Il me semble que trop de gens ne comprennent pas cela. Les médias ne sont pas innocents à cet égard : trop de journalistes cultivent un type de discours qui laisse plus ou moins entendre que nous sommes forcément les plus intelligents parce que nous sommes les derniers ! J'en ai un peu assez d'entendre parler du Moyen Âge comme d'une période obscurantiste. Mais pour qui nous prenons-nous donc ?

Le progrès existe dans le domaine scientifique, on est effectivement plus compétents dans les sciences aujourd'hui que du temps de Thomas d'Aquin. Pourquoi ne serait-ce pas la même chose dans la pensée religieuse ?

En effet, on transpose le paradigme scientifique dans tous les domaines du savoir. Comme le disait avec humour Philippe Meyer, grand journaliste à France Inter : « On n'arrête pas le progrès, ni le progrès du progrès. Le futur est plein d'avenir ! » Mais en théologie, tout comme en philosophie, ce n'est pas le même paradigme. En sciences exactes, physique, chimie, etc., le progrès est cumulatif : ce qui a été découvert auparavant va servir pour la suite, cela fait boule de neige. C'est tout autre chose en théologie et en philosophie : d'une certaine façon, tout a déjà été pensé en philosophie. C'est pourquoi je disais que nous ne sommes pas meilleurs aujourd'hui que saint Thomas d'Aquin au XIIIe siècle ou saint Augustin vers l'an 400 ; nous sommes différents. En ce qui concerne l'eucharistie, par exemple, je ne suis pas sûr que la notion de transsubstantiation qui a été mise en relief à partir du XIIe siècle et, de manière éminente, par saint Thomas d'Aquin au XIIIe, soit le *nec plus ultra* de la théologie de l'eucharistie. Certes, comme disait le père Chenu, c'était une opération « intellectuellement prodigieuse » ! Mais, dans le même temps, on a complètement perdu de vue l'idée que l'eucharistie est une mémoire, et que ce qui est premier, c'est la prière d'action de grâces : c'est cette prière qui est d'abord une eucharistie ! Au XIIIe siècle, en ce qui concerne le mode de présence du Christ, on a sans doute gagné sur un plan avec les ressources de la raison mais on a perdu sur d'autres plans.

Est-ce que vous considérez que le développement de l'islam en France va avoir une influence sur la culture en général, et en particulier sur la culture religieuse ?

Vous parlez de l'islam, c'est à juste titre, bien sûr, puisqu'il est très fréquemment sur le devant de la scène. Mais pour moi, c'est le fait que la société est devenue multireligieuse et multiculturelle qui est le plus fondamental. Il m'arrive par exemple de dire à des juifs des choses qui n'auraient jamais pu être dites ni même pensées il y a un siècle, à savoir que nous sommes beaucoup moins éloignés les uns des autres que nous ne le pensions, même si nous demeurons bien différents. L'époque où de telles rencontres n'auraient pas pu avoir lieu n'est pas si lointaine ! Reconnaître que mon interlocuteur qui est d'une autre religion est lui aussi porteur de valeurs et que nous pouvons nous rejoindre, pas seulement pour des actions de générosité, mais aussi sur le plan de la foi et sur le plan spirituel, c'est quand même assez nouveau. Il a fallu la culture actuelle pour que l'on puisse vivre des choses comme cela. Je ne suis en tout cas aucunement gêné pour dire aujourd'hui, notamment dans mes homélies, que plus je serai chrétien, donc enraciné dans cette foi avec ce qu'elle a d'original et de singulier, et plus je serai appelé à comprendre l'autre, à entrer en dialogue avec lui, à apprécier ce qu'il vit au nom de sa propre tradition religieuse.

Pour moi, il est important de pouvoir dire à un musulman ou à un juif, ou à un agnostique : « Ce n'est pas parce que je prétends, avec l'Église à laquelle j'appartiens, que la plénitude de la révélation de Dieu, c'est du côté de Jésus que nous la trouvons, que je suis meilleur que vous ! Je n'ai aucune difficulté à admettre, au nom même de ma singularité chrétienne, que vous, vous êtes peut-être plus proches de Dieu que moi. » Je peux même le dire à un athée, parce que je suis convaincu qu'il y a des gens qui sont devenus athées tout simplement parce qu'ils ont éprouvé en eux cette idée que si Dieu est ce qu'en ont fait trop souvent les religions, alors il n'y a pas de Dieu. C'est un athéisme de protestation contre Dieu au nom de Dieu s'il y en avait un.

Que de fois, je le redis à mes frères et sœurs chrétiens : plus vous serez enracinés dans l'Évangile, avec ce que cela a d'original, et plus vous serez appelés justement à cette ouverture d'esprit. Tout cela déborde donc pour moi largement la question de l'islam, dont je vois bien par ailleurs qu'il influence particulièrement la société française. J'ajoute que la spécificité de l'islam requiert aussi quelque chose de spécifique de la part des chrétiens dans le dialogue. Pour ma part, ayant participé plusieurs fois à des conversations triangulaires entre chrétiens, juifs et musulmans, j'ai chaque fois éprouvé le besoin de tenir une posture particulière par rapport à ce que nous pouvons ressentir comme une tendance « hégémonique » de la part de ces derniers.

Mettant de côté les religions, que pensez-vous de la culture du corps, de la culture de l'esprit, des spiritualités orientales, qui témoignent d'une certaine recherche d'intériorité, de mieux-être et d'absolu, sans référence à Dieu ?

Pas besoin de Dieu en effet pour être « bien dans sa peau ». La messe du dimanche matin a été remplacée par la pratique du jogging ou du vélo, comme on peut le voir ici en forêt de Montmorency ! Comme vous, je ne doute pas qu'il y ait là quelque chose qui touche à une recherche de spiritualité : on est dans le gratuit, en tout cas dans quelque chose qui rompt avec le stress de la rentabilité. Ce recul ou ce retrait par rapport à l'« utile » rejoint d'ailleurs l'esprit du dimanche chrétien et même celui du sabbat juif – sur ce point du moins, car le dimanche chrétien n'est pas le simple prolongement du sabbat comme jour de repos (il n'était pas chômé avant Constantin). Il est le jour « mémorial » de la résurrection de Jésus, ce qui est différent. Quoi qu'il en soit, il est heureux qu'il se soit croisé avec le repos sabbatique : ménager à l'être humain un espace hebdomadaire gratuit de liberté (au début, c'était pour permettre aux esclaves de souffler un peu), n'est-ce pas faire œuvre humanisante et civilisatrice ? En outre, lorsque cela vient se greffer sur ce que vous appelez les spiritualités orientales, on peut même discerner dans le besoin actuel que vous notez quelque chose d'une « sagesse » et même d'une « religion ». Mais sans Dieu en effet.

Que dire de la réincarnation qui semble à la mode dans la culture contemporaine ?

Ce rapport à la réincarnation, dans notre actuelle société, est curieux. Car la réincarnation, telle qu'elle est envisagée par la plupart de nos contemporains ici en France, est assez différente de ce qu'elle est dans la tradition bouddhiste. Dans celle-ci, il y a quelque chose de presque désespérant à ce sujet, puisqu'on n'en a pratiquement jamais fini de se libérer de la loi du « Karma » : ce sont des milliers et milliers de fois que l'on doit se réincarner avant de parvenir au « nirvana ». Dès lors, les chances sont minces. Avec un brin d'humour, on pourrait même presque dire selon la logique des Shadocks : « Plus cela rate, plus cela a de chances de réussir. » Il me paraît en tout cas très curieux d'entendre des gens dire : « La résurrection, moi je n'y crois pas ; mais la réincarnation, oui. »

J'ai pu éprouver l'extrême difficulté du dialogue interreligieux avec les bouddhistes. Contrairement à ce que croient beaucoup, c'est peut-être avec eux que ce dialogue est le plus difficile. Dennis Gira, professeur à la Catho, grand spécialiste du bouddhisme, m'avait invité à parler de la notion de création dans un dialogue public avec un lama bouddhiste, d'origine « gauloise ». J'ai été assez déconcerté, je dois le dire. Mon interlocuteur était tout à fait respectueux, mais mon discours ne pouvait pas avoir prise sur le sien. Pour une raison proprement bouddhiste précisément : de son point de vue en effet, j'étais forcément victime de représentations dualistes, ce que le bouddhisme, par un long chemin de méditation, cherche justement à dépasser pour parvenir à la « sérénité ». À quoi, je ne voyais pas ce que je pouvais objecter d'autre, en toute amitié bien sûr, que ceci : mais comment vous-même, à partir du moment où vous acceptez de parler, pourriez-vous le faire sans représentations ? Serions-nous donc condamnés, vous comme moi, à nous taire ? À la fin de l'échange, mon collègue Dennis m'a dit en souriant : « Tu as vu combien c'est difficile de se comprendre, avec un bouddhiste ? » J'avais vu en effet.

2
PRÊTRE EN MAI 68

Maintenant que nous avons précisé qui peuvent être les destinataires de cet ouvrage, pourriez-vous nous parler de votre itinéraire qui traverse les évolutions de la société, de l'Église, de la pensée théologique ?

Après mai 68 a émergé une question qui ne m'a jamais quitté : « D'où parles-tu quand tu affirmes ceci ou cela ? » C'est toujours une bonne question. Il est clair, par exemple, que si mes positions théologiques et pastorales sont ce qu'elles sont aujourd'hui, c'est dans la mesure où elles sont le fruit d'une réaction contre une sorte de trop-plein de religion durant mon enfance.

La civilisation paroissiale

J'ai été éduqué comme fils de paysan catholique. Mon village natal, en Vendée, Chavagnes-en-Paillers, appartenait au monde agricole et paysan. Les gens n'étaient pas très riches. Mon père, par exemple, cultivait une ferme de 40 hectares, qui n'était même pas une ferme à proprement parler, mais une métairie quand j'étais tout enfant. J'avais 9 ans quand on est passé du métayage (tant de sacs de blé ou de haricots à « Monsieur le Vicomte », qui était le propriétaire) au fermage (tant d'argent à l'hectare). Nous n'étions pas riches, mais nous ne nous considérions pas non plus comme pauvres. Si on nous avait dit que nous étions « pauvres », nous l'aurions perçu comme une insulte. D'ailleurs, nous ne manquions de rien ; nous mangions très bien, nous étions habillés très proprement, les meubles de la maison, régulièrement astiqués par les femmes (ma mère, ma tante, mes sœurs) brillaient et même étincelaient. La propreté faisait partie de la fierté de chaque ferme, et les gens du pays avaient l'œil pour comparer. J'ai vécu une enfance très heureuse dans ce monde paysan catholique. Pensez donc : 3 000 habitants, et 95 % de pratique dominicale régulière, à peu près, dans les années cinquante au moment de l'enquête Boulard[1]. Mieux encore, je cite souvent ce chiffre très parlant : nous avons été jusqu'à 26 jeunes de 11 à 25 ans soit au séminaire diocésain, soit dans des congrégations religieuses. Jusqu'à 26 ! Une concentration catholique extrême.

C'était vraiment la « civilisation paroissiale », telle que l'a racontée et analysée Yves Lambert en 1985 dans son ouvrage que j'ai beaucoup aimé *Dieu change en Bretagne*. Il a écrit cet ouvrage dans un village du Morbihan du nom de Limerzel, dont un collègue de séminaire à Angers était originaire. J'y suis allé une fois, et je me suis dit : « Si Yves Lambert était venu dans mon village de Chavagnes-en-Paillers, il aurait dit la même chose mais avec plus de force encore. » J'ai ainsi vécu mon enfance dans un concentré de catholicisme. J'y ai été heureux, vraiment heureux. J'ai baigné dans une culture religieuse chrétienne classique qui s'est ensuite prolongée dans les premières années de ma formation théologique. J'ai fait ma théologie à Angers et là, j'ai surtout fait de la théologie scolastique, de bon niveau d'ailleurs, avec des professeurs qui savaient ce dont ils parlaient.

Vous êtes entré directement dans le circuit du séminaire et des études de théologie, sans avoir exercé un métier au préalable ?

Je suis entré au petit séminaire en 6e à 11 ans, j'ai passé le bac à 18 ans, et puis j'ai fait mes deux premières années de grand séminaire à Luçon, en soutane, années dont je n'ai d'ailleurs pas gardé un très bon souvenir en raison de l'étroi-

1. *Enquête Boulard de sociologie pastorale* (Fernand Boulard). Cette enquête concerne la pratique du catholicisme. Elle se compose de relevés paroissiaux, de fiches, de correspondance, etc. Elle fut menée dans le diocèse de Quimper et de Léon. Cette enquête s'est inscrite dans une série d'études menées entre 1945 et 1965 par le chanoine Boulard sur la pratique religieuse en France. Face à la chute de la pratique religieuse, les responsables du catholicisme français ont cherché une réponse statistique au débat sur la déchristianisation du pays.

tesse d'esprit dont était marquée la vie aussi bien intellectuelle que spirituelle. Comme pour nombre de mes confrères, l'armée a été vécue comme un temps de libération de ce qui était perçu alors comme une sorte de carcan, dont la soutane était l'emblème. J'ai fait mes 18 mois d'armée : trois mois de classes, six mois à l'école des officiers de réserve de Saumur (j'étais dans la cavalerie blindée) d'où je suis sorti sous-lieutenant. J'ai fait le reste de mon service militaire comme chef de peloton à Orange. Au retour, en 1963, j'ai connu un double bonheur : celui d'être envoyé à la faculté de théologie d'Angers, et celui de n'être plus obligé de mettre la soutane, un événement vécu par moi-même comme par tous mes confrères comme une nouvelle « libération » ! Après mes quatre années de théologie à Angers, j'ai été ordonné prêtre en 1966. J'avais alors 24 ans ! À l'époque, on considérait cela comme jeune, mais assez normal !

À Angers, j'ai acquis, je crois, un bon bagage théologique : les 80 thèses que l'on avait à préparer pour l'examen oral de licence nous faisaient faire le tour de l'ensemble des questions théologiques. Nous étions capables de parler de tout de manière classique : Dieu créateur, les miracles de Jésus, la procession du Saint-Esprit, la résurrection des corps, l'espérance chrétienne, le sacrement de confirmation, l'infaillibilité du pape, le péché originel, les vertus théologales ou cardinales, etc. Nous avions un bagage théologique à peu près complet pour la licence – licence qui était l'équivalent de ce que l'on appelle aujourd'hui la maîtrise puisqu'elle validait six années de théologie.

Mon évêque, celui de Luçon en Vendée, m'a alors demandé d'aller à Paris à l'Institut Supérieur de Liturgie. Aussi, en septembre 1967, je suis arrivé dans la capitale pour continuer mes études. La première année a été consacrée pour beaucoup à l'histoire de la liturgie. J'ai trouvé cela intéressant et j'ai pu constater après coup que ces études d'histoire, assez arides néanmoins, m'ont fourni une précieuse matière pour la suite en théologie sacramentaire. Je ne devinais pas cette suite à l'époque.

Mai 68 comme une chance

Est arrivé alors l'événement « Mai 68 ». Oui, cela a vraiment été un évènement dans ma vie ; un déclencheur. Cela ne s'est pas produit de manière brusque, il n'y a pas eu de brutale révolution en moi, mais j'ai senti que cela faisait bouger bien des choses. Avec le recul, je vois bien que cela a été un élément majeur. Pourquoi majeur ? Parce que j'ai sans doute réalisé pour la première fois dans mon existence qu'il y avait d'autres modèles de vie humaine, de société et aussi de vie chrétienne possibles. La possibilité de prendre du recul ou de la hauteur par rapport au « monde vécu » que j'avais jusqu'alors connu, et de pouvoir ainsi évaluer ce monde par rapport à d'autres systèmes culturels, sociaux et religieux, et donc de relativiser ce que j'avais connu jusque-là m'a ouvert une large porte ! Je n'étais sûrement pas le seul à éprouver ce sentiment ; c'était un peu vrai pour tout le monde.

Car ce qui s'est passé a surpris tout le monde, personne ne l'avait vu venir, y compris chez les politiques. Et cela a remis chacun en question. Personnellement, j'ai interprété mai 68 comme une chance qui m'a été donnée : celle de pouvoir prendre du recul par rapport à ce dans quoi j'avais été « formaté » et de pouvoir ainsi me dire qu'autre chose était possible. C'est tellement vrai qu'en 1973, j'ai soutenu ma première thèse non pas à l'Institut catholique, mais à la Sorbonne. Pourquoi à la Sorbonne ? Parce que je me disais à l'époque : si tu quittes un jour le ministère, tu n'as pas d'autre diplôme que ton bac ; il te faut donc un autre diplôme. J'étais prêtre à ce moment-là depuis déjà six ans, et, à vrai dire, je n'envisageais aucunement de quitter le ministère, mais cette hypothèse faisait partie de l'air culturel ambiant dans l'Église. Quand je raconte cela aujourd'hui à mes jeunes collègues prêtres, ils n'en reviennent pas : « Vous imaginiez que vous auriez pu quitter le ministère ? » Je n'en avais pas du tout envie, et je n'envisageais pas de revenir sur ma promesse d'ordination : un engagement aussi solennel m'avait évidemment fortement impliqué spirituellement. Mais cela faisait partie de l'air culturel que nous respirions alors. C'était vraiment un autre monde !

En octobre 1968, j'étais donc étudiant à l'Institut supérieur de Liturgie. Est alors arrivé un nouveau professeur, nommé Jean-Yves Hameline. Il venait d'Angers. Il était brillant et chaleureux. Il nous a fait un cours intitulé « Sémiologie de la liturgie ». Nous nous demandions bien ce que cela voulait dire. Jean-Yves était un homme extrêmement sympathique, d'une immense culture et d'une grande aisance dans la conversation. Musicologue de formation (il est intervenu à plusieurs reprises sur France Culture dans ce domaine), il était très au fait de ce que l'on appelle les « sciences humaines » qui avaient alors le vent en poupe à l'époque : psychanalyse, linguistique, sociologie, ritologie, etc. Il s'intéressait à tout ce qui bouillonnait dans l'*intelligentsia* à l'époque. Nous, nous ne comprenions quasi rien à ce qu'il nous disait en cours. Non que ce fût difficile ; c'était au contraire bien plus simple que ce que nous « jargonnions » en philosophie ou en théologie. Mais nous n'étions pas formés à entendre ce type de problématique et de langage.

Chante ta chanson

Cette ouverture d'esprit à un monde intellectuel autre que celui de ma théologie classique a été très importante pour moi. Quand j'ai été appelé à l'Institut catholique de Paris comme professeur de théologie des sacrements en 1972, j'ai ressenti un bouillonnement intellectuel que je n'avais jamais connu auparavant, si ce n'est à travers Hameline. C'était l'époque des « dépassements » : le dépassement de la métaphysique par Heidegger, le dépassement de Marx par Althusser, le dépassement de Freud par Lacan, le dépassement des ethnologues classiques, comme Lévy-Bruhl ou Marcel Griaule, par Lévi-Strauss. Je me suis même intéressé à ce moment-là au dépassement de Heidegger par Derrida, mais je n'ai pas été convaincu par Derrida et j'en suis resté, si je puis dire, à Heidegger. C'était l'époque de la revue *Tel Quel*, de Philippe Sollers et Julia Kristeva, de l'analyse structurale, de la psychanalyse lacanienne, bref une époque, comme je le disais, d'immense bouillonnement intellectuel dont les sciences humaines, et les philosophies dites du « dépassement » étaient les plus beaux fleurons. Dit autrement, c'était l'époque de ce que l'on appelait la critique des fondements : les fondements dans l'*archè* (le commencement, qui présuppose toute la suite) ou dans le *telos* (la fin, la finalité, qui aspire tout vers elle). Les « points d'ancrage », qu'ils soient au début ou à la fin, étaient tous remis en question, même bien sûr en théologie, comme on le percevait si bien chez un de mes collègues théologiens, Antoine Delzant. Le nouveau point d'ancrage était ce qui advient dans le présent. L'important – telle était la thèse de Jacques Derrida – c'est « le procès de signifiance », c'est-à-dire moins le sens stable des mots comme tels ou des phrases comme telles, que les effets de sens que produit le choc entre les mots ou les phrases. Quelle déstabilisation par rapport au monde antérieur ! Personnellement, je ne suis pas allé aussi loin : une prudence, sans doute fruit de mon passé, m'en a dissuadé. Et heureusement ! Je regrette cependant, *a posteriori*, d'avoir partagé partiellement le soupçon qui pesait alors sur celui qui avait pourtant si bien parlé des « maîtres du soupçon » (Marx, Nietzsche, Freud), à savoir Paul Ricœur. Je me suis largement rattrapé depuis, me semble-t-il !

Le climat de liberté dans la recherche théologique était évident. À la Catho, quand je suis arrivé, on m'a dit en substance : « Tu es prof de théologie ? Eh bien, dis ce que tu penses avoir à dire d'un peu original en ce domaine, chante ta propre chanson. » C'était génial ! Mais aussi, en même temps, dangereux, et quelque peu angoissant. C'est ce climat qui m'a permis de me lancer dans une réflexion qui, semble-t-il, a eu un peu d'originalité. Sans ce climat, je ne me le serais pas permis. Je ne me suis jamais éprouvé comme un intellectuel de très haut niveau. J'étais un bon élève, certes, mais je ne me sentais pas de vocation particulière à l'originalité. Mais voilà ! Lors de mon premier enseignement de théologie à la Catho, j'ai fait un cours hyper-classique sur l'eucharistie. Je maîtrisais à peu près tout ce qu'il fallait à l'époque pour cela : la Bible, les Pères de l'Église, la théologie de saint Thomas d'Aquin que je connaissais assez bien. J'y avais mis une dose du courant de pensée « personnaliste » d'Emmanuel Mounier, comme l'avait fait Edward Schillebeeckx dans le seul livre sur les sacrements qui m'ait alors beaucoup marqué, *Le Christ, sacrement de la rencontre de Dieu*. Enfin, j'ai fait un cours que je qualifierais d'honnête et classique et que j'ai jugé bon de terminer par deux heures un peu plus audacieuses sur le récit de la Cène analysé à la lumière de ce que j'avais appris du « mythe » et de sa mise en œuvre rituelle. Je décrochais ainsi de la théologie classique. Et voilà qu'à la fin de ce dernier cours, des étudiants sont venus me trouver, enthousiastes, pour me dire : « C'est cela qu'il faut faire ! – je m'en souviens comme si c'était hier – c'est cela que tu dois faire, Chauvet ! » Je n'étais pas beaucoup plus âgé qu'eux, et ils me tutoyaient à l'époque, encore un effet de mai 68. Aussi, après être rentré chez moi en Vendée, j'ai travaillé avec acharnement et passion durant toutes les vacances pour concevoir et écrire un cours vraiment neuf sur les sacrements.

Évidemment, pour que j'entende avec cette force la demande des étudiants, il fallait que j'y sois prêt. J'y étais prêt pour deux raisons : la première est que j'avais, comme je l'ai dit plus haut, un bagage théologique assez important, grâce à la théologie scolastique, celle de saint Thomas notamment, que je connaissais plutôt bien. La seconde raison est que j'avais beaucoup travaillé à l'Institut supérieur de liturgie sur l'histoire de la liturgie, dans ses diverses formes orientales ou occidentales, surtout les liturgies anciennes et les discours théologiques tenus sur elles et à partir d'elles par les Pères de l'Église. Je savais ce dont je parlais quand il était question des oraisons de l'Avent, des anaphores du ve siècle dans le monde syro-oriental ou syro-occidental ou des prières eucharistiques gallicanes, de la bénédiction de l'huile à Rome ou à Jérusalem au IVe siècle. J'avais de la matière, beaucoup même. Cela me rassurait évidemment. Mais en même temps, j'étais habité par un désir de faire autre chose, un désir que la « postmodernité », comme on commençait à dire alors, me pressait de réaliser. Je ne cherchais pas à faire du nouveau pour le plaisir de faire du nouveau, je cherchais à faire du nouveau parce qu'à l'époque, je ne pouvais faire autrement ! C'est comme si une brèche, ou plutôt une porte, s'était ouverte devant moi, m'appelant à m'y risquer, avec l'assurance que j'étais mûr pour ce risque.

Pourquoi vous a-t-on appelé à faire ce cours sur les sacrements ?

Parce qu'on avait besoin d'un professeur de théologie en ce domaine, tout simplement. Je venais d'achever ma thèse de troisième cycle à la Sorbonne, thèse qui portait sur le sacrement de pénitence, plus précisément sur les critiques de Jean Calvin concernant les doctrines du Moyen Âge et du concile de Trente sur ce sacrement. On savait donc que j'avais travaillé la question sacramentaire. Mais quand on m'a proposé cela, j'ai reçu comme un choc. Je m'en souviens comme si c'était hier. J'étais vicaire aux Herbiers en Vendée, dans une paroisse classique mais avec une pastorale déjà bien ouverte. Le curé en était Jacques David, qui devait devenir ensuite évêque de La Rochelle, puis d'Évreux. J'ai peut-être passé là, aux Herbiers, les meilleures années de ma vie de prêtre durant les quatre ans où j'y ai été vicaire. Un mot sur les Herbiers : pour 10 000 habitants, nous étions huit prêtres, d'une moyenne d'âge de 40 ans. Or, nous étions tous débordés ! Et cependant nous travaillions avec des laïcs. Vous vous rendez compte ! Je faisais de la catéchèse d'adultes déjà : il y avait 150 personnes de la paroisse qui venaient neuf fois dans l'année pour une catéchèse sur les récits de la création dans la Genèse, sur l'Église, sur l'eucharistie, etc. On croit rêver !

Quand on m'a proposé le poste d'enseignement à la Catho, en mai 1972, j'ai d'abord dit non : « Je ne me sens pas de niveau, je suis trop classique. À Paris, les étudiants en théologie ont une culture philosophique et théologique beaucoup plus moderne que la mienne. Moi, j'ai fait de la théologie classique. » C'est Jacques David qui a débloqué la situation : « Mais tu devrais accepter ! Tu es fait pour ça, il faut que tu y ailles ! » J'y suis donc allé, je dois dire, l'expression n'est pas trop forte, avec crainte et tremblement ! Les premières années, j'ai été dans mes petits souliers, je travaillais énormément. Heureusement, j'avais du temps, suffisamment de temps pour cela. J'étais alors un boulimique de lectures. J'ai ainsi pu dévorer Heidegger.

De la philosophie de la barrique à la théologie des sacrements

Pourquoi Heidegger ? Parce que, dans mon village, j'avais un camarade, Jean-Paul Resweber, un intellectuel particulièrement brillant, notamment en philosophie, mais aussi en psychanalyse et en pédagogie[1]. Son parcours de théologie l'avait conduit à la licence (la maîtrise aujourd'hui). Parallèlement à ses études de théologie au séminaire de Luçon, il avait réussi, par la bande en quelque sorte, à prendre des cours de philo à la fac de Poitiers. Il venait alors de soutenir sa thèse à Strasbourg, sur Heidegger justement. Comme il venait souvent à la ferme paternelle durant les vacances, nous allions à la cave, nous nous asseyions sur le cul des barriques et nous buvions un coup. Je le faisais alors parler de philo. Il en parlait avec aisance, et avec une immense clarté. J'ai eu ainsi l'opportunité de suivre de vrais cours. Quelle chance ce fut pour moi ! C'est vraiment l'une des meilleures choses qui me soient arrivées. Jean-Paul était capable de tracer la trajectoire de la pensée depuis les premiers philosophes grecs jusqu'à Derrida, avec une facilité déconcertante. « Lis *Être et temps*, tu verras », m'a-t-il dit. Comme il venait de publier un petit livre sur Heidegger en 1971, un livre très facile à lire, je suis entré sans trop de difficulté dans la pensée de ce philosophe et j'ai refait tout un parcours de philosophie à partir de Heidegger. Ricœur, j'y ai déjà fait allusion, n'est venu pour moi qu'après.

À cette époque, je travaillais avec passion sur mon cours de théologie sacramentaire. J'ai eu à ce moment-là la chance de découvrir le livre d'un théologien belge, docteur en théologie et en même temps psychanalyste, Antoine Vergote, *Interprétation du langage religieux*. Cet ouvrage a été pour moi un éblouissement. Pour la première fois, en effet, j'ai constaté qu'on pouvait élaborer toute une problématique théologique à partir d'un point

1. Il a été à la frontière entre la philosophie, la psychanalyse et la théologie. Il a surtout enseigné la philosophie à Strasbourg, il a dirigé le secteur philosophique à l'université de Brest, il dirige actuellement la revue *Le Portique*, une revue de philosophie subventionnée par l'État. Il a exercé également comme psychanalyste.

de vue parfaitement contemporain, en l'occurrence, celui de la psychanalyse. Plus précisément, celui de Lacan, ce qui veut dire en insérant le sujet humain davantage dans le champ du langage que ne l'avait fait Freud. Vergote avait été lui-même analysé par Lacan. Par ailleurs, son point de vue était philosophiquement étayé par la pensée heideggerienne. Je rappelle au passage que la psychanalyse, lacanienne notamment, était alors à la mode en France, et je m'interrogeais moi-même sur la possibilité de faire une cure, mais il fallait de l'argent pour cela, et je n'en avais pas. L'ouvrage de Vergote a été pour moi libérateur et je me suis dit, à propos du cours que je préparais : « Vas-y, lâche-toi ! » C'est bien la réflexion que je me suis faite, je crois même que je l'ai faite à haute voix.

J'avais 30 ans. Avec ce que j'avais acquis comme bagage et le désir qui m'habitait alors de faire quelque chose de différent (non pas, je le répète, pour le simple plaisir de faire du nouveau, mais bien parce que j'avais le sentiment de ne pouvoir faire autrement), je me suis dit que je pouvais oser. Je me suis donc lancé, je me suis risqué ! Cela a abouti quelques années plus tard, en 1979, à *Du symbolique au symbole : essai sur les sacrements*, puis à la publication de la thèse que j'ai soutenue en 1986 : *Symbole et Sacrement. Une relecture sacramentelle de l'existence chrétienne*. J'ai été profondément étonné de l'écho qu'a eu le premier livre, et plus encore le second : il a fait le tour du monde (ecclésial), et a été traduit en une demi-douzaine de langues. Au début, quand on me disait : « Tu sais, aux États Unis (ou en Australie, ou au Brésil), ils te connaissent très bien », j'avais du mal à y croire ! Enfin, maintenant je m'y suis habitué, mais à l'époque, je ne m'intéressais pas à tout cela. Sans doute par fausse modestie, une forme d'orgueil caché !

La pastorale jazzy

Une autre remarque. Pendant ces années d'intense travail intellectuel, j'ai toujours eu une activité de type pastoral. Lorsque j'ai commencé à me lancer dans cette théologie disons un peu nouvelle, j'ai choisi, ou plutôt accepté, car l'évêque avait bien vu que c'est cela qui m'allait bien, d'aller dans une communauté paroissiale très ouverte : Sainte-Bernadette, à La Roche-sur-Yon. Sans doute était-elle, dans les années soixante-dix, la communauté paroissiale la plus ouverte de tout le diocèse. Aux messes du dimanche, le répertoire était souvent de la musique un peu jazzée, et les laïcs y tenaient une place active bien visible. Une anecdote : dès la première réunion de conseil pastoral à laquelle j'ai participé, à propos d'un jugement que j'avais émis, j'ai eu droit à cette vive remarque : « Louis-Marie, ici on est en autogestion, ce n'est pas parce que tu es prêtre que… » La remarque avait été faite, manifestement avec l'approbation de tous, y compris du curé qui était présent, par un monsieur qui avait une charge relativement importante à la préfecture de La Roche-sur-Yon. Cette remise en place ne m'avait d'ailleurs aucunement blessé : je l'avais trouvée très pertinente. J'étais heureux de vivre mon ministère de prêtre dans une collaboration avec des laïcs qui ne se considéraient pas comme de simples « aides-aux-prêtres ».

Dès lors, il n'est pas étonnant que, quelques années plus tard, ayant demandé à l'évêque de Luçon de me laisser en région parisienne, j'aie choisi la « ville nouvelle » de Cergy. J'avais un enseignement à temps plein à la Catho et le morcellement de mon temps faisait que je n'accrochais plus que difficilement désormais à la pastorale en Vendée. Ce fut d'abord mon choix, mais l'évêque de Pontoise m'a tout de suite donné son accord. Cela s'est fait grâce à un prêtre de la Catho, Roger Pannier[1]. Ainsi j'ai rejoint, en 1982, la communauté paroissiale de Cergy. À l'époque, il n'y avait pas de bâtiment église à Cergy Préfecture. On célébrait le Seigneur le dimanche dans une maison de quartier. La première fois, je n'avais pas pensé à apporter une aube et il n'y en avait pas sur place : j'ai donc célébré sans aube,

1. Un mot sur Roger. Il a écrit un livre intitulé *Jusqu'au martyre*, dans lequel il raconte son témoignage. Envoyé pendant la guerre comme aumônier des STO, il a vécu sa mission notamment en promouvant la JOC. Dénoncé, il a été torturé, et il n'a pas parlé. Mais je l'entends encore me dire : « Il y en a qui ont parlé, moi je n'ai pas parlé ; mais je ne leur en veux pas : moi aussi, j'ai bien senti que j'aurais pu parler. » Cette période l'a marqué à vie. Cela est si vrai que, quand je l'ai connu à Cergy, plus de 40 ans après, il se réveillait encore la nuit avec des cauchemars de torture. Cela l'a d'ailleurs empêché d'assumer des responsabilités pastorales importantes ; mais pas d'exercer autour de lui, et pas seulement chez les chrétiens, une influence féconde.

ce qui n'a manifestement gêné personne. J'ai été particulièrement heureux de m'investir pastoralement dans cette communauté de pionniers très ouverte. J'ai eu alors le sentiment de créer l'Église de demain, avec, sûrement, la part d'illusion que nous avions dans ces années quatre-vingt. En tout cas, j'ai gardé le meilleur souvenir des neuf années que j'y ai passées. D'où la question, que j'ai déjà évoquée lorsque je suis revenu en 2001 pour un deuxième séjour, dix ans après : « Mais où sont-ils passés ? »

Réinculturer la foi

À travers ces quelques souvenirs, je voulais juste souligner la cohérence qui existe, me semble-t-il, entre ma recherche théologique et mon expérience pastorale, toujours en milieu « ouvert ». Cela rappelle également le fait que j'ai toujours eu un contact important avec la pastorale. Mais il me faut préciser à ce sujet que je n'ai jamais considéré la pastorale comme une espèce de champ d'application de ce que j'aurais élaboré dans mes cours à la Catho. Et je suis convaincu que la théologie que j'ai pu élaborer n'aurait pas été la même si je n'avais pas eu ce contact pastoral permanent.

C'est d'ailleurs la raison pour laquelle j'ai accepté votre proposition d'entretien. Je l'ai acceptée, je le rappelle, en pensant à ces chrétiens que j'ai évoqués au début : des chrétiens que la raison critique habite, et dont certains ont pris le large. Ceux-là, je les ai côtoyés, ils font partie de mon univers et je me dis qu'ils font partie de l'Église, même s'ils n'ont pu en supporter certaines évolutions. Je n'ai aucun mépris pour les gens d'une autre culture, je m'entends même plutôt très bien avec les personnes d'origine africaine, antillaise ou polonaise. Je comprends qu'elles aient des modes de piété différents et que, sur le plan religieux, elles se situent sur un registre de sensibilité qui n'est pas le mien. Je l'admets parfaitement. Mais pour moi, la crédibilité de l'Église, la crédibilité de l'Évangile, doit se vérifier aussi, voire d'abord, dans une société comme la nôtre. Il faut donc *réinculturer* la foi, c'est clair. C'est, je crois, le souci de cette *réinculturation* qui m'a constamment animé, aussi bien sur le plan théologique que pastoral.

3
LE PROPHÈTE AMOS ET LA PSYCHANALYSTE

Nous avons parcouru une partie de votre itinéraire et notamment la rupture qu'a constituée mai 68 pour vous, en lien avec ce que cela a représenté pour la société. Avant d'aborder les thèmes de la foi chrétienne, pourrions-nous compléter votre itinéraire par les éléments qui vous paraissent significatifs, en particulier la façon dont vous avez abordé la vie pastorale ?

Comme Amos, pris de derrière le troupeau

Vous étiez d'une famille paysanne, nous avez-vous dit, une famille nombreuse ?

Pour l'époque et dans mon milieu très catho, c'était une famille moyenne : six enfants. Mais j'avais des oncles et tantes qui en avaient dix ou douze. La norme catholique intégrée par mes parents, était : on accepte les enfants « que le Bon Dieu nous donne ». Encore fallait-il qu'il y ait coopération… J'espère qu'elle était heureuse. Au souvenir de quelques allusions faites, en passant, par les femmes, je n'en suis pas toujours sûr.

Vous avez donc des frères et sœurs ?

J'avais quatre sœurs avant moi.

Alors vous étiez le premier garçon : est-ce que cela a joué un rôle dans votre parcours ?

Un jour, lorsque ma mère était déjà âgée, je l'ai interrogée à ce sujet, je lui ai dit : « Maman, je suis sûr que vous avez dit à Dieu avant de me mettre au monde : si c'est un gars (on ne disait pas un "garçon"), je voudrais bien qu'il devienne prêtre. » Sa réponse a été aussi nette que brève : un « oui » très appuyé.

Dans ce monde paysan, on vouvoyait les parents, lesquels nous tutoyaient ; chez les « aristos », le vouvoiement allait, lui, dans les deux sens, et la propriétaire de notre ferme, la vicomtesse de C., vouvoyait son mari. Cette nette différence de classe n'a cependant pas empêché ma mère paysanne, quand elle fut à la retraite, de téléphoner pratiquement tous les jours à la vicomtesse : elles rigolaient ensemble, me disait ma mère, elles se racontaient leurs histoires, et se rappelaient leur vie. Une véritable familiarité s'était développée entre elles par-delà la différence de classe. Les propriétaires en question étaient des gens que je trouvais plutôt sympathiques. Ils ont été éblouis quand ils ont vu que moi, fils de paysan, j'avais passé mon bac ; enfin, ils n'étaient pas complètement surpris, mais pour eux, à l'époque, c'était un signe.

Pour en revenir à votre mère, iriez-vous jusqu'à dire qu'elle a fait pression sur vous ?

Non ! Enfin il y avait sans doute une pression, mais elle était indirecte, par le comportement général, comme une mère peut faire pression. Une pression directe aurait été contraire à sa déontologie (elle n'employait évidemment pas ce terme) ! Mais comment ne pas deviner quel était son désir ? Cela en tout cas est bien plus fort que toutes les pressions explicites. Quand je lui ai dit que je voulais rentrer au séminaire – je m'en souviens très bien – elle était en train de « panser les gorets » en dehors de la maison. Je suis allée la trouver à ce moment-là, sachant qu'elle était seule. « Maman, je crois bien que je voudrais rentrer au séminaire. » Alors elle s'est tournée vers moi et elle m'a embrassé. Quelle signature ! Je devais avoir 9 ans à ce moment-là. Je suis rentré un peu plus tard, car le Frère instituteur (il n'y avait qu'une seule école dans mon village, une école catholique tenue par des Frères des Écoles chrétiennes) a jugé préférable de ne pas me faire sauter la classe de cm2, il a dit qu'il valait mieux que j'attende. Je pense qu'il a bien fait.

En dehors de la pression familiale, y avait-il d'autres pressions, à l'époque ?

Bien sûr ! En Vendée, il y avait un redoutable recruteur de vocations dans le diocèse, le père A., qu'on appelait « le grand cheval ». Il savait y faire. Quand on faisait une retraite de deux jours avec lui, on était sûr qu'il y avait une bonne partie des jeunes retraitants, âgés de 9 à 10 ans, qui allaient rentrer au séminaire ensuite. Vous vous rendez compte ? Nous étions 110, je crois, à l'entrée en 6e au petit séminaire, pour le diocèse. Nous étions plus de 300 séminaristes, en 6e, 5e et 4e, dans ce petit séminaire, lequel se trouvait, de plus, dans mon village même de Chavagnes-en-Paillers !

C'est vraiment jeune pour un tel choix de vie ! Pouvait-on quitter le petit séminaire en cours de route ?

Bien sûr ! C'était même normal. Mais c'est bien pour devenir prêtre que l'on y entrait. Je me souviens, on disait : « Untel, il est au séminaire parce que sa mère a voulu qu'il fasse des études, mais il n'a pas la vocation. » Cela nous scandalisait. Comment ? Il serait rentré au séminaire alors qu'il n'avait pas « la vocation » ? Car l'expression n'était pas relative, mais bien absolue, on avait « LA vocation » ou on ne l'avait pas, c'était l'un ou l'autre. C'était dans nos représentations. Avoir un fils prêtre était un honneur pour la plupart des parents. Par ailleurs, cela permettait une ascension sociale et intellectuelle. Pourtant, je dois clairement dire que, pour moi, mais pas seulement, pour la grande majorité, on n'entrait pas au séminaire en vue d'une ascension sociale, mais bien parce qu'on voulait être prêtre. Personnellement, quand j'avais 10 ans, c'est bien « pour l'amour du Christ » que j'ai pris cette décision.

Parmi vos sœurs, y a-t-il eu des religieuses ?

Une d'entre elles, oui, a été religieuse 40 ans au Cameroun. Elle n'est pas allée chercher bien loin : elle est entrée chez les Sœurs de Chavagnes, une puissante institution dans mon village même, où étaient entrées déjà trois de nos cousines. Il y avait vraiment tout ce qu'il fallait chez moi dans ce domaine : non seulement le petit séminaire diocésain dont je viens de parler et où je suis allé, mais aussi les Pères de Chavagnes et les Sœurs de Chavagnes, deux congrégations fondées par le père Louis-Marie Beaudoin (c'est d'ailleurs lui qui est mon saint patron, et non pas Louis-Marie Grignon de Montfort), sans parler d'un Carmel à 5 km du bourg. Ce père Beaudoin fut curé de Chavagnes pendant la Révolution. Mais comme il avait refusé de prêter serment à la Constitution civile du clergé, il s'était exilé en Espagne. À son retour, ce saint prêtre (qui n'est encore que « Vénérable ») a donc fondé les Sœurs et les Pères de Chavagnes, sous le nom des « Ursulines de Jésus » et des « Fils de Marie Immaculée ». Les Pères de Chavagnes ne sont pas très nombreux. Normalement, c'est chez eux que j'aurais dû entrer puisque j'avais un oncle qui y était déjà prêtre (trois frères de mon père étaient prêtres, tous missionnaires) et trois cousins qui y étaient au séminaire. Mais, je ne sais à vrai dire pas trop pourquoi, c'est au petit séminaire diocésain que je voulais aller. Personne d'ailleurs ne m'a fait la moindre remarque là-dessus.

C'est donc à 8-9 ans que vous vous êtes dit : « je veux entrer au séminaire », sans l'intervention de vos parents ?

Oui, c'est tout à fait clair !

Jusqu'à quel point étiez-vous sûr de votre vocation à un âge aussi précoce ?

Il m'est souvent arrivé de dire que c'est « au cul des vaches » que j'ai entendu l'appel à devenir prêtre. Le rapprochement avec la vocation du prophète Amos, lui qui dit que Dieu « l'a pris de derrière le troupeau », s'est imposé à moi plus tard.

J'adore cela ! Comme le prophète, c'est vraiment « de derrière le troupeau » que Dieu m'a pris. Je me revois, avec mon bâton de petit paysan derrière la douzaine de vaches de mon père, je devais avoir 8 ou 9 ans : elles rentraient à la maison toutes seules, elles connaissaient le chemin par cœur, mais il fallait quand même quelqu'un pour les surveiller et éviter les incidents.

Par rapport à Amos, les circonstances étaient identiques, mais le contexte évidemment n'avait rien à voir. Encore que, entre le monde rural de mon enfance et celui d'Amos, la différence était probablement moins grande qu'entre ce même monde de mon enfance et le monde dans lequel nous vivons aujourd'hui. À cet égard, j'ai souvent le sentiment d'avoir changé de planète.

Entrer en psychanalyse comme entrer en religion

Autre élément important de votre parcours : vous nous avez dit avoir été tenté par la psychanalyse. Avez-vous mis ce projet en œuvre ?

J'ai fait une psychanalyse, oui, durant dix ans. À l'époque, c'était quelque chose qui était considéré sinon comme « normal », du moins comme souhaitable. À condition de le pouvoir, et de le pouvoir financièrement d'abord. Cela supposait un véritable choix de vie.

À quel moment est-ce intervenu dans votre itinéraire ?

C'était en 1981. J'avais presque 40 ans quand j'ai commencé la psychanalyse, c'était déjà tard. Mais, comme je l'ai déjà dit, c'était un peu à la mode dans le bouillonnement intellectuel de l'époque (les sciences humaines, le structuralisme de Lévi-Strauss, la psychanalyse selon Lacan, la déconstruction de la métaphysique, etc.). Personnellement, je me sentais heureux dans cette culture hypercritique, mais aussi un peu inquiet, tant elle nous déstabilisait. À la Catho, j'avais un excellent collègue nommé Xavier Thévenot : c'était un théologien moraliste qui avait déjà une belle réputation et dont l'œuvre a exercé une réelle et durable influence en morale. Xavier s'était beaucoup intéressé à la psychanalyse et était lui-même en cours d'analyse depuis déjà un certain temps. Nous étions arrivés la même année à la Catho, en 1972. Lorsque je lui ai exprimé mon désir de faire une analyse, il m'a dit : « Je ne peux pas te le déconseiller. » Il m'a donné une adresse, après m'avoir demandé : « Une femme ou un homme ? » J'ai donc pris rendez-vous avec Madame X. La première chose que je lui ai dite avant de m'installer sur le divan, c'est : « Madame, je rentre en psychanalyse comme on rentre en religion. » Elle m'a regardé, et n'a rien répondu. Pas plus qu'à la question : « À quelle école psychanalytique appartenez-vous ? », question qu'elle a dû juger, dans ce contexte, comme quasi-indécente, mais qui était sûrement pour elle un élément de ma personnalité à mettre au jour. J'ai découvert rapidement qu'elle était plutôt lacanienne : elle était très peu intervenante. J'entendais un « mmh mmh » de temps en temps, qui voulait attirer mon attention sur ce que je venais de dire ; autrement, elle prononçait rarement plus d'une ou deux phrases, courtes, d'ailleurs, au cours d'une séance.

J'ai vécu là une expérience forte. D'autant plus forte que cela me coûtait cher financièrement. À tel point qu'au bout de quelques années, je lui ai dit : « Madame, je suis presque sur la paille, je ne peux faire désormais que deux séances par semaine, et pas trois. » Elle n'était pas contente. Non pas, j'en suis sûr, parce qu'elle aurait voulu me soutirer le plus possible d'argent, mais parce que, de son point de vue psychanalytique, ce n'était pas à moi de décider. Ce type de décision appartenait de plein droit au processus analytique lui-même. Elle a quand même dû accepter, puisque j'étais presque à sec !

À l'époque, j'étais à Cergy, je préparais mes cours, je passais déjà beaucoup de temps à rédiger ma thèse, je courais à mes séances de psychanalyse qui étaient du côté de la place de l'Étoile, puis je prenais le métro et le train pour Cergy, où, souvent chargé de livres, je marchais au plus vite vingt minutes pour rejoindre l'immeuble de « la Justice » où je vivais avec deux collègues prêtres. J'y préparais un rapide repas (que d'omelettes j'ai avalé...) avant de prendre la voiture pour une réunion du soir chez un paroissien. À 40 ans, je pouvais faire cela, ce qui ne me serait certainement plus possible aujourd'hui, parce que cela demande évidemment beaucoup d'énergie.

La psychanalyse a donc été très importante pour moi. Je l'ai vécue comme autre chose qu'une simple thérapie. La thérapic, pourquoi pas ? Il y a de nombreuses techniques psychologiques qui sont utiles à beaucoup de monde, je n'ai rien contre, bien sûr. Mais la psychanalyse, c'est autre chose : j'en parlerais plutôt comme d'une « méta-thérapie ». Je veux dire par là que je n'ai pas fait une cure analytique parce que je me sentais malade, mais par probité intellectuelle : accepter, à mon corps défendant bien souvent, d'aller chercher au fond de moi-même ce qui me permet de découvrir finalement « qui je suis ». Expérience souvent douloureuse ; expérience onéreuse à tous égards ; impossible d'y tricher. De toute façon, si vous trichez, vous « crachez » quand même vos 200 francs à la fin. Et si vous n'êtes pas content, vous pouvez partir : personne ne vous oblige à poursuivre la cure.

Est-ce pour être mieux ajusté dans vos actions que vous l'avez fait ?

Même pas ! Cela donne ce que cela donne. J'ai très vite compris que si je faisais une analyse pour m'ajuster, pour ceci, pour cela, dans un but extérieur, alors c'était fichu. *Gnôti seauton*, « connais-toi toi-même », c'est tout, et puis tu verras bien ce que cela donne. Aux quelques personnes, car très peu étaient au courant, qui me demandaient à l'époque : « Alors, au bout du compte, quel est le résultat ? », ma réponse ne pouvait être que celle-ci : « Le résultat, c'est ce que je suis. À vous d'en juger. » En fait, on demeure ce que l'on est. Ce qui change, c'est le fait que les éléments qui font ce que l'on est (les « signifiants », disait-on à l'époque), tout en demeurant, sont articulés entre eux autrement. Une anecdote : un jour, j'avais un coup de téléphone urgent à donner. À l'époque, on n'en était pas encore aux téléphones portables. J'arrive chez ma psychanalyste et je lui dis : « Madame, j'aurais un coup de téléphone urgent à donner, s'il vous plaît. » Elle ne me dit rien, absolument rien. Je me suis couché sur le divan et je n'ai pas téléphoné. Quelle épreuve ! Quelle révélation de ce que j'étais : je me suis « couché » !

Est-ce que, pour elle, c'était une façon de vous voir vous exprimer ?

Oui, en me mettant concrètement à l'épreuve. La psychanalyse, ce ne sont pas des « idées », c'est vraiment du *live*. Mais il faut être fort pour ne pas réagir à une demande d'aide, telle que je l'avais formulée à ce moment-là, elle aussi était mise à l'épreuve. J'ai d'ailleurs sûrement fait, à ce moment-là, un « transfert » d'admiration sur elle. Cela a eu lieu bien souvent, notamment dans les moments d'agression de ma part. Parce que je l'ai agressée, enfin agressée verbalement, par exemple : « De toute façon, ce que je vous raconte, vous vous en foutez, et vous avez bien raison car je ne vois pas en quoi mes histoires pourraient bien vous intéresser. » Elle ne répondait jamais rien. J'étais donc renvoyé par son silence à moi-même, et à ce que pouvait signifier de moi ce que je venais de lui « envoyer ». Je me suis souvent dit qu'il fallait qu'elle soit psychiquement forte pour tenir cette posture. Je l'ai vue plus tard à la télévision, elle y a été interviewée plusieurs fois. Quand je l'ai définitivement quittée au bout de dix ans, je lui ai dit : « Madame, je reviendrai vous voir. » À quoi, elle a simplement répondu : « Cela m'étonnerait. » Elle avait raison.

« Tenir » comme prêtre après mai 68

Vous avez été ordonné prêtre entre la fin du concile Vatican II et mai 68. En s'éloignant un peu de votre itinéraire personnel, pensez-vous qu'il y a un lien entre ces deux évènements ?

Il y a sûrement un lien culturel et social entre les deux. Si l'Église a ouvert ses portes à ce moment-là et renouvelé son discours, fait son *aggiornamento*, comme le voulait Jean XXIII, c'est parce que cela correspondait à un état de la culture où les traditions étaient plus ou moins remises en cause. Mai 68 a été la radicalisation de la remise en cause de la tradition. Par ailleurs, je dois dire que le Concile ne m'a pas vraiment surpris, pas plus d'ailleurs que la plupart de mes camarades à la faculté de théologie d'Angers. En effet, on baignait déjà, en théologie et en pastorale, dans ce climat. Et puis quand on est jeune, on trouve normal, par exemple, que la liturgie soit en français : pourquoi ne l'avait-on pas fait avant ? Ou que les prêtres doivent collaborer avec les laïcs, cela commençait sérieusement à se réaliser dans les paroisses. Mais nous étions sûrement un peu naïfs de considérer les fruits du Concile comme quelque chose qui devait aller de soi : ceux qui « faisaient » le Concile, eux, savaient bien que rien n'était gagné d'avance et que les forces conservatrices étaient puissantes. Mais nous étions plus jeunes, l'horizon n'était pas le même.

Qu'est-ce qui vous a permis de tenir comme prêtre en mai 68 ?

Ce qui m'a tenu ? D'abord, les effets de mai 68 sur les départs des prêtres ne se sont fait sentir que quelques années plus tard. En Vendée, par exemple, en 1972, trois jeunes prêtres ordonnés en 1967 – et pas des moindres à mes yeux ! – ont quitté le ministère, deux d'entre eux orchestrant d'ailleurs publiquement leur décision pour lui donner la dimension « prophétique » qu'ils y voyaient. Sur la vingtaine de prêtres ordonnés la même année que moi en 1966, plus d'un tiers a aussi quitté le ministère dans les années soixante-dix. Bien sûr, nous qui « restions » ressentions cela comme un choc difficile à vivre. Personnellement, il me semble que ce qui m'a permis de tenir, par-delà bien sûr l'importance de la promesse faite à Dieu et à l'Église le jour de mon ordination diaconale, ce sont les études que je faisais : d'une part, la théologie en général et particulièrement celle que j'avais élaborée au sujet des ministères ordonnés, me poussait à l'ouverture mais pas à la rupture. Et les dialogues avec mes confrères théologiens de la Catho, pourtant fort critiques eux-mêmes sur le plan intellectuel, me poussaient dans le même sens. D'autre part, la découverte des sciences humaines me permettait de penser que l'on pouvait être à la fois ouvert à la sociologie, la psychanalyse ou la linguistique et vivre heureux en étant prêtre.

Ce dernier point, très existentiel, a sûrement joué un rôle déterminant : j'ai eu la chance de partager mes engagements pastoraux en paroisse avec des confrères prêtres avec lesquels je n'avais pas de conflits de « normes » ou de « valeurs » sur les plans théologique et pastoral ; j'ai tenu plusieurs d'entre eux en haute estime, aussi bien comme hommes que comme chrétiens et comme prêtres. Et puis ma collaboration avec des laïcs, en paroisse ou dans la formation permanente, a toujours été heureuse. Finalement, le fait que, dès les années soixante-dix en Vendée, puis à partir de 1981 dans le diocèse de Pontoise, j'aie vécu ma situation de prêtre de manière « comblante » a évidemment été un facteur important de ma fidélité. Je n'avais pas le sentiment d'appartenir à une catégorie de « frustrés », selon le titre d'une célèbre BD de Claire Bretécher. Et puis, ma mission de professeur de théologie à la Catho, dès 1972, m'a aussi clairement tenu dans le même sens. Plus je travaillais et plus la théologie chrétienne, voire catholique, me paraissait tenir le coup au regard de la raison critique. Croire, cela me paraissait tellement raisonnable, même si bien sûr cela débordait le simple rationnel.

Pour en revenir à mai 68, l'événement a été surprenant pour moi comme pour tous, bien sûr, mais je ne me suis jamais considéré comme un soixante-huitard. Je ne suis pas allé sur les barricades, mais je pense que si j'avais vécu dans un autre milieu, si j'avais fait des études profanes, j'aurais sans doute fait comme les autres. Ai-je besoin de dire que j'étais forcément du côté des étudiants qui manifestaient, même si je n'approuvais pas les provocations ? Une sorte de prudence, liée sans doute à tout mon passé, m'a dissuadé de participer au mouvement des prêtres « Échange et Dialogue », qui revendiquait la possibilité du mariage pour les prêtres, de l'engagement syndical ou politique, etc. Cela ne m'a pas empêché, pourtant, de m'associer à deux autres prêtres vendéens étudiants à la Catho de Paris pour écrire à l'évêque de Luçon et au conseil épiscopal une lettre dans laquelle nous formulions un certain nombre de revendications proches de celles d'« Échange et Dialogue ». Je sais que cette lettre a été mal reçue. Elle était écrite du haut de notre naïveté parisienne. Mais elle traduisait le climat ecclésial et sociétal dans lequel nous vivions alors.

Diriez-vous que mai 68 a été, dans votre cas, un challenge, une ouverture intellectuelle, plutôt qu'un évènement de nature principalement sociale ?

Oui tout à fait.

Dans quel processus de réflexion, précisément, étiez-vous lancé ?

Ce qui m'a beaucoup marqué en mai 68, c'est cette capacité qui nous était alors donnée de nous dire que l'on pouvait vivre dans un monde différent de celui qu'on avait connu ; c'est une prise de distance ou une prise de hauteur, je ne sais pas comment dire, qui nous montrait que d'autres modèles de vie étaient possibles. C'était vraiment nouveau. J'y étais préparé intellectuellement par tout ce que j'avais vécu jusque-là mais, tout à coup, s'est produit un basculement. C'est sans doute ce qui m'a poussé à faire le choix, en pastorale, de communautés toujours très ouvertes.

Des prières eucharistiques sauvages

À la paroisse Sainte-Bernadette de la Roche-sur-Yon que j'ai déjà évoquée, non seulement aux messes du dimanche on avait de l'orgue jazzé et des chants de Debruyne qui « swinguaient », mais on improvisait volontiers les prières eucharistiques (improvisations très travaillées auparavant, en ce qui me concerne.). À ce propos, je suis allé récemment parler aux moines et moniales de la commission francophone cistercienne à Val d'Igny. Ils m'avaient demandé deux conférences : l'une sur la prière eucharistique, sujet que j'ai pas mal travaillé sur le plan théologique et pastoral ; l'autre, plus étonnante, autour de la question : pourquoi dans les années soixante-dix a-t-on éprouvé le besoin d'écrire tellement de prières eucharistiques « sauvages » ? Cela a été pour moi l'occasion de sortir de vieux dossiers que j'avais sur le sujet.

À l'époque, en ce qui me concerne, j'avais suffisamment, je le dis humblement, de formation théologique et liturgique pour ne pas faire n'importe quoi. J'ai eu à animer de nombreuses journées, par exemple avec les prêtres de l'Action catholique ouvrière. Je ne me suis pas privé de critiquer avec force certaines des prières eucharistiques « sauvages » que j'y ai entendues. Mais il existait aussi de magnifiques nouveaux textes. Je pense particulièrement aux prières eucharistiques composées par le jésuite Didier Rimaud. Je pourrais sûrement les dire encore aujourd'hui. Il arrivait même, à la paroisse Sainte-Bernadette, à la fin des années soixante-dix, que le prêtre (nous étions trois) soit entouré à l'autel de trois ou quatre laïcs pendant la prière eucharistique. C'était bien sûr le prêtre qui présidait en aube et étole (on ne mettait pas de chasuble à l'époque parce que la chasuble faisait trop clérical), mais les laïcs disaient certaines parties du début ou de la fin de la prière eucharistique. Tel était le monde ecclésial que j'ai connu alors. Depuis, les choses se sont apaisées, la demande de « décléricalisation » ayant nettement baissé en intensité.

Lorsque j'ai demandé à mon évêque de rester dans la région parisienne, je suis allé à Cergy parce que j'y ai trouvé une communauté du type de celle de Sainte-Bernadette. Elle était sans doute moins demandeuse de nouveauté que la précédente, mais le fait de célébrer le dimanche dans des maisons de quartier et pas dans une église manifestait le même désir d'ouverture pastorale. Personnellement, j'adorais ça. Et les paroissiens aussi. C'est un certain nombre de ceux-là qui sont partis après, je l'ai déjà dit. Pas tous, loin de là, heureusement ! Quant à ceux qui se sont éloignés, la plupart ont continué à s'engager puissamment dans le domaine social ou caritatif.

Comment la liturgie s'est-elle « re-canalisée » vers des normes stables ?

D'abord, il fallait bien qu'elle le fasse. Ensuite, j'ai bien compris pourquoi les évêques, à un moment, ont dit : « Les prières eucharistiques improvisées ou sauvages, terminé ! » Je les comprends et je partage ce point de vue, parce que, pour en avoir examiné l'autre jour à l'occasion de cette session où j'ai rouvert mes dossiers, je me suis dit que c'était parfois du n'importe quoi. Je me souviens, à la Catho, d'avoir animé des séminaires où l'on faisait une analyse de prières eucharistiques dites « sauvages ». Je donnais aux étudiants, parmi lesquels figuraient beaucoup de séminaristes, des critères d'évaluation théologiques, liturgiques et littéraires de ces prières. Elles étaient l'expression d'une réaction à une liturgie jugée trop rigide et trop figée. Ce contrecoup s'est apaisé peu à peu. Tout semblait rentrer calmement dans l'ordre, jusqu'au moment où, au tournant du siècle à peu près, des courants plus traditionnels sont revenus à la charge au nom d'une liturgie qui serait plus « pieuse » et plus « dogmatique ». Cette contre-réaction a ranimé sinon la guerre, du moins le malaise et une certaine violence. Maintenant tout semble de nouveau s'apaiser. J'espère que ces conflits sont terminés.

Et puis, en ce qui me concerne, sans doute y a-t-il aussi une question d'âge : je n'ai plus envie comme il y a quarante ans, de dire des prières eucharistiques non officielles, même très belles, et d'ailleurs la demande des chrétiens ne porte plus là-dessus. J'éprouve simplement toujours le besoin, et cela, je crois que je le soutiendrai longtemps, de pratiquer quelques interpolations dans les prières officielles pour les actualiser. Il me semble que c'est la moindre des choses, dans la mesure où, si la prière que je dis comme prêtre est bien celle de toute l'Église (cette prière ne m'appartient donc pas personnellement, pas plus qu'à la communauté présente), c'est celle de l'Église rassemblée en tel lieu pour tel dimanche ou telle fête. Tout cela en tout cas se fait désormais de manière apaisée.

« Le christianisme ? Merci ! »

Pourrions-nous reprendre le fil de l'évolution du christianisme dans le monde d'aujourd'hui ?

Le fil, on pourrait le définir comme : être chrétien et prêtre dans la société actuelle, c'est à la fois une chance et une difficulté. Cela ne va pas de soi. Je suis frappé par le décalage devenu vraiment énorme entre la foi de l'Église et les croyances plus ou moins vagues qui sont celles de beaucoup de gens. Cela a sans doute toujours existé, mais les chrétiens « de base » autrefois se disaient et « se vivaient » comme chrétiens croyants, ce qui n'est plus le cas actuellement. Les lieux où j'éprouve cela le plus fortement, ce sont les préparations au baptême, au mariage ou aux obsèques. Ainsi, lors d'une préparation récente d'obsèques que j'ai faite, c'était manifeste : les gens ne croyaient plus. Il s'agissait pourtant de personnes qui vous ressemblent, qui sont allées au catéchisme autrefois et ont fait leur première communion. Avec elles, il y avait deux jeunes d'une vingtaine d'années : manifestement, ils étaient perdus. Tout cela est très révélateur : nous baignons aujourd'hui dans un océan d'indifférence. Les gens ne sont pas hostiles, bien sûr, mais ils sont devenus indifférents. Les mots de la foi leur sont devenus étrangers. Même le mot « Dieu ». Aussi, le défi pour moi, aujourd'hui, ce n'est pas l'athéisme, même s'il existe, c'est l'indifférentisme. Avec une personne athée ou agnostique, on peut discuter, et cela, comme j'ai pu l'éprouver assez souvent, peut être passionnant pour chacun. Mais avec une personne indifférente, il n'y a pas de prise.

Beaucoup de ces quasi-indifférents continuent de croire – et même très fort – à des valeurs comme la générosité, le partage, la justice ou la responsabilité. Quand ils se disent eux-mêmes chrétiens, c'est la plupart du temps à cause de ces valeurs, comme on le voit si fréquemment dans les réunions de préparation au baptême. Ils sont d'ailleurs étonnés quand on leur rappelle que le jour du baptême, on ne leur demandera pas s'ils croient à ces valeurs, mais s'ils croient EN Dieu tel qu'il s'est révélé dans la Bible et ultimement en Jésus-Christ. Mais le Dieu Trinité, pour beaucoup, c'est une option en quelque sorte. Pourquoi aurait-on d'ailleurs besoin de ce détour par Dieu ? Les valeurs que l'on vient d'évoquer et que la Bible a largement contribué à inculturer dans notre société ne sont-elles pas l'essentiel ? Raison pour laquelle beaucoup de ces personnes sont d'accord pour dire : « Le christianisme ? Merci ! » Personnellement, cela est si fort aujourd'hui qu'on peut le considérer comme formant un puissant courant, courant que j'ai précisément baptisé « LCM » (« Le Christianisme, Merci ! »)

« Merci » dans quel sens ?

Merci dans les deux sens : celui de la reconnaissance et celui du congédiement. Pour ce qui est du congédiement, c'est évident. Reconnaissance, parce que sans le christianisme (avec, c'est important, sa racine juive), nous ne serions pas dans le type de société que nous connaissons : société scientifique, démocratique, critique, etc. C'est ce qu'a bien analysé l'éminent penseur qu'est Marcel Gauchet[1] dans son livre *Le Désenchantement du monde* paru en 1985. Non pas qu'il ait voulu valoriser le christianisme comme tel : de formation chrétienne, il est sans doute agnostique, et du simple point de vue méthodologique, il ne se serait évidemment pas permis de faire une œuvre apologétique. Gauchet n'est pas le seul : je pense que des philosophes comme Luc Ferry ou André Comte-Sponville, ou, en version littéraire plutôt que philosophique, un auteur comme Emmanuel Carrère, avec son roman à succès *Le Royaume*, sont l'expression de ce christianisme laïcisé dont je parle. Michel Onfray ferait sans doute parti de ce groupe s'il n'avait, me semble-t-il, des comptes à régler avec le christianisme, ce qui l'a rendu très agressif à son égard. Au fond, beaucoup de gens, y compris parmi les intellectuels, sont reconnaissants envers le christianisme, mais ils n'ont pas ou plus besoin de « Dieu ». Oui, pourquoi Dieu ? N'est-ce pas un « détour inutile » ? Cela rejoint tout à fait, me semble-t-il, ce que Danièle Hervieu-Léger[2] a appelé le processus d'« exculturation » du christianisme : les valeurs chrétiennes (ou plutôt judéo-chrétiennes) de justice, de responsabilité personnelle, de souci d'autrui, de partage ou de générosité, qui ont largement façonné la société occidentale démocratique dans laquelle nous sommes, ont été à ce point inculturées et sont, idéalement du moins, tellement partagées par tous que l'on ne voit plus bien pourquoi la référence à « Dieu » serait nécessaire : il s'agit bien d'une « exculturation ». Nous baignons aujourd'hui dans ce climat-là.

1. Marcel Gauchet est un philosophe et historien français né en 1946. Directeur d'études émérite à l'École des hautes études en sciences sociales (EHESS), il est rédacteur en chef de la revue *Le Débat*, l'une des principales revues intellectuelles françaises, qu'il a fondée avec Pierre Nora en 1980.

2. Danièle Hervieu-Léger est l'auteur de nombreux ouvrages de sociologie des religions, par exemple : *Vers un nouveau christianisme* (1986) ; *La Religion pour mémoire* (1993).

Sur le terrain pastoral, comment cela se traduit-il ?

Je le ressens très souvent dans les préparations de « rites de passage » : obsèques, baptême et mariage. En ce qui concerne mariage et baptême, c'est un peu différent : ils baignent dans le bonheur, particulièrement ceux qui sont amoureux. Dès lors, une certaine foi très optimiste en Dieu s'exprime assez facilement : « Que Dieu vienne bénir notre mariage, qu'il vienne bénir la vie de notre enfant »... Ces manifestations de foi ou de croyance n'en demeurent pas moins très ponctuelles : on ne reverra plus les personnes à l'église après. D'ailleurs, je ne suis pas du tout gêné de leur dire sur le mode de l'humour : « Rassurez-vous : je ne vous attends pas à la messe dimanche prochain. Enfin, si vous venez, nous serons bien contents, parce que, quand même, une place vous attend dans l'église ! »

Les ronces de la vie

Je comparerais tout cela à la parabole du semeur. À titre d'illustration, je pense à ce Monsieur que nous avons accueilli pour des obsèques : il était espagnol d'origine, de tradition chrétienne, mais il avait pratiquement tout largué. À propos du chant d'adieu (« Nous te disons a-dieu, mais c'est à notre Dieu qui nous a tant aimés »), j'ai pu lui faire une catéchèse de cinq minutes : « Pour Dieu, les morts sont des vivants, c'est pourquoi on adresse le chant à la défunte, on lui parle à elle ; quant au mot un peu barbare de "résurrection", il veut dire à peu près la même chose que l'immortalité de l'âme, mais en beaucoup mieux, parce que cela intègre le "corps", c'est-à-dire les relations qui construisent chacun dans sa plus haute et plus intime spiritualité. »

Pour revenir à la parabole, la semence de ma petite catéchèse, je pense, est bien tombée dans son cœur, pas à côté. Sans doute a-t-elle pris un peu racine. Peut-être les ronces (la culture, le milieu familial, le travail, le stress de la vie) l'empêchent-elles de porter du fruit. Je ne suis pas maître du résultat. Comme Paul, je laboure, je sème la Parole, j'arrose, je sarcle, mais c'est Dieu « qui donne la croissance » (1 Corinthiens 1). Et je n'oublie pas le magnifique propos du dernier Concile : « L'Esprit-Saint agit dans le cœur des hommes de bonne volonté d'une manière que Dieu seul connaît. » C'est la raison pour laquelle je ne me sens pas menacé, personnellement, par la tentation du découragement. Je suis davantage porté, au contraire, à rendre grâces pour l'action de Dieu dans le cœur des personnes.

Arrive-t-il que des personnes, à l'issue de ces rencontres, rejoignent la paroisse ?

Il est rare que les personnes reviennent à la messe ensuite, donc s'intègrent ou se réintègrent dans la communauté paroissiale. Ce n'est d'ailleurs nullement étonnant. Autrefois, dans mon village rural, les gens venaient massivement à la messe : ils y venaient bien sûr pour Dieu, mais aussi, plus concrètement, parce que c'était leur distraction, c'était la fête – la fête sociale, la fête culturelle, la fête spirituelle, c'était tout cela en même temps. Aujourd'hui, ils n'ont plus du tout besoin de ce genre de « distractions ». Au contraire, il leur faut faire un effort pour venir ; et, chaque fois, ils se démarquent du milieu ambiant : combien sont-ils, seuls de leur immeuble ou de leur rue, à venir à l'église le dimanche ? De nos jours, par conséquent, les ronces de la parabole ne sont pas seulement spirituelles, elles sont culturelles et sociales. Le Monsieur de tout à l'heure est représentatif de cette situation. C'est quelqu'un de gentil, aimable, parlant facilement, un Monsieur de tradition chrétienne plutôt « tradi », avec une certaine nostalgie de la messe en latin. Il n'en est pas moins à peine croyant. Comme presque tout le monde. Nous sommes dans ce monde-là. Un monde où le plus redoutable ennemi de l'Évangile est, selon moi, non pas l'athéisme, mais l'indifférence.

N'est-ce pas surprenant d'être passé aussi rapidement à cette situation ?

Oui, et cela va en s'accélérant. Personnellement (et je crois que les accueils des demandes de « rite de passage » sont un excellent poste d'observation), j'ai l'impression que les choses vont de plus en plus vite. La situation a beaucoup changé.

Mais nous-mêmes avons aussi considérablement changé. Par exemple, il est clair que je ne peux pas porter aujourd'hui le même jugement éthique sur ce que l'on appelait autrefois la « cohabitation juvénile » qu'il y a trente ou quarante ans. Pour reprendre des catégories de théologie morale devenues classiques, notamment depuis Xavier Thévenot, si l'universel de la loi demande à être constamment rappelé, sa nécessaire concrétisation dans la particularité d'une culture lui donne une tout autre couleur, selon que l'on vit dans le village de mon enfance il y a plus de 50 ans, ou dans la banlieue parisienne en 2020... De même, mon regard sur l'homosexualité n'est pas le même qu'il y a quarante ans. Je regrette l'emploi du mot « mariage » dans la question qui a récemment agité notre société, celle du « mariage pour tous », car « les mots font les choses », comme disait Michel Foucault. En revanche le fait de devoir protéger les couples homosexuels de toute discrimination et de leur donner, à travers un « pacte civil », des garanties de stabilité et d'héritage est une chose que je partage totalement, ce qui n'aurait sûrement pas été le cas voici quelques décennies. Le regard ayant tellement changé sur ce plan comme sur d'autres, je comprends, mais je ne partage pourtant pas, le discours ambiant qui est désormais de dire : « Mais alors, pourquoi n'êtes-vous pas pour le reste : la GPA, la PMA, etc. (nobles abréviations, mais qui cachent finalement les choses) ? Vous êtes ringard, de toute façon, cela se produira. » Ce genre de discours, quasi-imposé sous prétexte de progrès, me semble, lui, particulièrement dangereux.

Quel espace disponible pour la foi ?

Depuis quand est-il possible de se passer de Dieu ?

En 1942, dans son livre devenu célèbre *L'Incroyance au XVIe siècle, la religion de Rabelais*, Lucien Febvre a fait la démonstration qu'il n'y avait pas d'incroyance à proprement parler au XVIe siècle. Elle est arrivée avec le XVIIIe siècle et d'ailleurs, elle ne concernait que quelques intellectuels encyclopédistes. Mais auparavant cela appartenait au non-pensable. Aujourd'hui, c'est presque l'inverse.

Êtes-vous d'accord avec le jésuite Roger Lenaers, qui dit que le langage serait l'obstacle majeur à l'acceptation de la doctrine chrétienne aujourd'hui ?

Je pense que le langage a effectivement son importance, je viens justement de le rappeler à propos dudit « mariage pour tous ». Mais cela ne veut pas dire, selon moi, qu'il suffirait d'employer un langage plus immédiatement compréhensible pour que les difficultés soient dépassées. On pourrait très bien tenir un discours sur la foi chrétienne qui serait reçu par la société, sans que pour autant les gens se remettent à croire en Dieu ou reviennent à la messe le dimanche. Ce n'est pas simplement en renouvelant le langage, liturgique notamment, qu'on réglera le problème. Je crois que c'est bien plus profond que cela. Du côté des protestants, on l'a fait beaucoup plus que chez nous, mais ils sont toujours affrontés aux mêmes difficultés que nous, les catholiques. Dans un pays comme la Suède, très majoritairement façonné par la tradition luthérienne et où l'on a été plus soucieux que dans les pays catholiques d'exprimer la foi chrétienne et la liturgie en termes accessibles à tous, le taux de déchristianisation est aussi fort, sinon plus qu'en France. C'est vraiment une question de climat social et culturel.

Si ce n'est pas le langage, ce ne sont tout de même pas l'ordinateur ou le smartphone qui ont conduit les gens à l'indifférence : quelles peuvent en être les racines ?

Paul Ricœur aurait dit : pour beaucoup de gens, « il n'y a plus d'espace disponible » pour la foi, il n'y a plus d'espace d'audibilité. Bien sûr, c'est prêt à ressurgir de temps en temps, c'est clair, parce que la précarité humaine a besoin de recours et de secours : le mot « prière » a la même racine latine, *prex*, que celui de « précarité ». Mais fondamentalement, j'ai le sentiment que cela ne prend plus vraiment.

En ce qui concerne les gens que vous avez connus à Cergy, qui étaient au départ très engagés dans l'Église après le Concile, est-ce qu'avec eux vous avez eu l'occasion de comprendre pourquoi, certains d'entre eux, du moins, s'étaient écartés ?

Ils se sont écartés jusqu'à un certain point, je l'ai dit. Beaucoup d'entre eux sont restés croyants. Ils avaient vécu dans un style d'Église très moderne, très ouverte, où il n'y avait pas d'église de pierres matérielles parce qu'il fallait construire d'abord l'Église de « pierres vivantes », en fonction de quoi, ensuite, on envisagerait la construction d'un bâtiment-église. C'était un peu un rêve, rêve très révélateur des années soixante-dix-quatre-vingt, mais qui pouvait difficilement tenir à long terme, et même à moyen terme. Après l'expérience de ce type de communauté d'Église durant une vingtaine d'années, ils ont été confrontés à un mouvement inverse de repli, de fermeture – par exemple le refus de filles comme servantes d'autel. Un certain nombre d'entre eux, je le sais, n'ont pas pu le supporter. Certains, Dieu merci, ont réussi à traverser positivement ce qui leur a paru comme une remise en cause de leurs engagements précédents. Tout cela en tout cas m'a vraiment fait mal au cœur. L'Église n'a sûrement pas à courir après le « monde », mais les évolutions culturelles en Occident sont telles qu'on ne peut pas ne pas ressentir la nécessité de « ré-inculturer » l'Évangile dans notre société.

« Sois cohérent avec ce que tu crois »

En Afrique, en Asie, en Amérique latine, ne pas avoir de foi est difficilement envisageable. Ne sommes-nous pas confrontés à un problème purement occidental ?

J'ai ma petite théorie là-dessus. Cela dépend de la manière dont s'articulent la culture, la religion et la foi, ce dernier terme indiquant l'élément critique qui permet, dans n'importe quelle religion, de ne pas confondre, comme aurait dit ma grand-mère, « le Bon Dieu et ses saints ». Lorsque culture, religion et foi ne font qu'un, donc lorsque la foi ne joue plus son rôle critique par rapport à l'alliance objective entre culture et religion (celle, autrefois, « du sabre et du goupillon »), on se trouve dans une société de type théocratique, laquelle peut aller, à l'extrême, jusqu'à « Daech ».

Le cas le plus fréquent est celui où religion et culture sont très liées, mais où la foi permet de prendre un certain recul et de n'être pas victime du pouvoir religieux ou politique en place. C'est le modèle que j'ai connu dans mon enfance. Et je pense que pour beaucoup de chrétiens issus des migrations africaines, antillaises ou asiatiques ce modèle demeure très prégnant : on « pratique » en famille, on ne conçoit pas que la grand-mère qui vient de mourir n'ait pas une vraie « messe » à l'église, la première communion des enfants est une occasion de dépenses somptuaires même si l'on n'est pas très riche, etc.

Le troisième cas est celui de notre société occidentale laïcisée et sécularisée, avec des degrés cependant car la France n'est ni les États-Unis, ni même l'Allemagne. Dans ce modèle, les trois termes sont dissociés : la religion n'a pas à s'imposer dans la culture, puisque celle-ci est multiculturelle et multireligieuse ; et cette religion vaut ce que vaut ta foi personnelle, une foi que personne ne peut t'imposer. La « norme » implicite (et parfois explicite !) à ce sujet est : sois cohérent avec ce que tu crois ; inutile d'aller à la messe le dimanche si tu ne crois pas, ou même si tu as le sentiment que cela ne change rien dans ta vie. Le fameux « individualisme » de notre postmodernité trouve là une illustration éclatante.

Beaucoup de Français de souche sont imprégnés de ce dernier modèle. Les chrétiens qui viennent d'outre-mer sont évidemment de plus en plus marqués par ce climat, mais quelque chose de leur tradition passée les tient encore dans une certaine pratique dominicale, dans le catéchisme des enfants, etc. Cela explique aussi que pas mal d'entre eux continuent de se démarquer par des croyances et des comportements religieux assez affirmés : ils vont vers les statues, ils vont vers les cierges, etc. Je n'ai évidemment rien contre, mais ce n'est pas ma manière de vivre l'Évangile dans le monde actuel, et pour moi l'avenir de l'Église dans notre monde occidental n'est pas de ce côté-là. Comment préparer cet avenir ? Tout ce qui fait dans le « rétro », même si ce « rétro » peut paraître à la pointe de la postmodernité (puisque cet ancien, comme le chant grégorien, paraît tellement nouveau aux oreilles des jeunes générations), n'a pas d'avenir.

Nous en sommes là aujourd'hui, dans l'Église de France. Dans les années soixante-dix-quatre-vingt, après le Concile, nous avons cru, bien naïvement il faut le dire, que l'évolution amorcée était inéluctable et qu'elle se poursuivrait de manière quasi linéaire. Or ce n'est pas linéaire du tout, il y a des allers et des retours. Aujourd'hui, nous sommes plutôt dans une phase de repli. Mais ce repli plus ou moins « rétro » montre ses limites évidentes : pour m'en tenir à cela, les églises continuent de se vider le dimanche, les inscriptions au catéchisme continuent de baisser, les mariages sont en nombre de plus en plus réduit. Pourtant, je ne me sens pas, mais pas du tout, découragé pour autant : ce que nous proposons dans nos paroisses est plein de sens et de pertinence pour aujourd'hui. Je partage pleinement l'avis des évêques de France dans leur fameuse *Lettre aux catholiques de France : proposer la foi dans la société actuelle* (1994) : les temps actuels ne sont pas plus défavorables à l'annonce de l'Évangile que les temps passés. Simplement ils obligent les chrétiens à « aller au cœur de la foi », et à se positionner comme disciples du Christ « de manière plus décidée et plus radicale ». Voilà qui demande une posture non pas de repli, mais d'audace nouvelle et d'ouverture.

« J'aurais l'air de quoi si j'allais à la messe ? »

Est-ce que la posture de repli que l'on constate actuellement est liée à une situation culturelle, dans un sens un peu intellectuel, ou plutôt à des choses bien plus concrètes ?

Je crois que ce sont les deux. Dans le domaine religieux, ce n'est pas d'abord intellectuellement que les gens, nous-mêmes y compris, réalisent les choses, c'est de manière beaucoup plus concrète et existentielle : à travers les codes de comportement, à travers les « normalités » plus ou moins dictées par les sondages. La plupart de ceux qui ne viennent plus à la messe ou qui ne croient plus en Dieu n'ont jamais pris de décision comme telle de ne plus croire ou de ne plus venir à la messe. Cela s'est fait tout seul en quelque sorte. Il m'a fallu du temps pour comprendre et admettre que ce ne sont pas les « idées » qui gouvernent le monde, ce sont les symboles, c'est-à-dire ce à quoi on s'identifie. Les symboles, cela « représente » : « J'aurai l'air de quoi, auprès des miens, famille, amis, collègues de travail, si je vais à la messe ? » Les symboles sont plus puissants que les idées. Mais sur les symboles, il y a beaucoup à dire ; j'aimerais y revenir plus tard, quand nous parlerons des sacrements.

Dieu veut être bon alors que notre œil est mauvais

L'avantage de la situation d'indifférentisme dans laquelle nous sommes, c'est que, du point de vue pastoral, nous sommes presque tout le temps en situation de « première annonce ». Nous avons très souvent affaire, pourrait-on dire, à des « primo-accédants » à la foi. Les personnes découvrent ou redécouvrent avec un joyeux étonnement la force de l'Évangile. Dès lors, au lieu d'être encombrées de savoirs catéchétiques assez basiques qui finalement les empêchent de croire, elles sont plus disponibles à accueillir du nouveau. La personnalité du pape François et ses écrits sont particulièrement révélateurs à ce sujet : ce qu'il dit de la joie de l'Évangile, et surtout la manière simple et souvent familière dont il le dit, parle à beaucoup de gens, même en dehors des chrétiens. Dans l'Évangile, je crois que les gens aiment beaucoup les paraboles. À condition bien sûr que nous les aimions nous-mêmes et que nous sachions en dégager aisément la « perle ». Celle du fils prodigue, par exemple : faire découvrir aux personnes que Dieu est comme le dit Jésus dans la parabole, c'est-à-dire que c'est lui qui court au-devant, comme si c'était lui le coupable, qu'il accueille sans condition, puisqu'il remet à son fils la tunique, les sandales et l'anneau, autant de symboles d'une totale restauration dans sa condition de fils et d'héritier, c'est quand même quelque chose de très étonnant ! Et c'est la même chose lorsqu'il est question de la brebis perdue, la centième qui intéresse autant et plus que les quatre-vingt-dix-neuf autres, alors pourtant qu'elle a été négligente, qu'elle est sans doute la plus chétive, et que ce n'est probablement pas elle qui rapporterait le plus d'argent à son propriétaire. Faire découvrir que cette dernière, « dernière » à tous égards, c'est celle dont le retour réjouit tout particulièrement le cœur de Dieu, lequel la prend sur ses épaules et invite les voisins pour fêter cela, voilà qui parle avec force et joyeusement aux personnes. Et les ouvriers de la dernière heure ! C'est peut-être ma parabole préférée : les tard-venus sont rémunérés aussi bien que ceux qui ont bossé tout le jour. Ce n'est pas juste, on ne peut sûrement pas construire une société là-dessus.

Alors où est la justice, dans cette dernière parabole ?

Cette histoire rappelle cette chose tellement étonnante, qui dit « la joie de l'Évangile », à savoir que Dieu ne fonctionne pas d'abord selon la justice distributive, il fonctionne selon l'amour. Et l'amour, c'est la grâce ; et la grâce, cela ne calcule pas. L'ouvrier de la dernière heure peut être rémunéré aussi bien que celui de la première, et Dieu ne fait pas d'injustice puisqu'il rémunère ceux de la première selon le tarif qui avait été fixé, ce qui est évidemment important. Et nous, nous qui sommes concrètement des ouvriers de la première heure, il nous faut apprendre à convertir notre réflexe premier, celui, bien humain, de la jalousie, exactement comme le fils aîné de la parabole du prodigue, et à rendre grâce de l'incroyable largesse de Dieu qui veut, lui, « être bon », alors que « notre œil est mauvais ». L'expérience pastorale quotidienne me l'assure : annoncer que Dieu est comme cela, évidemment, cela prend, cela marche, et en même temps cela bouleverse les représentations de Dieu : quelle « bonne nouvelle » en effet, mais aussi quel appel à la conversion.

Reconnaître la toute-puissance de Dieu dans sa miséricorde

Voilà en effet qui rejoint le refrain du pape François : « La toute-puissance de Dieu se déploie dans sa miséricorde. » Évidemment, c'est quelque chose d'étonnant, à quoi nous résistons tous plus ou moins. Parce que reconnaître cette toute-puissance dans la miséricorde, c'est dire « je renonce aux représentations de toute-puissance qui sont en moi, et que je projette sur Dieu, un Dieu qui n'est plus alors qu'une idole, parce qu'il n'est pas autre chose que la projection de mes désirs les plus primaires : désirs de grandeur, de puissance, de violence, bref, le Dieu gendarme de notre cour de récré quand on avait dix ans et que, comme le chantait Alain Souchon, "si tu m'crois pas, t'vas voir ta gueule à la récré" » ! Il est bien clair que renoncer à cela ne se fait pas sur commande, cela demande sans doute la conversion la plus profonde qui soit, celle qui touche à la racine même de ce qui « nous tient », de ce qui « nous possède » et qui s'appelle notre « désir ». Je me permets d'insister : se dire que la toute-puissance de Dieu est dans sa miséricorde « jusqu'à soixante-dix fois sept fois », on peut l'accepter assez facilement comme idée, mais au niveau de nos comportements quasi réflexes, c'est tout autre chose. *Miserando atque eligendo* : « Il l'a choisi en faisant miséricorde. » Le Christ a ainsi choisi comme apôtre en lui faisant miséricorde un homme qui avait mauvaise réputation du fait de son métier de changeur : Lévi (Matthieu). Le pape François a choisi cette phrase comme devise. Il a raconté être allé souvent méditer à Rome dans l'église Saint-Louis-des-Français devant le célèbre tableau du Caravage montrant justement le Christ qui pointe son doigt vers un Matthieu crispant les mains sur le monceau de pièces d'argent posées sur sa table de changeur. Pour le pape, c'est clair : reconnaître que la miséricorde est l'expression de la toute-puissance de Dieu, cela requiert que l'on se reconnaisse profondément pécheur. Pas pécheur au sens où « je ne vaux rien et je suis nul ». Il s'agit de quelque chose de beaucoup plus radical. Il s'agit d'une posture interne où, devant la sainteté de Dieu, je ressens profondément ma petitesse, ma faiblesse, mon inconstance et mon inconsistance. Mais c'est là une bonne nouvelle du point de vue de la foi chrétienne.

Une bonne nouvelle ?

Oui, car cette posture qui, je le répète, est autre chose que « je m'écrase, je ne vaux rien » ne peut être chrétienne que si je perçois simultanément que Dieu me tend la main et si je saisis cette main qui veut me relever. C'est le pardon qui révèle le péché. C'est la confiance manifestée en dépit de tout qui est « salut ». C'est la main tendue de Dieu (le doigt de l'élection pointé par Jésus sur Matthieu dans le tableau) qui dit la puissance de la miséricorde. Se reconnaître pécheur est une chose infiniment difficile. Beaucoup de jésuites, familiers des *Exercices Spirituels* de saint Ignace, le diraient sans doute mieux que moi : c'est dans l'acte où tu reconnais la sainteté toute-puissante de Dieu que tu prends véritablement conscience de ta radicale condition de pécheur. En tout cas, une chose est sûre : j'ai appris de la révélation biblique à la fois que je ne pouvais pas progresser vers Dieu si je ne me reconnaissais pas pécheur, et simultanément que je ne pouvais me reconnaître pécheur que si je percevais la main tendue de Dieu, la miséricorde offerte, le pardon offert. Le pardon est premier, la miséricorde est première. Autrement, le « péché » ne serait source que d'une écrasante et mortifère culpabilité. Ainsi, la toute-puissance de Dieu n'est pas quelque chose d'écrasant, elle est quelque chose qui relève au contraire, qui remet debout, qui donne de la puissance. C'est cela que veut nous dire le pape et je trouve cela magnifique. Mais il faut bien l'avouer : se reconnaître vraiment pécheur, je dis bien « vraiment », à partir de la miséricorde de Dieu demande un difficile travail intérieur.

Pas de miséricorde sans justice

Ce lien entre la miséricorde et la justice est difficile à percevoir : si on avait amené à Jésus une deuxième femme adultère, aurait-il dit la même chose ? Dans ce cas, cela signifie-t-il que finalement la loi disparaît ?

Il lui dit quand même « Va et désormais ne pèche plus ». La loi demeure ; simplement la loi n'est plus le dernier mot sur la vie de qui que ce soit. Dietrich Bonhoeffer est un grand théologien luthérien allemand, un homme et un chrétien remarquable, qui a résisté au régime hitlérien jusqu'à la mort. Il a souvent parlé, en bon luthérien (mais les catholiques le font aussi, et même beaucoup), de la grâce gratuite de Dieu en précisant qu'il s'agissait d'une « grâce coûteuse », et non d'une « grâce à bon marché » : cela a en effet coûté la vie au Christ. Si la miséricorde fait l'économie de la justice, elle devient perverse. La « perversion », du point de vue psychanalytique, c'est le retournement des choses : Sade est sans doute la plus belle figure du pervers, dans la mesure où, sans en avoir claire conscience, il se faisait moralisateur afin de mieux détourner la morale pour lui-même. Même chose avec la miséricorde de Dieu : puisque Dieu est si bon, profites-en pour pécher autant que tu veux, il te pardonnera forcément. Or la miséricorde sans la justice, ce n'est pas la miséricorde. Et en même temps la justice de Dieu s'accomplit dans sa miséricorde.

Dans les évangiles, il y a la justice et il y a le jugement. « Jugement », voilà une chose qui fait difficulté à beaucoup de gens aujourd'hui. « Il ne faut pas juger », entend-on souvent chez les chrétiens. C'est juste, bien sûr, sur le plan moral. « Qui suis-je pour juger ? », disait le pape aux journalistes dans l'avion à propos de l'homosexualité. C'est juste. Mais il faut aussi réhabiliter l'idée de jugement. Car le jugement non seulement n'est pas opposé à l'idée de miséricorde et de l'amour, mais il en est l'une des conditions : je ne peux pas prétendre que Dieu m'aimerait, moi, s'il ne me faisait pas l'honneur de me juger, donc de tenir compte de ma responsabilité, aussi bien dans le mal que dans le bien. Un Dieu qui ferait l'économie de cela ne m'aimerait pas « moi », il aimerait une sorte d'ectoplasme, mais pas moi en vérité. Je revendique donc, au nom même de l'amour, d'être tenu pour responsable, donc d'être jugé. Simplement ce jugement n'est pas prononcé en vue d'une condamnation, il est prononcé en vue d'une miséricorde. La miséricorde a toujours le dernier mot. Mais ce n'est pas parce que la miséricorde a le dernier mot qu'il n'y a pas jugement ou que le jugement ne compte pas. Il faut tenir ces deux choses ensemble.

On est là devant une sorte d'aporie, comme on dit en philosophie, c'est-à-dire un problème dont on sait à l'avance qu'il n'a pas de solution au regard de la raison, une impasse rationnelle. Mais, en même temps, une aporie donne à penser et, même si l'on sait bien qu'on ne peut la résoudre, fait avancer. En théologie aussi, il y a des apories – comme la notion de « péché originel », dont j'aimerais que nous parlions plus tard. Il en va un peu de même en ce qui concerne le croisement entre la miséricorde de Dieu et sa justice. Si j'élimine l'un des deux termes au bénéfice de l'autre, je perds tout : la miséricorde n'est plus la miséricorde. Il faut la justice pour qu'il y ait la miséricorde. Mais le jugement se fait au bénéfice de la miséricorde. Le grand théologien, devenu un « classique » en quelque sorte, que fut Urs Von Balthasar, n'a pas hésité, par exemple, bien qu'il ait été du point de vue doctrinal plutôt conservateur, à écrire et à développer l'idée que, pour tout chrétien, l'enfer existe, mais que tout chrétien doit espérer qu'il est vide. Je l'espère bien également, au nom de la foi de l'Église. Mais cela n'élimine pas l'enfer comme une menace pour moi-même. Car si je l'élimine pour moi (je ne dis pas : pour les autres), « tout change de signe », comme il l'écrit.

Le salut : pas de nous, mais pas sans nous

L'enfer devrait être vide pour les autres, mais pas pour soi-même ?

C'est ça, pas pour soi-même. Sinon, si nous étions « forcément » sauvés, le salut ne serait plus une « grâce » : il nous serait dû par Dieu. Cela signifie par ailleurs que je ne peux comprendre ce mystère que sur fond de vie spirituelle, pas de manière simplement intellectuelle. C'est sur fond de vie spirituelle que, j'y reviens, je m'éprouve pécheur, indigne de Dieu ; je n'ai pas de mérite à faire valoir comme si Dieu m'était redevable : c'est par grâce qu'il me sauve. Ma « justice » n'est pas de moi, elle m'est donnée par un autre qui est le Christ, comme le dit saint Paul dans sa lettre aux Romains, mais j'ai le devoir de lui faire porter du fruit. « En couronnant nos mérites, ce sont tes propres dons que tu couronnes », dit la prière eucharistique de la Toussaint. Tout cela signifie, du point de vue de la théologie catholique, que Dieu ne nous sauve pas malgré nous. Certes, ce salut ne vient pas de nous, il n'est pas le fruit partiellement de la grâce de Dieu et partiellement de nos mérites humains, mais il n'est pas sans nous. Je me permets de le dire dans le latin de saint Bernard au XIIe siècle : *non ex nobis, non nobiscum, sed tamen non sine nobis.*

Mais où est la miséricorde dans le texte du jugement dernier de Matthieu 25 ?

Elle y est et elle n'y est pas. Elle n'y est pas, si je ne tiens pas compte des lois (les biblistes disent « le genre littéraire ») d'une parabole, qui sont celles d'une caricature où l'on oppose pour mieux faire comprendre. Dans cette opposition, il y a les bons et les méchants : les bons vont au paradis, les méchants vont en enfer. Mais la pointe de la parabole n'a rien à voir avec le nombre. Elle ne dit aucunement qu'il y aurait un partage d'élus et de damnés de l'ordre de 50/50 ou même de 90/10. Il y a eu des époques de l'Église où l'on pensait bien que c'était le contraire : 10 % d'élus et 90 % de damnés. Le père Bernard Sesboüé a cité, dans son ouvrage *Le Christ, unique médiateur*, des extraits de sermons de Bourdaloue au XVIIe ou de sermons du XIXe siècle qui font frémir : il y a vraiment de quoi faire peur à tout le monde, tant paraissent faibles les chances de nombreux auditeurs d'aller au paradis. Ce que l'historien Jean Delumeau a appelé la « pastorale de la peur » (peur partagée par les prêtres eux-mêmes, bien sûr) a longtemps existé. Et cela a fait des dégâts. Je reviens une fois encore sur le Monsieur accueilli pour des obsèques. Il nous a dit avoir été traumatisé dans son enfance parce qu'on lui parlait trop souvent d'un Dieu qui allait le punir.

Aller à la messe, c'est second

La leçon de la parabole n'est pas une leçon de peur, c'est au contraire une bonne nouvelle, à savoir que nous serons jugés non pas sur le nombre de fois où nous sommes venus à la messe, mais sur ce que nous aurons fait pour autrui. C'est quand même très important, ne trouvez-vous pas ? La messe n'est pas exclue, bien sûr. Elle dit le « pour Dieu » de notre agir éthique, elle est donc impliquée dans le « c'est à MOI que vous l'avez fait » de la parabole, ce qui n'est quand même pas secondaire. Et pourtant, c'est second. Ce qui est premier, c'est le rapport concret à autrui, à commencer par celui qui est démuni. C'est quand même formidable ! Nous vivons d'une religion qui dit : « L'essentiel est ce que tu fais pour autrui », car en faisant cela pour autrui, c'est pour Dieu que tu le fais. Christ nous a révélé cela. Je trouve que c'est magnifique. Mais alors, comment, si l'on réalise l'immense portée d'une telle révélation, ne pas désirer rendre grâce à Dieu, à la messe précisément, de s'être révélé ainsi : comme étant l'Amour qui nous juge sur l'amour ?

Est-ce qu'aujourd'hui, dans un monde sans Dieu, la phrase « ce que tu fais à autrui, c'est à Dieu que tu le fais » ne devient pas « ce que tu fais à autrui, c'est à toi que tu le fais », ce qui ressemble à « faites aux autres ce que vous voudriez qu'on vous fasse » ?

Il s'agit là d'une vieille maxime, que l'on retrouve dans bien des religions ou sagesses anciennes, et que Jésus reprend, en Matthieu 7, dans la formulation positive que vous avez citée comme exprimant la quintessence « de la Loi et des Prophètes ». C'est très beau et très exigeant du point de vue éthique, et je comprends que beaucoup de gens puissent s'en contenter. Le détour par Dieu (« c'est à Dieu que tu le fais ») leur paraît peut-être inutile, ou du moins en option. Dans l'accueil pastoral, cela ne me gêne pas. Je n'ai pas envie de juger négativement les gens qui ne viennent pas ou plus à la messe. Quand je les entends dire qu'ils ont soigné leur mère pendant dix ans, vingt ans, qu'ils donnent de leur temps, beaucoup de temps parfois, au service de telle ou telle association, qu'ils se sont engagés dans l'accueil de personnes en difficulté, etc., je me dis qu'ils sont peut-être bien plus proches de Dieu que moi. Cette sortie de soi au bénéfice d'autrui ne rejoint-elle pas le chemin pascal de Jésus lui-même ? Alors, j'ai envie de dire : si la religion, c'est ça, vive la religion ! Si Dieu, c'est ça, vive Dieu ! Je le crois profondément. C'est pour cela que je n'ai aucune peine à partager le point de vue des évêques que j'ai rappelé plus haut : non, l'annonce de l'Évangile n'a pas moins de pertinence aujourd'hui qu'hier, simplement elle nous requiert d'abord d'en vivre nous-mêmes.

Des personnes qui se dévouent pour leur famille, pour des parents, des enfants malades, il y en a énormément, ils n'ont pas de croyance, mais ils le font Qu'en dire du point de vue religieux ?

Ils nous précéderont dans le Royaume des Cieux. Et ce que je trouve magnifique dans l'Évangile, c'est qu'il nous met nous-mêmes en cause dès que nous serions jaloux devant une telle générosité de Dieu. C'est bien ce que je disais à propos de la parabole du fils prodigue ou de celle des ouvriers dc la dernière heure : si la générosité de Dieu envers le prodigue ou les tard-venus te rend jaloux, alors tu es comme le fils aîné ou comme les ouvriers de la première heure qui sont condamnés par la parabole. Quel appel à la conversion, aussi bien de nos représentations de Dieu que de nos manières de juger et d'agir.

4
JÉSUS-CHRIST, OU DIEU MÉCONNAISSABLE

Abordons la question de la foi chrétienne dont la complexité apparente, tant pour les chrétiens que pour les croyants d'autres religions et les non-croyants, peut laisser perplexe. À vrai dire on n'y comprend pas grand-chose... Cette foi étant compliquée, peut-on la dire avec des mots simples ?

C'est vrai : par rapport à n'importe quelle religion, le christianisme est hyper-complexe. L'islam, par comparaison, apparaît comme très simple, du moins dans son contenu dogmatique. Je suis néanmoins convaincu qu'on peut dire cette complexité de la foi de l'Église avec des mots simples. Peut-être en suis-je trop convaincu et suis-je un peu prétentieux, je peux donc me faire des illusions, mais enfin je vois des choses qui sont relativement faciles à dire à ce sujet et qui sont tout à fait essentielles.

L'Église, ce n'est pas « moi », c'est « nous »

D'abord je voudrais souligner avec force qu'il s'agit bien de la foi de l'Église et pas simplement de mes lubies ou de mes convictions personnelles. C'est un point sur lequel j'insiste souvent : ce qui est premier dans la foi, ce n'est pas moi, ce n'est pas mon JE, c'est le NOUS de l'Église. Si je suis chrétien, c'est parce qu'on m'a transmis les mots de la foi, et le minimum pour se dire chrétien c'est de confesser avec l'Église : « Je crois en Jésus comme Christ et Fils de Dieu. » Cela ne s'invente pas, on ne peut le dire qu'en le recevant de l'Église. Évidemment, j'ai bien conscience que cette priorité du NOUS ecclésial sur le JE individuel prend immédiatement à revers notre individualisme moderne ; du coup, cela ne passe pas nécessairement tout seul. Mais, c'est quand même fondamental. J'aime bien à ce sujet citer la formule du père Yves de Montcheuil[1]. Il avait écrit dans un petit livre, modestement intitulé *Aspects de l'Église*, livre qui m'avait beaucoup marqué durant mes études de théologie : « Ce ne sont pas les chrétiens qui en se réunissant forment l'Église, c'est l'Église qui fait les chrétiens. » Voilà une formule intéressante : l'Église n'est pas une somme d'individus déjà chrétiens, c'est-à-dire de personnes qui seraient, chacune par-devers soi, branchées directement sur le Christ ou le Saint-Esprit. C'est en Église que nous devenons chrétiens. Il y a là un renversement fondamental. C'est en tout cas la raison essentielle pour laquelle c'est bien la foi de l'Église que j'entends transmettre.

Une foi complexe

En quoi la foi chrétienne est-elle complexe, comme vous le disiez plus haut ?

Il suffit, pour faire comprendre cela, de rappeler quelques « fondamentaux » de cette foi :

- Un seul Dieu, mais en trois, trois « personnes », comme on dit… Le christianisme est bien un monothéisme aussi intransigeant que le judaïsme d'où il procède ou que l'islam ; mais ce monothéisme n'est pas monolithique, il est ouvert et pluriel, parce qu'il s'agit d'un monothéisme de relation, plus précisément un monothéisme de l'amour…
- Un seul Jésus-Christ, dont le dogme nous dit qu'il est à la fois pleinement Dieu et pleinement homme, et cela sans confusion ni séparation.
- Une seule Révélation, mais en deux Testaments, l'Ancien faisant partie de la Révélation chrétienne, comme on le voit dans la liturgie chaque dimanche où l'on commence

1. Jésuite, professeur de théologie à l'Institut catholique de Paris, mort dans le maquis du Vercors, fusillé par les Allemands en 1944, maquis qu'il était allé rejoindre comme aumônier.

par lire, le plus souvent en tout cas, un texte dudit Ancien Testament. Le Nouveau n'est d'ailleurs pas autre chose qu'une relecture de l'Ancien à la lumière de la mort et de la résurrection de Jésus.

- En ce qui concerne le Nouveau, un seul Évangile avec une majuscule (à savoir, le Christ en personne), mais en quatre évangiles en minuscules. La conséquence est immense et ajoute encore à la complexité. On classe en effet souvent le christianisme parmi « les religions du Livre » : c'est une erreur. Bien sûr, avec son Livre, la Bible, il se présente apparemment comme cela. Mais en fait nous appartenons à la religion de la « Parole » : on n'est fidèle à la « lettre » du livre qu'en l'interprétant constamment pour qu'elle devienne « parole de vie ». L'interprétation est constitutive de la Bible comme « Parole de Dieu ».
- Religion complexe encore, en ce qu'il y a une Église, mais qui n'est pas là pour elle-même. Son existence ne se justifie que parce qu'elle est le signe porteur d'autre chose qu'elle : signe porteur du « Royaume de Dieu », réalité qui est bien plus large qu'elle, et qu'elle a mission de servir en s'effaçant en quelque sorte devant lui.
- Je pourrais ajouter bien d'autres choses encore. Par exemple, tout ce qui concerne les ministères dans l'Église, notamment celui du prêtre, lequel, selon un regard simplement sociologique, se présente inévitablement comme un intermédiaire entre Dieu et les hommes, alors que, du point de vue théologique, il ne l'est justement pas, puisque le seul Prêtre qui fait le pont entre Dieu et les hommes est le Christ, comme le développe longuement l'épître aux Hébreux. Mais la plupart des chrétiens (et, hélas, bien des prêtres me semble-t-il) continuent de penser le prêtre sur le modèle de l'intermédiaire (celui des prêtres et lévites de l'Ancien Testament), ce qui veut dire qu'ils n'ont pas véritablement intégré le fait que le Christ est l'unique Médiateur. Or, cela a d'immenses conséquences. Des conséquences bien concrètes sur le plan pastoral : en tant que « super-lévite », le prêtre agit à la place du peuple qui ne peut entrer en contact vivant avec Dieu que par son intermédiaire ; en tant que « sacrement » du Christ qui est

l'unique Prêtre, le prêtre rend acteur tout le peuple chrétien avec le Christ. Mais de cela, je m'expliquerai plus tard.

La religion du grand écart

Une telle complexité n'a-t-elle pas conduit certains à « simplifier » ?

Si le christianisme est une religion si complexe, c'est sans doute parce que, au fond, c'est la religion du paradoxe, la religion de l'« écart », et même « du grand écart ». C'est si inconfortable que la tentation de simplifier a toujours été présente, comme le montrent les multiples hérésies tout au long de l'histoire : on fait alors de Jésus un demi-dieu ou un super-homme ; on réduit les « personnes » trinitaires à des visages différents de la même divinité, etc. Or le christianisme n'est en bonne santé que s'il vit dans l'inconfort même de cet écart. Alors, c'est vrai, transmettre en mots simples une religion aussi complexe, c'est un défi… Mais je pense que c'est possible dans la mesure où, comme le dit le pape François, « quand on va à l'essentiel, tout se simplifie ».

Pour cela, je partirai d'une formule de saint Basile, à la fin du IVe siècle, un évêque et théologien de langue grecque qui vivait en Cappadoce, au cœur de la Turquie actuelle. Il a écrit : « Nous croyons comme nous avons été baptisés. » Il voulait dire par là que c'est la liturgie du baptême qui fait loi en matière de foi. Cette idée est d'ailleurs devenue un adage que Vatican II a remis en honneur : *lex orandi, lex credendi*, à savoir : la loi de la prière est la loi de la foi. Mais il faut préciser que la prière dont il s'agit, celle qui fait loi, est la prière liturgique, donc la célébration liturgique. On peut donc traduire : « L'Église croit comme elle célèbre. » Ce point est évidemment très important car il signifie que la célébration n'est pas une déduction de la foi, mais que la foi se comprend à partir de la célébration liturgique. La liturgie n'est pas une sorte d'application de formulations dogmatiques, c'est l'inverse. La « vie » précède les « idées » : avant les « dogmes », il y a le « vécu » chrétien dans la liturgie.

C'est bien cela ce que veut dire Basile à travers son « nous croyons comme nous avons été baptisés ». Bien avant lui d'ailleurs, comme le montre la parole attribuée à Jésus ressuscité ordonnant, selon saint Matthieu, de baptiser toutes les nations « au nom du Père et du Fils et du Saint-Esprit » (Mt 28), on a baptisé au nom de Dieu Trinité. C'est après coup que l'on s'est interrogé sur la manière de comprendre que Dieu, le Dieu unique, est Père, Fils et Saint-Esprit. Il faudra d'ailleurs plusieurs siècles pour trouver les mots qui permettront de l'exprimer de manière satisfaisante, mais cela fait partie, dès le départ, des fondamentaux de la foi chrétienne.

Comment aborder dès lors cette complexité ?

Je préfère ne pas partir du premier article de notre Credo, celui qui énonce Dieu comme Père, mais du second, et ce pour deux raisons. Une raison liturgique d'abord : le premier geste qu'on fait sur une personne qui entre dans l'Église par le baptême, c'est le signe de la croix ; une raison théologique ensuite : c'est à partir du Christ qu'on peut parler de Dieu Trinité. Donc, je m'attache d'abord à la profession de foi : « Je crois en Jésus-Christ. »

Le marquage symbolique de la croix

Le premier geste qui signifie l'entrée dans l'Église, c'est donc le signe de la croix. Or ce marquage est symbolique.

« Symbolique » est un mot que l'on met « à toutes les sauces » dans le langage courant. Avant d'en venir à Jésus-Christ, pourriez-vous nous dire ce que vous entendez par « marquage symbolique » et donc par « symbole » ?

Bien sûr, même si cela nous fait dévier un moment du sujet. Je voudrais d'abord rappeler que dans la liturgie, tout ce qu'on fait est symbolique. Qu'est-ce qu'un symbole ? J'en vois deux caractéristiques majeures (mais on peut en ajouter d'autres). D'abord, un symbole, cela *représente*. Plus précisément, cela représente un « monde », celui de mon enfance, ou celui du Moyen Âge, ou celui des Chinois, ou celui des cathos, etc.

Ensuite, cette représentation se fait le plus souvent avec *très peu*. Le symbole est sobre. J'aime à dire qu'il est fait de « trois fois rien ». Je donne juste quelques exemples. Un symbole, cela représente : imaginez un drapeau français qu'on brûle devant des caméras, ou qu'on piétine, ou sur lequel on crache… Ce drapeau représente la nation française, mais puisqu'il ne fait que la représenter, le fait de l'insulter est sans effet : cela n'empêche pas la nation française de continuer à tourner normalement. Pourtant, en même temps, ce drapeau « re-présente » (avec un trait d'union) cette même nation, au sens où il la rend présente, raison pour laquelle un tel geste est perçu comme une intolérable provocation, comme une insulte, comme un sacrilège. On imagine sans peine les violentes protestations : « Vous n'avez pas le droit ! C'est nous que vous piétinez, c'est sur nous que vous crachez… C'est intolérable… » Et cela peut déclencher une guerre.

C'est cela, un symbole. Parce qu'il ne fait que « représenter », ce n'est pas grand-chose, on peut même s'en moquer : « Ce n'est qu'un symbole ! » On peut cracher sur un crucifix, ça n'empêchera pas les chrétiens de continuer à vivre normalement. Et en même temps, parce qu'il « re-présente » les chrétiens, c'est insupportable pour eux ; ils ne peuvent tolérer de se laisser ainsi cracher dessus.

Ainsi en va-t-il presque constamment en liturgie. Elle est faite de très peu de matière : un peu de pain et de vin suffit pour re-présenter « la terre et le travail des hommes » ; un peu d'eau (pas trop peu quand même : il faut donner au symbole sa chance de fonctionner…) suffit dans le baptême pour re-présenter la plongée dans la mort et la résurrection du Christ. Tout à l'heure, vous ne m'avez pas demandé de quelle grandeur était le drapeau, ni s'il était bien repassé. En travaillant cette question du symbole, j'ai réalisé combien c'est le symbole qui fait vivre le monde. Pour prendre des symboles politiques, on se souvient du chancelier allemand Willy Brandt s'agenouillant devant le mémorial d'Auschwitz il y a une quarantaine d'années : ce n'était que Willy Brandt, mais il re-présentait l'Allemagne qui se mettait à genoux et qui demandait pardon pour les crimes des Nazis. Dans le même genre, le grand Helmut Kohl et le petit Mitterrand se donnant la main devant l'ossuaire de Douaumont. Ou bien encore, Jean Paul II, mettant, tout tremblant parce que malade, son petit billet dans le Mur des Lamentations de Jérusalem : quel symbole ! Ce sont là des images qui ont fait le tour du monde. Tous les journalistes ont d'ailleurs, à juste titre, parlé de « symboles » à ce sujet et en ont noté l'immense portée européenne ou mondiale. Kohl et Mitterrand, c'était la France et l'Allemagne qui se réconciliaient, ou qui affermissaient leur réconciliation inaugurée par De Gaulle et Adenauer ; Jean Paul II, c'était l'Église qui demandait pardon pour l'antisémitisme qu'elle a parfois alimenté, etc.

Cela en dit effectivement plus que tout ce qui a pu être dit, antérieurement, sur les relations des chrétiens avec le judaïsme.

C'est clair. On comprend pourquoi avec des symboles on déclenche une guerre ou on fait la paix. J'ai vraiment le sentiment, en tout cas, que c'est le symbole qui fait marcher le monde. C'est d'autant plus efficace que l'on ne s'en rend pas compte.

N'y a-t-il pas toujours un peu de relation dans le symbole ? C'est le cas du gâteau d'anniversaire, qui est un symbole de l'amour porté par la famille et les amis à celui qu'on fête.

Oui, bien sûr, mais c'est second. Avant d'établir une relation, le symbole « re-présente ». Le gâteau d'anniversaire dit évidemment une relation d'affection, d'amitié, d'amour, et personne ne s'y trompe. Nul besoin de l'expliquer. Mais c'est parce qu'il re-présente que le symbole exprime cette relation, et en l'exprimant, il la renforce : il y a du « performatif » dans le symbole. Sa performance consiste en ce qu'il réalise ce qu'il exprime, et il le réalise en l'exprimant. Voilà pourquoi, quand les mots qui veulent exprimer l'estime ou l'amour, ou bien à l'inverse le mépris et la haine, pour une personne sont éprouvés comme trop courts, on pose un geste symbolique. Quand on ne sait pas dire avec des mots sa sympathie profonde à un ami en deuil, on la lui manifeste par un symbole. Un amour se dit « avec des fleurs » !

La force du symbole serait donc de ne nécessiter aucune explication ?

Absolument ! Du point de vue strictement théorique et sans entrer ici dans le détail, c'est la grande différence entre le « symbole » et le « signe ». Ce dernier renvoie à autre chose que lui-même, puisqu'il est composé d'un « signifiant » (sonore, si c'est un mot ou une phrase) et d'un « signifié » (son sens, l'idée qu'il veut transmettre), le premier renvoyant au second, lequel est d'un tout autre ordre. Le symbole, lui, comme l'a théorisé Edmond Ortigues[1], introduit dans le monde auquel il appartient : comme signe, comme repère sur une carte, par exemple, le drapeau français renvoie à une l'idée que là on est en France, et non pas en Suisse ou au Japon ; mais comme symbole, il ne renvoie pas à une idée : ce drapeau, c'est la France, c'est « nous » ; c'est tellement « nous » que nous ne tolérons pas qu'on le brûle devant des caméras de télévision, ou que nous sommes émus aux larmes lorsqu'on le hisse au mât pendant que retentit une sonnerie aux morts !

Pourtant, quand on dit « c'est symbolique », c'est une façon de dire « ce n'est rien ». N'est-ce pas un peu dévalorisant, par exemple dans l'expression « une offrande symbolique » ?

C'est vrai. La raison en est qu'il suffit de trois fois rien pour re-présenter tout un monde, présent ou passé, d'ici ou d'ailleurs : un tout petit drapeau tricolore peut symboliser la France aussi bien que l'immense drapeau de l'Arc de Triomphe. Alors, la dérive du symbolique vers l'insignifiant est facile. Mais Raymond Devos avait évidemment raison de nous rappeler que « trois fois rien, c'est pas rien ! »

En tout cas, tous les politiques le savent, et pas seulement eux : les symboles sont de première importance. Il y a la poignée de main que le président de la République doit donner et celle qu'il ne doit pas donner ; il y a le geste qu'il doit faire et le lieu où il doit se montrer, et le geste qu'il ne doit pas faire et le lieu où il ne doit pas se montrer ; il y a le mot qu'il lui

1. Voir E. ORTIGUES (1917-2005), *Le Discours et le symbole*, Paris, Aubier-Montaigne, 1962.

faut dire et le mot qu'il lui faut ne pas dire. Les journalistes ne vont extraire que cela : « Il l'a dit ! », et pourtant il a dit mille autres choses, éventuellement plus importantes, mais on ne retient que ce mot ou « la petite phrase », c'est-à-dire ce qui « re-présente » une position politique, sociale, religieuse.

Concilier signe et symbole, raison et poésie

Est-ce que ces exemples ne montrent pas que, si l'on abuse trop du symbole, on est dans le ressenti, on sort du raisonnement ?

Oui, absolument, c'est pourquoi dans ma petite théorie de tout à l'heure, il faut concilier signe et symbole qui fonctionnent à deux niveaux différents, mais qui en même temps sont en demande l'un de l'autre et sont comme les deux pôles de la communication. L'être humain ne peut marcher droit qu'avec ses deux jambes. La première est celle du signe qui est aussi celle de la rationalité ; il faut d'ailleurs être très exigeant aujourd'hui à ce sujet car, par les temps qui courent, on est prêt à se laisser emporter par n'importe quel sentiment ou émotion, comme on le voit notamment dans le domaine religieux ou dans les médias. La deuxième jambe, c'est celle du symbole, du poétique, appelez-le comme vous voulez, de tout ce qui est autre chose que la simple raison raisonnante.

Mais revenons à la liturgie, puisqu'elle est essentiellement faite de symboles. Personnellement, j'explique assez souvent non pas les symboles eux-mêmes, car expliquer un symbole, c'est manifester qu'il ne fonctionne pas, ou mal, mais le fait que ce que fait l'Église dans une liturgie de baptême ou d'eucharistie, ce ne sont que des symboles : un peu d'eau, un peu de lumière, quelques déplacements dans l'église, quelques gestes, etc., mais qu'avec bien peu on peut exprimer beaucoup et engager gros.

Or le premier symbole est la déposition du « label » chrétien sur l'enfant qui va être baptisé. Et ce symbole, c'est la croix. Hier j'ai baptisé un petit Lucien. J'ai tracé sur lui le signe de la croix, sur son front, sa bouche et son cœur, pour que, lui ai-je dit en le faisant, « tu apprennes à connaître Jésus, à lui répondre, à l'aimer ». Et toute l'assemblée a scellé en quelque sorte ce rite par le chant vibrant d'un joyeux « Amen ! ». C'est vraiment très beau !

Ce marquage est identitaire. On comprend pourquoi saint Paul parle du baptême comme d'une « circoncision spirituelle » au chapitre 2 de l'épître aux Colossiens. C'est d'ailleurs intéressant de se dire cela, parce qu'il s'agit d'une circoncision qui a l'avantage de valoir pour les petites filles comme pour les petits garçons. Parce qu'elle est « spirituelle », cette circoncision disparaît aussitôt que le signe de la croix est tracé, indiquant dès lors qu'elle est à vivre dans le cœur. Nos aînés juifs l'avaient compris, si j'ai bien lu la déclaration du chapitre 30 du Deutéronome : « Le Seigneur ton Dieu te circoncira le cœur », ou encore le prophète Jérémie au chapitre 31 : « Je mettrai ma Loi au fond de leur être et je l'écrirai sur leur cœur. Alors je serai leur Dieu et eux seront mon peuple. »

Saint Paul s'inscrit donc dans cette tradition lorsqu'il parle du baptême comme d'une « circoncision spirituelle ». Au baptême, il y a effectivement un marquage : si tu n'es pas baptisé, tu n'es pas marqué, et si tu n'es pas marqué du Christ, tu n'es pas chrétien. Cela ne t'empêche pas, bien sûr, de vivre de Dieu, mais ne dis pas que tu es chrétien si tu n'es pas baptisé. Tu le seras à partir du moment où l'Église te le dira, et elle te le dira en te baptisant. Encore une fois, cela n'empêche pas Dieu de t'aimer, et cela n'empêche pas que tu puisses aimer Dieu, la question n'est pas là. C'est l'Église qui nous fait chrétiens, on ne se décrète pas chrétien tout seul. Je me souviens que dans les années soixante-dix – une période où il était assez célèbre –, le communiste Roger Garaudy, très écouté aussi bien par les chrétiens dits « de gauche » que dans les instances du Parti, partageait beaucoup de valeurs chrétiennes. Il se croyait autorisé de ce fait à proclamer : « Moi aussi, je suis chrétien, je suis chrétien pratiquement autant que vous » ; à quoi, nous répondions, je m'en souviens : « Non Monsieur Garaudy, vous serez chrétien le jour où vous vous ferez baptiser. »

Ainsi pour certaines personnes, la vie chrétienne prend le pas sur le rite du baptême. Mais n'y a-t-il pas incohérence à vivre en chrétien sans être baptisé ?

Certes. Mais il est bon aussi de rappeler ce point qui est tout à fait traditionnel : « La grâce du baptême, vous l'avez déjà reçue d'une certaine manière, par le désir que vous en avez. » La notion de « baptême de désir » est archi-classique en théologie des sacrements, mais elle semble avoir été oubliée par beaucoup, prêtres y compris. On n'attend pas le jour du baptême pour accueillir la grâce de Dieu : elle est dans le désir sincère que l'on en a. Simplement si, à partir de là, on déduit : « Puisque je l'ai déjà accueillie, je n'ai plus besoin du baptême », il est évident que l'on se met en contradiction. J'explique cela aux enfants du cours moyen qui vont faire leur première communion : « Le Christ, normalement vous l'avez déjà reçu dans votre cœur dans le désir de lui (désir sincère, évidemment) que vous montrez en vous préparant, en priant, en venant à la messe… Maintenant, si l'un d'entre vous me dit : donc j'ai pas besoin de faire ma première communion, on va tous éclater de rire, parce qu'on voit bien qu'il y a une contradiction. »

Les Hébreux étaient partis d'un marquage physique bien concret pour, ensuite, parler de la circoncision du cœur. N'étaient-ils donc pas finalement arrivés, en quelque sorte, à la notion de symbole ?

Oui, mais le symbole est indépendant de la dimension spirituelle. Même si on en reste au niveau simplement d'une appartenance, indépendamment de toute référence spirituelle, c'est symbolique. Ce qui fait le symbole, ce n'est pas la dimension spirituelle. Le symbole est une réalité anthropologique : le marquage symbolique par la croix, par lequel on entre dans l'Église, dit une identité nouvelle, celle de l'appartenance au groupe de ceux qui se réclament du Christ.

Dieu nous aime jusqu'au sang versé

Pourquoi une telle place de la croix chez les chrétiens ? On aurait pu choisir un autre symbole.

C'est vrai, pourquoi la croix et pas autre chose ? Parce que la croix est le condensé de la mission de Jésus, de sa personne et de son être. Elle est l'expression de toute son existence, au sens fort du mot « ex-primer », tel celui du jus que l'on extrait d'un fruit en le pressant. Si on peut dire de Jésus qu'il est « mort pour », c'est parce qu'il a « vécu pour ». La « mort pour » est le point d'aboutissement de la trajectoire de son « vivre pour ». Ce point est évidemment important, parce qu'il nous rappelle que parler de la croix de Jésus sans la comprendre comme l'expression de sa vie, cela n'a pas de sens. Je dis ça parce que, quand j'étais enfant, pour moi, la croix c'était la croix ; elle était quasiment coupée de la vie de Jésus. Cela évidemment connotait que le Christ était venu non pas pour annoncer une bonne nouvelle de salut, mais pour mourir, et que c'était la souffrance qui nous rachetait. Cela n'a fait que renforcer un christianisme doloriste… Les dégâts ont été considérables !

Je le répète donc : la croix est l'expression de toute la vie de Jésus et de sa personne même. Or ce qui nous est révélé de Dieu à travers cela est infiniment simple à dire et simultanément infiniment étonnant : Dieu nous aime à en perdre la vie. Il nous aime jusqu'au sang, jusqu'au sang versé. Chacun comprend l'expression « verser son sang pour », « donner sa vie pour », « la donner jusqu'au sang ». Pour le dire autrement, ce que Jésus a révélé de Dieu, il l'a signé de son sang. Il ne s'est pas contenté de dire la magnifique parole que tout le monde connaît : « il n'y a pas de plus grand amour que de donner sa vie pour ceux qu'on aime » ; cette parole, il l'a vécue.

Jésus, pleinement Dieu et pleinement homme

Mais peut-on pour autant identifier ce Jésus, qui fait don de sa vie, à Dieu lui-même ?

Voilà le plus important pour l'Église et pour moi : en Jésus, c'est Dieu lui-même qui marque chacun de nous de son amour sauveur lors de ce marquage symbolique par la croix. Je dis bien : Dieu lui-même. À ce sujet, il faut se référer au grand dogme qui a été formulé lors du concile de Chalcédoine en 451. Il est dit :

> Tous [les pères du concile de Chalcédoine] nous enseignons unanimement et nous confessons un seul et même Fils, notre Seigneur Jésus-Christ, le même parfait en divinité, et le même parfait en humanité, le même vraiment Dieu et vraiment homme composé d'une âme raisonnable et d'un corps, consubstantiel au Père selon la divinité et le même consubstantiel à nous selon l'humanité.

Et on ajoute un tout petit peu plus loin qu'« Il est l'unique engendré, reconnu en deux natures sans confusion, sans changement, sans division, sans séparation ».

La formule est dense, mais on peut la résumer de manière assez simple. Car ce texte dogmatique nous dit quoi au fond ? Que Jésus n'est pas simplement un prophète, il n'est pas seulement un grand prophète, ni le plus grand prophète, il est autre chose qu'un prophète. Entre Jésus et Moïse, ou Jésus et Mohammed, il n'y a pas une différence de degré seulement, mais bien une différence de nature. Jésus, c'est Dieu. Dieu comme Fils, on pourra en reparler à propos de la Trinité, et il est Dieu comme Fils dans son humanité même. Cela, il faut le dire très clairement. Car trop de chrétiens ne sont pas au clair à ce sujet. Ou bien ils réduisent la divinité de Jésus à une humanité un peu ou même très exceptionnelle (le super prophète que je viens d'évoquer) ; ou bien, au contraire, ils réduisent son humanité à un semblant, la divinité absorbant alors cette humanité : un Jésus qui, « puisqu'il est Dieu » (on entend ça assez souvent chez les chrétiens), aurait tout su de ce que la science nous a récemment appris mais l'aurait caché, n'a plus rien de chrétien, il n'est plus qu'un esprit céleste venu faire un tour sur la terre.

« Consubstantiel au Père selon la divinité, consubstantiel à nous selon l'humanité », avons-nous lu. Donc à la fois pleinement Dieu et pleinement homme, mais, et la précision est de la plus haute importance, « sans confusion et sans séparation ». Sans confusion : ce n'est pas une sorte de tiers, de mélange des deux, ce qui ferait de lui ou bien un dieu inférieur – un *infra*-dieu –, ou bien un homme supérieur – un super-homme. Et sans séparation : il ne joue pas tantôt à Dieu, tantôt à l'homme. En montant sur la croix, il ne se dit pas : « Oh ça m'est un peu égal, je ressuscite dans trois jours »... Il ne joue pas à Dieu pour éviter la souffrance quand il est sur la croix et à l'homme quand il est fatigué au puits de Jacob ou quand il pleure son ami Lazare. Pour reprendre ce que je disais il y a un instant : il ne joue pas à « cacher » par son humanité ce qu'il aurait su par sa divinité des mathématiques ou de la physique contemporaines.

Mais quand on en est arrivé au point où j'en suis, inévitablement se pose la question : comment tenir cela de manière cohérente ? D'une certaine manière, c'est intenable, dans la mesure où cela déborde et défait toutes nos représentations. Impossible de transcrire cela sur le plan simplement psychologique, par exemple. D'ailleurs, les quelques notations psychologiques sur Jésus que l'on trouve dans les évangiles (il pleure son ami Lazare, ou il est fatigué, ou il exulte, etc.) sont toutes le fruit d'une relecture théologique faite après Pâques. Nous sommes donc devant un mystère, mais c'est cela qu'il faut tenir. Et que l'Église l'ait tenu relève du miracle ! Avec un peu d'humour, je dirais que c'est la preuve du Saint-Esprit. Comment en effet avons-nous pu résister à la tentation de l'arianisme ? Faire de Jésus, le Fils, une créature que l'on met certes au premier rang en lui reconnaissant des privilèges exceptionnels, mais une créature quand même, cela aurait tellement réduit le scandale du « pleinement Dieu et pleinement homme, sans confusion ni séparation ». On comprend en tout cas pourquoi il y a eu tant de bagarres pendant les premiers siècles à ce sujet, avant d'en arriver aux grands dogmes de Nicée en 325 et de Chalcédoine en 451.

Le mystère donne à vivre

N'y a-t-il pas aussi une sorte de fascination devant quelque chose qui intellectuellement est si difficile à penser ?

Oui, on peut faire de ce mystère un jeu intellectuel, un peu comme le « vendredi saint spéculatif » du philosophe Hegel. Ou bien donc, on exalte ce mystère comme occasion de jeu intellectuel, ou bien il engage l'existence. Je rappelle que c'est d'ailleurs le sens théologique de ce mot de « mystère » : non pas « circulez, il n'y a rien à comprendre », mais au contraire quelque chose qui, en résistant à la simple raison, donne à vivre, comme c'est le cas lorsque nous parlons à partir de l'expérience que nous en faisons du « mystère de la vie », du « mystère de l'amour », etc. La rationalité de ce mystère est précisément là, à mon avis : quand je l'accueille comme engageant ma vie, et celle aussi du monde, je comprends que s'il n'est pas rationnel, il paraît quand même très raisonnable. Il donne une cohérence à l'ensemble du monde et à ma vie personnelle.

Dieu plus humain que nous ?

Durant l'office des Laudes, on dit ou on chante parfois un texte d'Isaïe où il est écrit : « Vraiment tu es un Dieu caché, Dieu d'Israël. » Voilà qui s'applique éminemment à Jésus : en lui, c'est Dieu que nous voyons, mais c'est Dieu méconnaissable. Il était tellement pleinement Dieu mais dans un tellement pleinement homme que forcément il ne pouvait être que méconnu. Les évangiles nous l'attestent d'ailleurs sans détour : ils l'ont tous méconnu, sauf Pierre qui a eu l'audace de s'écrier lors de ce que l'on appelle la confession de foi de Césarée : « Tu es le Christ, le Fils du Dieu vivant » (dans la version de Matthieu). Même lui pourtant a été tellement dépassé par ce qu'il a dit alors que Jésus lui déclare : « Ce n'est pas toi qui l'as trouvé, c'est mon Père qui te l'a révélé », et qu'il montre aussitôt après qu'il n'a rien compris à ce qu'il vient de dire, comme si cela lui avait échappé en quelque sorte. Mais la psychanalyse nous a appris que c'est justement ce qui échappe qui est intéressant, parce que ce n'est pas soumis à la censure du « Surmoi ». Oui, il était tellement dépassé par ce qu'il venait de confesser qu'il s'est mis en travers de la route pour dire à Jésus : « Non, si tu es bien le Christ, le Fils du Dieu vivant, tu ne peux pas aller te faire tuer à Jérusalem… De toute façon, si cela devait arriver, Dieu enverrait douze légions d'anges pour te tirer de ce mauvais pas ! » Sa représentation de Dieu ne lui permettait pas de reconnaître Dieu dans tellement d'humanité – une humanité assumée jusque dans la mort.

Dieu méconnu, c'est encore particulièrement vrai aussi dans la fameuse réponse, selon le quatrième évangile, de Jésus à Philippe qui lui demande : « Montre-nous le Père et cela nous suffit. » La réponse est aussi nette que brève : « Philippe, il y a si longtemps que tu vis avec moi, et tu ne me connais pas ? (Mais) qui m'a vu a vu le Père. » Formidable cette déclaration : « Qui m'a vu a vu le Père. » Philippe n'avait rien vu, pas plus que les autres disciples. Certes, il avait bien vu en Jésus un prophète, et même un grand prophète, un nouveau Moïse. Mais de là à voir Dieu en lui, il y a un abîme ! Dieu si humain qu'il en est méconnaissable. Pour moi, c'est assurément la meilleure manière d'exprimer théologiquement la radicale nouveauté de Dieu selon la révélation biblique depuis Abraham et ultimement en Jésus : Dieu se révèle comme humain dans sa divinité même. On pourrait même ajouter : « plus humain » que nous, qui devenons si facilement inhumains. Cela rejoint d'ailleurs le dernier Concile selon lequel en Jésus nous est pleinement révélé non seulement qui est Dieu, mais aussi qui est l'homme.

Si Dieu est méconnaissable en l'homme Jésus, c'est justement parce qu'il s'agit d'un Dieu pleinement humain. Le méconnaissable en Jésus est lié à la force de ce qui est humain : qu'est-ce qui nous rend homme ? Qu'est-ce qui fait de nous des hommes (et des femmes, bien sûr), qu'est-ce qui nous rend si humains ? Je ne vous surprendrai pas en vous disant que finalement ce qui nous rend humains est de l'ordre de l'amour. Et justement, le méconnaissable en lui se trouve du côté de l'amour. Il ne s'agit pas d'un méconnaissable à la manière d'un philosophe comme Heidegger par exemple, qui barre parfois le mot « Être » pour signifier qu'il n'est pas représentable, qu'il n'est pas réductible, comme il le dit dans son jargon philosophique, à « un En-Face qui se tient en soi », donc à un simple « étant » (toute chose qui existe : objet, lieu, temps, idée, sentiment), fût-il placé au sommet de l'échelle des « étants ». Le méconnaissable dont je parle est lié, lui, à une extrême humanité. Mieux, à un extrême d'humanité, qui est de l'ordre de l'amour. C'est la raison pour laquelle c'est dans le plus humain de la pauvreté que le Seigneur de gloire se donne à reconnaître : « J'avais faim, vous m'avez donné à manger. » Vous ne trouvez pas cela extraordinaire ? Que Dieu soit ainsi ? Mais cela n'a plus rien à voir avec Zeus ou Jupiter ! « Pleinement Dieu, pleinement homme, sans confusion, sans séparation » : en Jésus, c'est Dieu que nous voyons, mais Dieu méconnaissable. Ainsi, être chrétien, c'est apprendre peu à peu à le reconnaître. Moi en tout cas, je trouve cela franchement très inspirant.

S'abandonnant à Dieu ou abandonné par Dieu ?

Ainsi Dieu se présente à nous d'une façon totalement incroyable : que dire alors de sa toute-puissance ?

La toute-puissance, ou la gloire comme on dit, où est-ce qu'elle se révèle ? D'après l'évangile de Jean, sur la croix : « Quand je serai élevé de terre, j'attirerai tout à moi. » L'élévation dont il s'agit fait référence à celle du serpent de bronze, durant l'exode au désert, vers lequel ceux qui avaient été mordus par un serpent des sables tournaient leur regard pour être guéris. Mais c'est aussi l'« élévation » de la résurrection ou de l'exaltation, comme l'a si bien compris la tradition iconographique représentant Jésus en croix non pas comme un Christ ensanglanté, mais comme un Christ en gloire.

On retrouve cela également dans l'évangile de Marc. Je pense à la fameuse confession de foi du centurion romain. Jésus vient de mourir, selon Marc (suivi par Matthieu), en criant « Mon Dieu pourquoi m'as-tu abandonné ? » Il cite un psaume, donc une prière. Or on ne cite pas dans la prière comme on cite dans un discours : si je cite quelqu'un dans un discours, je laisse la parole à ce quelqu'un en ouvrant les guillemets ; dans la prière en revanche, je m'approprie ce que je cite, je supprime les guillemets en quelque sorte. Dès lors, ce cri du psalmiste est devenu vraiment la prière de Jésus : celle d'une relation avec Dieu où le juste crie son abandon par Dieu. J'insiste : selon Marc et Matthieu, il ne s'agit pas ici de l'abandon du juste à Dieu, comme dans la version de Luc : « Père entre tes mains, je remets mon esprit » ; il s'agit bien de l'abandon du juste par Dieu.

Les deux attitudes sont possibles, mais celle qui est signalée par Marc et Matthieu est uniquement cette dernière. Or c'est précisément là que Marc a cette formule absolument étonnante : le centurion qui était là en face de Jésus, « voyant comment il avait expiré, déclara "vraiment, cet homme était fils de Dieu !" ». « Voyant comment il avait expiré », est-il écrit. Mais on réagit inévitablement : n'a-t-il pas expiré en criant son abandon par Dieu ? De plus, il n'a même plus visage humain. Il est comme sous-humanisé, il frôle l'animalité, si j'en crois le psaume 21 dont est tirée cette prière – « Mon Dieu pourquoi m'as-tu abandonné ? » –, puisque le psalmiste s'y dit cerné par des lions et des chiens, et ses os sont comme liquéfiés. Assurément, il y a là du mystère, c'est le moins que l'on puisse dire ; et du mystère qui donne à penser, du mystère qui donne à méditer et à vivre. Ainsi, Jésus fait sien le cri d'abandon du psalmiste, et il fait de ce cri d'abandon une prière. C'est sans doute là, selon moi, que se trouve le sommet de la foi : maintenir une relation vivante avec Dieu dans le moment même où cette relation paraît le plus vide. Le méconnaissable dont je parlais précédemment est éminemment là, dans cet extrême d'humanité que l'amour a réduit à moins que rien. C'est vraiment terrible. En langage un peu savant, il m'est arrivé de parler à ce propos, en reprenant le terme d'un éminent philosophe de la Catho de Paris que j'aimais beaucoup, le père Stanislas Breton, de « mè-ontologie » (non-être), ce qui signifie non pas comme chez Heidegger une biffure ontologique, mais une biffure éthique de l'« Être » au bénéfice de l'« Amour », puisque Dieu en Jésus s'identifie aux « moins que rien ».

Quand même, ce cri tel qu'il est rapporté par Matthieu, est-il seulement une citation du psaume ou vraiment Jésus se considère-t-il comme abandonné de Dieu, bien qu'il soit Dieu ?

Il faut prendre le texte tel qu'il est. Votre réflexion est intéressante en ce qu'elle me semble chercher à atténuer la force du scandale : après tout, il ne s'agit que d'une citation ! Mais, d'une part, je viens de rappeler qu'il s'agit d'une citation dont on a effacé les guillemets, parce que, dans la prière, on se l'approprie (comme dans le Notre Père). D'autre part, cela rejoint cette tendance si bien pointée naguère par J. Moltmann[1], à recouvrir la croix de roses, c'est-à-dire à en gommer l'aspect scandaleux. « Oui, mais quand même, objecte-t-on alors, puisqu'il était Dieu… » La difficulté n'est d'ailleurs pas nouvelle : on sait que des manuscrits anciens, reflétant les difficultés des premières communautés chrétiennes à accepter que le « Fils de Dieu » ait pu vivre un abandon par Dieu, ont transformé le cri en « mon esprit, mon esprit, voici que tu m'abandonnes », ou bien « mon Dieu, mon Dieu, qu'as-tu à me reprocher ? ». Mais non, si on veut respecter la pleine humanité de Jésus, on peut, on doit même pouvoir dire que Jésus n'est pas mort d'une « belle mort », il est mort en exprimant une relation à son Dieu et Père telle qu'il lui a fait confiance alors même qu'il ne comprenait plus par quel chemin celui-ci le conduisait.

Manifestement, il ne récite pas ce psaume comme on réciterait une poésie…

Non. Encore une fois : on demeure comme extérieur à la poésie quand on la cite ; en revanche, on fait sien un psaume quand on le cite pour en faire une prière. Je n'irais pas pour autant jusqu'à dire comme Calvin (et Luther déjà pour une part) que Jésus est passé par l'enfer à ce moment-là, parce que ce serait oublier que son cri était une prière. Ce point est vraiment capital, puisque c'est dans l'expression d'une non-

1. Jürgen Moltmann : pasteur et théologien allemand né en 1926, dont la vocation est née dans les camps de prisonniers des lendemains de la guerre. Parmi ses ouvrages : *Le Dieu crucifié*, *Dieu, mystère du monde*.

relation que Jésus maintient la relation la plus haute. Je le redis : sans doute est-ce là le sommet de la foi. Après tout, dans les moments de grand désert spirituel que nous pouvons tous connaître, quand on est encore capable d'offrir cela à Dieu comme une prière, on est probablement au plus proche de Dieu. C'est vraiment très beau : on peut donc toujours être rejoint quelque part.

Mais n'est-ce pas enjoliver un peu les choses de penser que c'était une prière ?

Je ne peux pas faire autrement que de dire « c'est une prière » : un psaume, c'est une prière. De toute façon, la croix je n'en saurai rien d'autre que ce que m'en disent les évangélistes. Or les évangélistes donnent un témoignage de foi après Pâques, et l'on peut toujours demander lequel des deux a raison : est-ce Luc ou bien Marc/Matthieu ? Est-ce que Jésus a prononcé : « Entre tes mains je remets mon esprit » (Luc) ; ou seulement : « Pourquoi m'as-tu abandonné ? » (Marc/Matthieu) ? Précisément il appartient au mystère d'assumer tout cela.

Bien sûr, on peut toujours objecter : quand on cite un bout de psaume dans le Nouveau Testament, on suppose tout le reste ; et le psaume se termine par la louange. Mais pas nécessairement, si j'en crois un exégète comme Xavier Léon-Dufour[1] : si Marc avait voulu impliquer la finale du psaume qu'il cite, il l'aurait fait. Parce que c'est un psaume de lamentation et les psaumes de lamentation se terminent toujours de manière positive par une confession de foi (« mais je proclamerai ton nom dans la grande assemblée, etc. »), donc par une ouverture vers le salut. En tout cas, on est là devant un épais mystère. Personnellement, je trouve que penser Dieu ainsi et le vivre ainsi, cela nous rejoint dans notre plus profond mystère à nous et dans le plus profond mystère de la souffrance que nous rencontrons, souffrance par rapport à laquelle nous n'avons rien à dire. Il nous suffit le plus souvent d'être là tout simplement, de soutenir en partageant, parfois jusqu'aux larmes. Que Dieu nous rejoigne jusque-là, que l'Évangile vienne vibrer par rapport

1. Xavier Léon-Dufour (1912-2007) : prêtre jésuite français, bibliste.

à cela même, c'est justement en cela que la foi en un tel Dieu me paraît infiniment raisonnable.

Grâce à Jésus-Christ, croire en Dieu devient raisonnable !

Raisonnable, dites-vous ?

Pourquoi la foi en Jésus-Christ, signifiée par le marquage de la croix avant le baptême, me paraît-elle infiniment raisonnable ? Parce que, je l'ai dit, ce qui se joue dans la croix est bien l'expression ultime de toute la vie de Jésus. Or la portée de sa vie, j'aime la signifier par l'image du grand renversement. Ce grand renversement, il est fort clair dans les béatitudes, mais aussi dans les paraboles. Il y en a quelques-unes que j'affectionne particulièrement, et que je cite très souvent pour montrer combien, au terme de la longue révélation biblique, le Dieu de Jésus est tout autre chose que l'espèce d'idole que nous avons dans la tête. Je commente à peine : la parabole du fils prodigue, où c'est le père, à savoir Dieu, qui court au-devant du fils qui a pourtant dilapidé toute sa fortune avec des prostituées, comme si c'était lui, le père, qui était coupable. Et puis, il y a le fils aîné : comment, nous-mêmes, éviter d'être ce fils aîné, jaloux de voir son frère accueilli pareillement ? Même chose avec la parabole des ouvriers de la onzième heure : comment ne pas être jaloux, nous les ouvriers de la première heure qui avons bossé tout le jour dans la vigne de Dieu (l'Église), de voir que les tard-venus sont rémunérés aussi bien que nous ? Et la parabole de la brebis perdue nous renvoie au même type de message, puisque Dieu y fait la fête pour l'unique brebis qui était perdue ou égarée, sans doute parce que plus négligente, plus chétive, de moindre valeur sur le marché, etc. Et dire que Dieu est comme cela !

C'est bien en tout cas ce qu'engage la foi chrétienne, puisque, je le répète, Jésus, c'est Dieu, Dieu comme Fils. En le voyant, en l'écoutant, c'est Dieu que nous voyons, c'est Dieu que nous entendons. Dieu « méconnaissable » en effet, puisque cela renverse tout : l'échelle de valeurs qui s'impose en quelque sorte à nous et, du même coup, l'image « jupitérienne » et idolâtrique de lui que cette échelle de valeurs nous fait projeter sur lui (comme disent les « psys »). Tel est en tout cas, selon moi, l'enjeu fondamental de la foi en Jésus et de la conversion que l'Évangile nous requiert de faire. Conversion difficile, puisqu'elle touche à la racine même de notre désir ; et conversion longue, si longue que la vie humaine entière n'y suffit pas. Oui, cela est proprement renversant : cela « renverse les puissants de leur trône et élève les humbles », comme le chante Marie dans son *Magnificat.*

La réaction de jalousie mentionnée dans les paraboles que vous avez citées ne fait pas l'objet d'un jugement. La parabole ne devrait-elle pas sanctionner cette attitude ?

Non. Si la parabole avait une séquence supplémentaire où Dieu aurait justement chassé le jaloux, on aurait eu affaire à une contradiction dans le témoignage. Car la parabole est là aussi pour nous apprendre à nous réjouir de ce que l'aîné, qui a été jaloux, n'a pas été chassé. Alors que pourtant il l'aurait « mérité » mille fois, selon nos propres critères. Mais c'est ça l'Évangile.

Ne faut-il pas quand même évoquer le sort des 99 brebis qui ont été un peu abandonnées ? Le berger revient, les retrouve, mais enfin en attendant le loup pouvait les manger...

Une parabole ne dit pas tout ! Le sort des 99 brebis rentrées sagement au bercail n'a pas à être évoqué dans cette parabole. Celle-ci se contente d'opposer les 99, qui sont évidemment censées être heureuses et à l'abri, à l'unique qui est malheureuse et en danger. C'est le renversement entre les deux situations qui est important dans ce texte !

Un Dieu « renversant » !

Or, et je voudrais ici élargir le propos, le renversement que révèle l'Évangile commence dès le début de la Bible : il est propre à toute la révélation judéo-chrétienne. Cela commence dès le début de l'histoire biblique. Qui en effet Dieu choisit-il ? C'est Abel, le faible, plutôt que Caïn ; c'est Jacob, le faible, plutôt qu'Ésaü ; c'est le petit peuple d'Israël, un peuple de rien du tout, plutôt que le puissant empire perse ou le puissant empire égyptien ; ce sont des prophètes qui ne savent pas parler, pas de beaux causeurs ou de fiers tribuns ; c'est Jean Baptiste, décapité par le puissant Hérode ; c'est Marie, la *Mater dolorosa*, la *Mater lacrymosa* du *Stabat Mater* qui pleure au pied de la croix ; et c'est finalement le grand Vaincu, Jésus lui-même. Dieu donne raison à ceux-là : voilà le renversement.

Je précise que ce n'est pas parce qu'ils sont vaincus ou parce qu'ils sont plus faibles ou plus pauvres qu'il leur donne raison, bien sûr, car on peut être vaincu ou faible ou pauvre, et pas bon ; mais c'est parce qu'ainsi, il révèle quel il est. C'est quand même quelque chose ! Si bien que lorsque Marie chante, dans le sillage du cantique d'Anne que l'on trouve dans le premier Livre de Samuel, « Il renverse les puissants de leur trône, il élève les humbles », il s'agit là, à mes yeux, d'un point d'orgue qui fait résonner toute la révélation biblique. La révélation, pour moi, c'est très exactement cela. Et cela implique un long chemin de conversion : conversion du Dieu justicier et vengeur que nous avons dans la tête vers ce Dieu qui tend la main à tous ceux qui semblent disqualifiés, et qui nous disqualifie justement nous-mêmes dès lors que nous récriminons sous prétexte que nous serions quand même plus méritants. Saint Paul appelle cela « la justification par la foi », et non par les « œuvres ». Dès que nous nous prévalons de nos bonnes actions, lesquelles, bien sûr, n'en sont pas moins sollicitées par l'Évangile, et que nous devenons ainsi jaloux, nous sommes disqualifiés. Et cela rejoint par ailleurs la fameuse sentence : « Car à celui qui a, on donnera et il aura davantage, quant à celui qui n'a pas, on lui enlèvera même ce qu'il a. »

Alors ça, n'est-ce pas vraiment très cruel ?

C'est cruel sur le registre de la justice distributive, parce que cela semble faire écho à la formule populaire : « On ne prête qu'aux riches. » Il est bien clair que l'on ne pourrait pas fonder une société sur ce genre de principe. Mais justement, cette parole est à comprendre sur un autre registre que celui de la justice, par ailleurs indispensable : sur le registre de la grâce. D'ailleurs, les relations humaines se nourrissent de la « grâce », ou encore de l'amour : elles ne peuvent s'enfermer dans ce à quoi l'autre a « droit ». De même dans la relation à Dieu : à partir du moment où tu te prévaux de ce que tu as fait de bien et où, par conséquent, tu sembles faire de Dieu ton débiteur (« tu me dois bien ça » !), tu perds tout.

Finalement, pourquoi la foi en Jésus-Christ est-elle si importante pour moi ? Parce qu'elle renverse l'idole que nous avons dans la tête, cette idole que « ÇA » (le « ça » de Freud) s'acharne à créer et à entretenir en nous et qui fait finalement de Dieu la projection de nos désirs les plus primaires. Dès lors, l'appel du Christ à la conversion a une formidable pertinence dans notre culture. Il faut bien toute la vie pour s'attaquer à « ÇA ». D'ailleurs, la vie humaine n'y suffit pas. En tout cas, dès que l'on croit qu'on y a réussi, on a tout faux ! C'est comme en psychanalyse, de ce point de vue. Le « trésor » n'est pas un objet sur lequel je pourrais mettre enfin la main. Comme dans la fable de La Fontaine, le trésor est dans le travail de « labourage » que nous fait faire la quête du trésor en question : travail qui fait que le champ que nous sommes nous-mêmes devient fructueux. Tout cela nous invite à redevenir très humbles.

Y a-t-il une « bonne religion » ?

Pourrions-nous revenir sur la question de la révélation en Jésus-Christ : finalement, la Parole de Dieu, ce n'est peut-être pas uniquement les Écritures et ce que Jésus nous dit par le canal des évangiles. C'est aussi ce que bien des gens peuvent exprimer, même des gens non chrétiens. Alors comment cela peut-il se raccorder avec la primauté du Christ dans la révélation de Dieu ?

Mais précisément, la Parole de Dieu, c'est LUI d'abord ; lui, dans sa personne, dans ses actes, dans ses attitudes. C'est lui que nous acclamons comme « Parole de Dieu » après la lecture de l'évangile à la messe : « Louange à toi, Seigneur Jésus. »

Mais cette simple remarque nous dit que la Parole n'est pas à confondre avec la Bible. Elle est en écart par rapport à elle. On comprend alors qu'elle peut nous advenir à travers beaucoup de choses : des événements, des personnes, chrétiennes ou non, etc. Mais si je peux dire cela, c'est justement sur la base des Écritures. Celles-ci demeurent fondatrices. Mais qu'elles soient fondatrices ne signifie pas qu'elles seraient exclusives de tout le reste. Elles sont exclusives en tant que fondatrices, mais pas en tant que Parole de Dieu. C'est sur cette base que je peux dire que quelque chose de Dieu m'a parlé à travers telle personne ou tel événement. Il m'arrive souvent de rappeler qu'un chrétien ne peut pas, sans renier sa foi, dire ou penser : « Au fond, toutes les religions se valent. » Ce n'est pas conforme à la vérité de l'Évangile ! Pour le dire de manière un peu crue, et avec un brin d'humour évidemment : « La bonne religion, c'est la mienne ! » Mais je me hâte aussitôt d'ajouter qu'à partir du moment où je me prévaudrais de cela pour dire ou penser « je suis le meilleur », c'est fichu ! Donc c'est justement parce que « la bonne c'est la mienne », ou « c'est la nôtre », que je peux dire au musulman, au bouddhiste ou à l'athée : « toi, tu es peut-être plus proche de Dieu que moi ».

Je n'ai aucune difficulté à dire cela au nom de ma foi. Car c'est justement la foi chrétienne, telle que je la comprends, qui me demande de pouvoir le dire. Voilà quelque chose de très libérateur. Cela invite à être plus chrétien, plus fermement chrétien, et en même temps à être plus ouvert. Cela aussi fait partie des choses que je rappelle souvent à mes frères et sœurs chrétiens : plus vous serez enracinés dans la foi chrétienne, avec tout ce qu'elle comporte de singulier et d'étonnant, et plus vous serez ouverts à l'universel. Si vous n'êtes pas ouverts à l'universel, alors c'est que vous êtes mal enracinés dans la foi chrétienne. Et quand je dis ouverts à l'universel, ce n'est pas simplement être tolérant. C'est beaucoup plus qu'être tolérant : c'est apprendre à rendre grâce à Dieu pour tout le bien qui se fait chez les hommes et les femmes de bonne volonté, quelle que soit leur religion ou leur non-religion. Rendre grâce, c'est l'œuvre de l'Esprit-Saint en nous. Voilà qui nous introduit au thème de la Trinité.

5

LA TRINITÉ, DIEU OUVERT

Une composante fondamentale de la foi chrétienne qui semble a priori difficile à exprimer en mots simples est la foi en la Trinité. N'est-on pas là dans un domaine spéculatif très éloigné des préoccupations de nos contemporains ? Ne suffit-il pas de reconnaître Jésus-Christ pleinement homme et pleinement Dieu, pour être chrétien ?

On parle du « mystère de la Trinité ». Le mystère n'est pas quelque chose qui humilie notre raison, mais qui la déborde parce que cela n'est pas simplement d'ordre intellectuel, comme un problème mathématique, mais d'ordre existentiel, comme le mystère de l'amour. Du même coup, en débordant la raison, le mystère donne à vivre ; plus on le médite ou le rumine, et plus on le découvre inépuisable.

Je voudrais repartir du baptême, puisque la parole par laquelle le prêtre ou le diacre baptise, est une parole trinitaire : « Je te baptise au nom du Père et du Fils et du Saint-Esprit. » Je rappelle que le symbole des chrétiens, c'est le signe de la croix accompagné justement de la même parole « au nom du Père, du Fils et du Saint-Esprit », et que le Credo, qu'on appelle aussi le « symbole de la foi », est en trois parties (et non pas quatre, car l'Église fait partie de la troisième : elle est bien l'Église du Christ, mais réalisée par le Saint-Esprit comme à la Pentecôte). Tout ceci veut dire que la foi en Dieu comme Père, Fils et Saint-Esprit en christianisme, ce n'est pas secondaire, ce n'est sûrement pas facultatif, c'est vraiment central puisque cela structure tout l'ensemble de la foi.

C'est déjà bien complexe, comment en est-on arrivé là ?

Oui, on y est « arrivé », comme vous dites, on n'est pas parti de là. C'est l'occasion de rappeler que le dogme n'est jamais au point de départ, il est à l'arrivée. Ce qui est au départ, c'est un vécu, un vécu liturgique et spirituel, c'est-à-dire l'expérience heureuse de l'Évangile comme bonne nouvelle, l'expérience joyeuse d'un « salut ». Voilà le point de départ. C'est seulement après coup qu'il a fallu s'interroger sur le fondement théorique de cette bénéfique expérience.

La vérité de Dieu est du côté de Jésus

Est-ce le contexte des relations avec la philosophie grecque et le judaïsme qui a rendu nécessaire, pour l'Église naissante, de structurer cette expérience de foi ?

Oui, surtout le rapport avec la raison théorique des Grecs, notamment des philosophes. Par ailleurs, les enjeux par rapport au Dieu unique que confessait le judaïsme étaient tellement importants qu'il fallait clarifier tout cela. Évidemment ce fondement théorique, on l'a élaboré en relisant les évangiles. L'idée centrale, ce qui a tout commandé, au moins chez les Pères de l'Église, est la suivante : s'il s'agit bien de salut au sens le plus fort du terme, comme l'expérience liturgique et spirituelle nous le donne à vivre, cela ne peut venir que de Dieu lui-même ; et puisque ce salut nous rejoint dans ce que nous avons de plus humain, il ne peut venir que d'un Dieu qui a partagé notre condition humaine dans son intégralité. C'est cela qui a été décisif. Comme on le dit avec les gros mots techniques de la théologie, c'est la « sotériologie[1] » qui est au point de départ de la « christologie » et de la théologie trinitaire. L'expérience a été première. Comment s'en étonner d'ailleurs ? Aujourd'hui encore, il en va de même : les catéchumènes vivent d'abord une expérience joyeuse et libératrice de l'Évangile, parfois

1. Tout ce qui concerne le « salut » ('*sôtèria*' en grec). Notamment, le pourquoi et le sens de la mort de Jésus.

de manière très intense. Ce n'est qu'ensuite que nous les aidons à accueillir les mots de la foi qui permettent de clarifier intellectuellement cette expérience.

On a donc commencé à spéculer, comme je l'ai rappelé auparavant en me référant au concile de Chalcédoine, sur Jésus comme pleinement Dieu, tout en étant pleinement homme, sans confusion (sans mélange), et sans séparation. Mais alors s'est posée une autre question : s'il est vrai que Jésus est pleinement Dieu, est-ce que cela ne remet pas tout simplement en cause l'affirmation biblique centrale selon laquelle il n'y a qu'un seul Dieu ? On voit l'importance de la question.

Est-ce que cela n'a pas écarté certains Juifs de la foi chrétienne, ceux qui étaient un peu à « la limite », ceux qui vivaient pleinement les pratiques juives et qui croyaient au Christ ?

Un ouvrage comme celui de Daniel Boyarin[1], *Le Christ juif*, écrit par un Juif, est l'un des premiers à faire comprendre que, malgré tout, pour un Juif fidèle au judaïsme, la Trinité chrétienne, même si bien sûr il n'y adhère pas, n'est finalement pas impensable. Mais enfin, le dogme selon lequel il n'y a qu'un seul Dieu, était quand même très fort : rappelez-vous Deutéronome 6, 4-5 : « Écoute Israël, le Seigneur ton Dieu est l'Unique. Tu aimeras le Seigneur ton Dieu de tout ton cœur… » D'ailleurs, le fait que cette parole du Deutéronome était répétée chaque jour dans la prière juive, un peu comme le « Notre Père » pour nous, lui avait donné une force immense. En tout cas, l'enjeu était très grave et il était perçu comme tel.

Le monothéisme, dans l'Orient ancien, était-il propre au peuple juif ?

Absolument : même si l'on peut percevoir quelque racine d'un certain monothéisme dans l'Égypte ancienne sous Akhenaton, le polythéisme était la règle générale dans les religions de l'Antiquité. Le monothéisme juif, en tant que le Dieu unique

1. Daniel Boyarin, né en 1946, est un universitaire, philosophe et historien, spécialiste d'histoire des religions possédant une double nationalité américaine et israélienne. Il se définit lui-même comme un juif orthodoxe.

y appelle l'homme à la responsabilité, avait une couleur bien spécifique. La question était donc gravissime : comment un seul Dieu, si Jésus est Dieu, lui aussi ? Or en écoutant les témoignages sur Jésus qui ont été recueillis dans les évangiles, on entendait que Jésus était constamment tourné vers celui qu'il appelait son Père : il parlait de son Père, il parlait à son Père. On l'entendait également promettre la venue d'un Paraclet, donc d'un défenseur, d'un avocat, qui donnerait aux croyants la lumière dont ils ont besoin pour comprendre, en dépit de toutes les difficultés, que la vérité de Dieu est bien du côté de ce que lui-même dit de Dieu : un Dieu certes pleinement juif (pour me limiter à ce seul exemple parmi des centaines possibles : le Notre Père est une prière littérairement juive), mais poussant en quelque sorte le judaïsme jusqu'au bout de sa logique interne. C'est ce que Paul a compris : donner sa foi à Jésus comme « Christ » et « Seigneur », ce n'est sûrement pas changer de religion, c'est au contraire porter le judaïsme à son accomplissement. Quoi qu'il en soit, j'aime bien dire les choses à peu près comme ceci : *comme chrétien, je tiens que la vérité de Dieu, la pleine vérité de Dieu, est quelque part du côté de Jésus*. Le « du côté de Jésus » est à comprendre dans son sens français habituel. Mais il a aussi une dimension métaphorique qui n'est pas sans importance : c'est du côté ouvert de Jésus que, selon le témoignage de Jean, sont sortis l'eau et le sang, interprétés par les Pères de l'Église comme les symboles du baptême et de l'eucharistie.

Au départ, l'expérience de Jésus ressuscité

Finalement, comment les chrétiens priaient-ils Dieu ?

Bien avant que soit clarifiée la question trinitaire, les « chrétiens », comme on commençait à les appeler à Antioche (voir Actes 13), invoquaient Dieu comme Père, dans la liturgie, et sûrement aussi dans la prière personnelle. Et ils le faisaient « par le Fils » que l'on confessait à la fois comme Seigneur, Fils de Dieu, et comme frère en humanité. Tout cela « dans l'Esprit-Saint ». La structuration trinitaire de la prière a sûrement joué un rôle important. On sait en tout cas que l'expérience liturgique a été décisive, que ce soit dans le baptême, dans l'eucharistie ou dans l'ensemble des prières que le président de l'assemblée (le prêtre ou l'évêque) improvisait. Je rappelle au passage qu'avant que ne commencent à se fixer par écrit les textes liturgiques qui deviendront ceux des grandes familles liturgiques orientales ou occidentales, on a beaucoup improvisé, même dans l'eucharistie jusque vers la fin du IIIe siècle ; mais il s'agissait alors d'une improvisation structurée par une tradition, un peu comme un pianiste ne peut bien « improviser du Mozart » qu'en ayant beaucoup pratiqué Mozart.

C'est justement la référence à la liturgie du baptême qui a permis, à la fin du IVe siècle, à saint Basile en Cappadoce, dans l'actuelle Turquie, d'écrire cette formule, déjà citée : « Nous croyons comme nous avons été baptisés. » Chacun des Pères de l'Église aurait pu faire sienne cette formule, aussi bien ceux de langue grecque comme lui, que ceux de langue latine comme saint Augustin, ou ceux de langue syriaque comme saint Éphrem. Basile nous signifie par-là que partout dans l'Église, on devient chrétien par le baptême, donné au nom du Père et du Fils et du Saint-Esprit. C'est, je le rappelle, une formule qu'on trouve dès les années quatre-vingt chez saint Matthieu « Baptisez-les au nom du Père et du Fils et du Saint-Esprit ». Je crois qu'à peu près tout le monde est d'accord pour dire qu'il s'agit probablement déjà d'une formule liturgique, étant entendu qu'à l'époque, donc à la fin du Ier siècle, on pouvait baptiser aussi « au nom de Jésus » ou « au nom de Jésus-Christ ».

Mais cette formule de l'évangile de saint Matthieu n'a-t-elle pas été rajoutée tardivement, comme le disent certains exégètes ?

Dans les années quatre-vingt, elle est déjà dans Matthieu. Est-ce le fruit d'une interpolation ? Peut-être, je ne sais pas. Je laisse la question ouverte. Personnellement je le prends comme une interprétation admise dès les années quatre-vingt : dans la communauté matthéenne, on baptisait ainsi, même si ailleurs on avait des formules un peu différentes. Mais ce qui est sûr, c'est que très vite, tout cela s'est unifié autour de la parole trinitaire rapportée par Matthieu et que les autres formules ont peu à peu disparu.

Il convient de rappeler à ce sujet que ce qui est le plus ancien n'est pas nécessairement le plus déterminant au niveau de la foi. La notion de tradition est autre chose que la notion d'histoire. La tradition suppose une « herméneutique », donc une interprétation de la multiplicité des pratiques, liturgiques par exemple, qui ont vu le jour tout au long de l'histoire. Interprétation qui consiste, avec le flair de la foi (le *sensus fidei*, dit-on en latin), à repérer quelques axes majeurs dans l'immense forêt de ces pratiques et ainsi à distinguer l'essentiel du secondaire. Pour nous, l'Écriture est portée par une Tradition vivante, puisque ce qui y est mis par écrit est déjà le fruit d'une interprétation, et même d'une interprétation d'interprétations antérieures. C'est cette actualisation permanente de la Bible en fonction des transformations culturelles, politiques, religieuses au fil des siècles qui a fait d'elle quelque chose de vivant, que nous appelons la « Parole de Dieu ».

En tout cas, avec la formule « Nous croyons comme nous avons été baptisés », Basile pose les bases de ce qui deviendra un peu plus tard un adage : *lex orandi, lex credendi*[1]. Cela veut dire que la règle première de la foi est liée à l'expérience liturgique et à l'expérience spirituelle, même s'il a fallu, bien sûr, réfléchir ensuite du point de vue théologique, puis définir dogmatiquement ce qui était en jeu dans la prière liturgique. Je crois très important de se dire cela : le point de départ est l'expérience de Jésus ressuscité et l'écoute de Jésus tourné vers le Père et promettant l'Esprit-Saint comme lumière et force pour témoigner de lui.

La formalisation du concept de Trinité aux conciles de Nicée, puis de Constantinople et de Chalcédoine n'intervient qu'assez tardivement : trois ou quatre siècles après la mort de Jésus. Ne peut-on penser qu'il y a là une part d'invention des chrétiens qui ont voulu porter Jésus au pinacle ?

Bien sûr, c'est assez tardif. Mais je vous ai dit que la foi qui est la nôtre est tellement étonnante, cette foi en Jésus pleinement Dieu/pleinement homme, qu'il ne faut pas s'étonner

1. Voir le chapitre IV.

du temps qu'il a fallu pour la formaliser. Et il a même sûrement fallu une espèce de miracle de la part du Saint-Esprit, pour que l'on ait pu tenir l'étroite ligne de crête de ce qui n'est pas représentable. La Trinité n'est pas représentable, bien sûr. D'ailleurs il faut rappeler que même si Dieu était « simple » en lui-même, un peu comme le Dieu des Musulmans, au lieu d'être, comme je le développerai tout à l'heure, relationnel et donc « complexe », il demeurerait non représentable. Les philosophes grecs, même avant les néoplatoniciens, l'avaient déjà fort bien perçu. « Ô Toi, l'au-delà de tout », dit, à la fin du IVe siècle, une hymne célèbre de saint Grégoire de Nazianze, évêque, théologien, et donc aussi philosophe.

Dogme trinitaire et politique

Pourriez-vous nous rappeler l'histoire du dogme trinitaire ?

Je ne vais pas relater tous les débats, c'est impensable : ils ont été si nombreux et, souvent, si subtils jusqu'au Ve siècle. Je voudrais juste relever deux choses au sujet des débats qui ont conduit au dogme trinitaire. Ce sont des débats évidemment très théoriques. Mais ils avaient un impact concret sur le plan politique et religieux, puisque l'opinion publique suivait l'opinion de son chef politique ou de son chef religieux. Les Pères de l'Église nous rapportent que, derrière les débats théologiques, se jouait bien autre chose, qui était d'ordre politique ou sociétal. En effet, on discutait de la divinité de Jésus ou de son égalité avec le Père un peu partout, sur le forum, les places publiques, chez le barbier, aux thermes, etc. Ces mêmes Pères de l'Église d'ailleurs s'en plaignent parce qu'ils savent bien que les gens ne sont pas à la hauteur de telles discussions.

Trouver les mots les plus adéquats, ou les moins inadéquats, fut chose bien difficile. Les mots ne font pas qu'exprimer un sens, ils drainent avec eux une sensibilité culturelle. Ils « connotent » autant qu'ils « dénotent ». Ainsi, le mot « personne », *persona* en latin, désignait d'abord le masque de théâtre, donc, pourrait-on dire le « personnage ». On est loin de ce que nous entendons par « personne ». En grec, *prosopon* désigne le visage : on disait *prosopon pros prosopon* (nous verrons Dieu face à face). Or ce sont ces deux mots, grec et latin, qui vont être choisis pour dire l'autonomie de chacun de ceux qui partagent pourtant la même « nature » ou « essence » divine ! Dans notre vocabulaire français et après toutes les évolutions culturelles et philosophiques, le mot « personne » est devenu quelque chose qui a une force particulière et qui d'ailleurs est due, tous les historiens le reconnaissent, justement au débat sur la Trinité. Ce qui veut dire que nous ne serions probablement pas dans le type de société dans lequel nous sommes s'il n'y avait pas eu ces débats trinitaires. Je ne suis pas sûr que, sans eux, la psychanalyse de Lacan par exemple, avec sa notion centrale de « personne » comme « sujet de la parole » aurait pu exister…

Un autre exemple célèbre de difficulté à s'entendre sur les mots, lourd de conséquences lui aussi, concerne la grande querelle sur le culte des images. Un courant iconoclaste, en Orient surtout, si important et parfois si violent qu'il a pu mettre en péril l'empire byzantin, a poussé l'impératrice Irène à convoquer un deuxième concile dans la ville de Nicée. C'était en 787. On y a argumenté pour montrer, dans la logique de l'incarnation du Fils de Dieu, que les icônes, pouvaient et même devaient être vénérées par les fidèles. Seulement, quelques années plus tard, en 795, un concile en langue latine, à Francfort, a traduit le terme grec *proskunèsis* utilisé pour parler de « vénération » par le terme latin d'*adoratio*. Or, l'adoration n'est due qu'à Dieu seul, certainement pas à l'image qui le représente ; celle-ci, on la « vénère ». Du même coup, les Latins ont soupçonné les Grecs d'hérésie. Ils l'ont fait à tort, mais derrière le problème linguistique de traduction, il y avait un problème culturel de sensibilité devenue très différente, ainsi qu'un problème politique de rivalité entre Orient et Occident.

Est-ce que cette question a joué un rôle dans le schisme entre l'Orient et l'Occident ?

Il est bien clair que si, au IXe siècle, les Églises d'Orient et d'Occident se sont séparées, elles le doivent à quelque chose de beaucoup plus profond qu'un simple motif théologique comme le *filioque*[1], dont je ne nie pas l'importance d'ailleurs. Je précise que le *filioque* est parfaitement justifié théologiquement, mais qu'on a eu grand tort de l'inscrire dans le Credo, car on a ajouté quelque chose qui n'existait pas dans l'Écriture. Dans celle-ci, on trouve seulement : « L'Esprit procède du Père » (Jn 15, 26). Bien sûr le mot « consubstantiel » (« de même nature »), sur lequel on s'était tous mis d'accord au concile de Nicée en 325, n'était pas non plus dans l'Écriture. Mais *filioque*, il ne fallait pas le dire, car les Orientaux de langue grecque y répugnaient. Le *filioque*, c'est la théologie d'Augustin, laquelle est sûrement justifiable. Mais il n'était pas souhaitable de l'introduire dans un texte aussi officiel que le Symbole de la foi, le Credo. D'ailleurs, le pape Léon III, en 810, avait demandé que l'on enlève le *filioque* du Credo : *Illud tollatur !*, « Qu'on enlève ça ! » C'est fort ! D'autant plus fort que lui-même estimait la doctrine du *filioque* parfaitement orthodoxe. En tout cas, le motif principal du schisme n'est certainement pas une simple histoire de pratiques comme le pain azyme pour la messe ou le port de la barbe. C'est avant tout la rivalité politique entre Constantinople/Byzance et Rome. Les Orientaux n'ont jamais pu accepter, et on peut comprendre leur point de vue, que l'empereur de Constantinople, qui était le chef de l'unique Empire, ait maintenant un rival en Occident, Charlemagne, couronné comme tel par le pape Léon III à Noël de l'an 800. Le politique n'explique pas tout, mais il est quand même important de rappeler que, derrière les débats très théoriques sur la Trinité, il y avait de multiples enjeux : politiques, sociétaux, culturels, linguistiques, etc.

---

1. La querelle du *filioque* est le différend théologique qui, à partir du VIIIe siècle, oppose l'Église romaine et l'Église grecque, à propos du dogme de la Trinité. Le débat porte sur le rapport entre le Saint-Esprit, d'une part, le Père et le Fils, d'autre part. Dans le Symbole de Nicée-Constantinople il est dit « Nous croyons en l'Esprit-Saint [...] qui procède du Père. » La querelle naît lorsqu'en Occident se généralise la formulation « Nous croyons en l'Esprit-Saint [...] qui procède du Père et du Fils », alors qu'en Orient, on insiste sur le fait que l'Esprit-Saint procède du Père seul.

N'y a-t-il pas aussi un phénomène de nature psychologique dans cette séparation ? Daniel Boyarin dit en parlant des « deux frères » – c'est l'image du juif et du chrétien, qui d'abord fraternellement unis en une même religion au début du christianisme, se séparent au fil des siècles – que des petites différences deviennent des gouffres parce que chacun veut renforcer son identité vis-à-vis de l'autre.

Oui, bien sûr : chacun remettait en cause l'identité de l'autre. On en fait l'expérience tout le temps. Bien souvent, même au niveau interpersonnel, quand une brèche commence à se créer, il est urgent de la colmater. Le pape François insiste toujours là-dessus : « Que le soleil ne se couche pas sur votre colère. » Il faut tout de suite régler le problème, sinon ça s'envenime.

La tentation de l'hérésie

Tel était donc le premier point que je voulais noter, à propos des débats trinitaires : ces débats très théoriques drainaient avec eux des enjeux culturels et politiques très concrets. Je veux noter aussi les deux grands types d'hérésie qui se sont développés au sujet de la Trinité. L'une reconnaissait tellement la pleine divinité du Fils que du même coup, cette divinité écrasait l'humanité de Jésus. On en est même venu à dire : finalement Jésus n'était pas vraiment un homme, c'était un semblant d'homme, un esprit céleste venu faire un petit tour sur la terre. C'est l'hérésie qu'on appelle le docétisme, du grec *dokein*, qui veut dire « paraître, sembler ». Il y a eu bien d'autres hérésies, mais celle que je viens de noter est représentative de bien d'autres, dans lesquelles la divinité réduit l'humanité de Jésus à quasi rien. On retrouvera cette même tendance dans le « monophysisme » plus tard. L'autre type d'hérésie, c'est l'arianisme, son contraire en quelque sorte : Jésus ne peut pas être pleinement Dieu. L'arianisme vient d'un prêtre d'Alexandrie nommé Arius au début du IVe siècle. Cela a été l'hérésie la plus répandue dans tout l'Occident. Mais on peut comprendre cette hérésie d'une certaine manière, tellement il était tentant de donner à Jésus un statut intermédiaire entre divinité et humanité. Selon Arius, Jésus avait bien quelque chose de divin, et même d'unique dans ce que les hommes peuvent avoir de divin ; il pouvait même être le tout premier, au premier rang de tous les humains, mais il était quand même une créature, fût-elle la première créature de Dieu.

Ne peut-on pas encore parler de docétisme chez certains croyants aujourd'hui ? On entend souvent l'expression : « il était Dieu, il savait ce qui allait lui arriver »

Oh bien sûr. Et on est fatigué de le répéter : ne dites pas « Puisqu'il était Dieu, il savait », sinon vous êtes dans l'hérésie. Cela « bouche tous les trous » de dire « puisqu'il était Dieu… », cela résout tous les problèmes ! Mais cela ne respecte sûrement pas la pleine humanité de Jésus.

N'est-ce pas une chance extraordinaire que l'Occident se soit converti à « la vraie religion », puisque l'arianisme a longtemps prévalu dans une bonne partie de la population ?

Absolument, beaucoup étaient ariens ou semi-ariens, car il y avait beaucoup de degrés dans l'hérésie. En tout cas, tout cela va aboutir, contre Arius, au concile de Nicée en 325 : le Fils est consubstantiel au Père, donc égal au Père dans la divinité, de même nature que le Père.

À ce propos, je dois dire que j'ai été un peu perplexe quant à la confession de foi qu'on nous a fait réciter il n'y a pas si longtemps dans un temple protestant. Au lieu de dire, comme dans le Credo, « de même nature que le Père », on a dit « un même être avec le Père »… Je trouve que c'est un peu délicat. « Un même être avec le Père », cela peut s'entendre bien, mais cela peut aussi s'entendre mal… On s'est battus pendant plus de quatre siècles pour trouver les mots les plus justes possible : ceux notamment qui distinguent « nature » et « personne ». Si maintenant, en disant « un même être avec le Père », on revient sur ce genre de vocabulaire sous prétexte de simplifier, je crains que ce ne soit la distinction des personnes qui soit ici remise en cause. On aurait alors un Dieu à tête de Janus : plusieurs faces d'une même personne. On a appelé cette hérésie le « modalisme », parce qu'il réduisait les personnes à de simples modes d'être différents de la même. Or ce n'est pas de ça dont il s'agit, il s'agit de relation entre « personnes » distinctes.

Dieu ouvert en lui-même

Et le Saint-Esprit dans tout ça ?

Évidemment, les débats ont concerné aussi le Saint-Esprit. Pour reconnaître la pleine divinité de l'Esprit-Saint, il a fallu un autre concile après celui de 325 à Nicée, le concile de Constantinople, en 381. Je précise d'ailleurs que ce concile n'a pas dit : « le Saint-Esprit est Dieu. » On s'est bien gardé de le dire, non pas parce qu'on ne le croyait pas, mais afin de permettre que cela passe mieux. On a donc employé des périphrases, telles que l'Esprit « règne avec le Père et le Fils », « il trône avec eux », « avec eux, il reçoit même adoration et même gloire », etc. Vous avez bien sûr reconnu au passage certaines expressions que nous disons dans notre « grand » Credo, celui appelé justement « le symbole de Nicée-Constantinople ». On a développé cela à partir notamment du *Traité du Saint-Esprit* de saint Basile. Ce dernier est parti de l'expérience liturgique, il le dit clairement dans le *Traité* (je cite de mémoire) : « Nous, nous disons dans la liturgie de notre Église : Gloire au Père, avec le Fils, avec le Saint-Esprit, et cela ne pose aucun problème ; par conséquent c'est bien que l'Esprit est égal au Fils et au Père. » On a ici un exemple très concret de la règle déjà énoncée précédemment : *lex orandi, lex credendi*. C'est bien l'argument liturgique reposant sur la doxologie[1] utilisée dans les communautés de saint Basile – et il n'y avait sûrement pas que chez lui – qui a été l'argument décisif de la règle de la foi.

Finalement, le vocabulaire qui va être adopté est celui du « un seul Dieu en trois personnes », ou « une seule nature divine en trois personnes ». Cela veut dire que Dieu en lui-même, dans sa « nature » (ou, selon un terme plus philosophique, dans son « essence ») est fait de relations. On préci-

1. Doxologie : prière à la gloire de Dieu. Exemple : « Gloire au Père et au Fils et au Saint-Esprit » « Par lui, avec lui et en lui… », « Car c'est à Toi qu'appartiennent le règne, la puissance et la gloire ».

sera, et ce sera le vocabulaire des théologiens du Moyen Âge, notamment de saint Thomas, que ce sont des relations « subsistantes ». Par ce terme, on veut signifier que chaque personne ne « subsiste » ou n'existe comme personne que par sa relation aux deux autres. Bien sûr, je le redis : il est impossible de nous représenter cela. Il faut renoncer aux représentations, et simplement dire, mais l'enjeu est considérable : *Dieu en lui-même est relation.* On comprend ensuite beaucoup mieux qu'il ait pu être ouvert sur nous au point d'en perdre la vie sans se perdre comme Dieu.

Peut-on dire que c'est l'ouverture à l'intérieur de Dieu qui fait que Dieu est ouvert sur la création ?

Oui. C'est très parlant cette image d'ouverture, vraiment. Car finalement, quel sens cela a-t-il, d'affirmer que Dieu est Trinité ? Au bout du compte, le christianisme est un monothéisme, que je qualifie personnellement d'aussi intransigeant ou farouche que le monothéisme de nos aînés les juifs ou, bien entendu, de l'islam.

« Je crois en un seul Dieu » : ainsi commence le symbole de Nicée-Constantinople, notre grand Credo actuel. Simplement – mais dans ce simplement il y a tout – ce monothéisme n'est pas monolithique, il est complexe, il est pluriel parce qu'il est ouvert, ce qui veut dire relationnel. C'est le monothéisme de l'amour. Il y a là quelque chose d'absolument neuf dont les enjeux sont évidemment considérables. *Dieu est ouverture* EN *lui-même.* Je précise : ouverture à l'autre semblable, semblable dans sa « nature » – les trois sont de même nature divine – mais autres comme « personne » dans cette similitude même.

D'autant plus différent que plus semblable

Comment peut-on se représenter ce monothéisme ?

Encore une fois, renonçons à nous le représenter. D'ailleurs, même si Dieu était simple, je le répète, il ne serait pas représentable. Mais notre expérience humaine la plus fondamentale, pour nous au XXIe siècle, nous permet peut-être, en raison des approches anthropologiques et des concepts philosophiques aujourd'hui disponibles, d'approcher plus aisément qu'autrefois ce qui reste quand même de l'ordre du mystère. Pensons à deux personnes très proches, deux amis ou deux amoureux. Chacun se perçoit d'autant plus fortement comme unique, aussi unique que la rose du Petit Prince, pour prendre cette référence bien connue, qu'il est davantage en osmose, en union, en communion avec l'autre. C'est la proximité dans l'amour ou dans l'amitié – pour l'amour conjugal, on le voit bien, la différence dans l'union ou dans la communion est physique, c'est fabuleux, du point de vue strictement anthropologique – qui fait le mieux saisir à chacun son caractère absolument unique : j'ai beau t'aimer au plus haut point, jamais je ne pourrai mourir à ta place. Voilà ! Le philosophe Gabriel Marcel a dit cela avec des mots à lui : « Aimer, c'est dire à l'autre : tu ne mourras pas. » Cri désespéré, car c'est lui dire aussi : « Jamais je ne pourrai t'empêcher de mourir. » Nous mourrons seuls même si nous sommes, comme c'est souhaitable, très entourés. Voilà une expérience fondamentale à partir de laquelle chacun peut comprendre que l'altérité et la communion vont ensemble du point de vue humain. Je ne peux aimer l'autre, au point de désirer, selon la dimension érotique de l'amour, me l'approprier, me l'assimiler, me le « bouffer » en quelque sorte, que dans la mesure où il demeure différent.

Sur le plan philosophique, Kant nous a dit quelque chose de très important : toutes nos représentations sont structurées par des schèmes *a priori* qui sont spatio-temporels. Donc quoi que nous fassions, nous ne pouvons pas nous représenter la différence autrement qu'en termes d'éloignement : c'est spatial ! Deux objets sont éprouvés ou reconnus comme d'autant plus différents qu'ils ont moins de points communs l'un avec l'autre. L'un est dur et l'autre mou ; l'un est noir et l'autre blanc ; l'un est petit et l'autre grand, etc. Au niveau des personnes, il n'en va pas ainsi : on s'éprouve d'autant plus différents qu'on s'éprouve plus semblables. Je t'aime à en mourir, je ferais tout, je donnerais ma vie pour toi, mais tu mourras seul et je mourrai seul ! C'est fort ça, ne trouvez-vous pas ? Sans doute touchons-nous là le plus humain de ce qui fait notre humanité.

Le *tu* est le réversible du *je*

C'est aussi ce que signifie le « miracle » des personnes linguistiques, notamment du rapport entre JE et TU. Je me suis beaucoup appuyé là-dessus dans ma théologie. Quand je parle à quelqu'un, quand je vous parle, je situe ce quelqu'un, en lui parlant, comme mon autre semblable. Il est semblable – c'est ça la subtilité – puisque dans le moment où je lui dis TU, je le requiers de me répondre en JE, c'est-à-dire en reprenant le même mot, le même pronom personnel que moi. Il n'en demeure pas moins autre puisque je m'adresse à lui en TU. Or, qu'est-ce que le TU ? « TU », vont répondre les grammairiens, c'est le réversible du JE. Je trouve cela admirable. Ainsi, il n'y a à la fois rien de plus semblable et rien de plus différent d'un JE qu'un TU. Toute la vie humaine repose là-dessus, parce que ce sont les relations qui la font humaine. Il n'y a pas de sujet existentiel sans sujet linguistique (ou grammatical). Pas de personne humaine sans JE grammatical (ou son équivalent, selon les langues). C'est la raison pour laquelle la communication avec un petit bébé est si importante pour qu'il puisse passer de la personne encore potentielle qu'il est à la personne réelle qui s'annonce en lui.

Il me faut encore ajouter quelque chose sur ce plan : pas de JE sans TU, pas de TU sans JE, mais pas de JE-TU non plus sans IL. Ce IL est le tiers, la non-personne qui permet aux personnes en présence de communiquer. Ce IL est comme le neutre (en latin, *neuter* signifie « ni l'un ni l'autre ») sous l'horizon duquel JE-TU peuvent s'entendre. Si en effet nous n'avons pas de code commun, il est impossible de nous comprendre. Ce code est d'ailleurs bien plus large que celui de la langue : nous pouvons parler la même langue et ne pas nous comprendre ; le code commun est également culturel, social, etc. Donc ces rapports fondamentaux entre JE, TU et IL sont très importants : c'est d'eux qu'est née et que se nourrit ce qui fait notre humanité.

Comprendre l'homme pour comprendre la Trinité

Comment tirer parti de cela pour mieux entrer dans le mystère trinitaire ?

Pour moi, c'est notre expérience humaine la plus fondamentale qui nous permet de comprendre ou en tout cas d'approcher au mieux le mystère trinitaire. Après tout, ce n'est pas étonnant si nous reconnaissons que l'être humain a été créé à l'image de Dieu. Cela veut dire que l'image de Dieu que nous sommes reflète quelque chose de ce qu'est Dieu en lui-même.

De toute façon, comment voulez-vous approcher ce qui est de l'ordre du mystère autrement que par des métaphores ? C'est impossible. La liturgie, qui, à la différence du discours théologique, joue constamment sur les symboles, les images, les métaphores, n'est pas une sous-théologie pour chrétiens mal dégrossis. Bien sûr, on ne peut pas se fier seulement à la métaphore ou à la poésie. Il faut aussi, c'est indispensable, recourir à la pensée conceptuelle. Comme l'être humain, la théologie a besoin, je l'ai déjà dit, de deux jambes : celle de la raison ou de la pensée comme telle et celle du symbole. Mais les deux ne sont pas non plus sans lien. Paul Ricœur l'a souligné avec force : la métaphore donne à penser. Comment voulez-vous approcher le mystère trinitaire indépendamment de cela ? C'est pour cela que dans l'élaboration théologique que j'ai essayé de faire sur les sacrements, j'ai été très sensible, entre autres, à la philosophie de Heidegger. Pour lui, la pensée la plus haute en ce qui concerne l'Être, avec un E majuscule, ne peut pas se faire indépendamment de la métaphore et de la poésie. En même temps, il les distingue constamment : « Pensée et poésie subsistent dans la même région mais sur les monts les plus séparés », dit-il de manière très poétique en commentant Hölderlin[1]. À mon avis, la quintessence de la pensée de Heidegger se dit justement dans *Unterwegs zur*

1. Friedrich Hölderlin (1770-1843) est un poète et philosophe de la période classico-romantique en Allemagne.

Sprache (En route vers le langage), cet ouvrage où il élabore sa pensée philosophique en méditant des poèmes, notamment ceux de Hölderlin.

De même que la personne humaine, en tant que personne, en tant qu'être humain, en tant que sujet, ne subsiste, ne vit que de la relation à autrui – pas de JE sans TU, c'est dans le regard de l'autre, dans le regard des autres que j'existe – de la même manière, Dieu est relation et relation subsistante. Je trouve que cela donne à penser et, du point de vue biblique, cela donne de la densité à la formule selon laquelle l'être humain a été créé à l'image de Dieu, donc est appelé à être un reflet de Dieu.

La relation entre deux personnes très proches ne peut subsister qu'à condition qu'ils trouvent entre eux « la bonne distance ». Entre les personnes de la Trinité, y a-t-il cette notion de « bonne distance » ?

J'aime bien votre expression « la bonne distance ». La vie n'est vraiment « humaine » que dans la mesure où l'on réussit à trouver la bonne distance avec autrui ; ni trop près, auquel cas on le « bouffe » par séduction dans une communication trop « chaude », ni trop loin, auquel cas la communication, trop « froide », devient insipide… Les couples comprennent cela très bien. Lors de la dernière réunion paroissiale de préparation au mariage, on a lu à la dizaine de couples présents un extrait du *Prophète* de Khalil Gibran, ce poète libanais du siècle dernier, au sujet du mariage. Son langage poétique les a beaucoup touchés : « Buvez du même vin mais pas à la même coupe, écrit-il. Mangez du même pain mais pas à la même miche. De même qu'il faut que les piliers du temple soient séparés pour pouvoir soutenir le temple, qu'il y ait de la distance entre vous. » Voilà qui leur parle beaucoup.

En ce qui concerne les personnes de la Trinité, on ne peut évidemment projeter sur elles nos expériences humaines. Mais on peut au moins dire qu'elles sont pour nous la source de la communication réussie, dans la mesure où la communion entre elles est d'autant plus vraie que leurs différences sont respectées.

Et l'Esprit ?

Quelque chose mérite d'être éclairci : on a l'impression qu'on parle de la Trinité dès qu'on parle du Père et du Fils. Mais l'Esprit, où est-il ? Peut-on parler de triple relation ?

Oui, il y a triple relation. Par exemple, en ce moment, même si nous n'étions que deux, nous parlerions à trois : JE, TU et le neutre IL, évoqué précédemment, qui nous permet de nous entendre. Mais j'ai bien conscience d'être dans une simple analogie, en Dieu l'Esprit est comme le Tiers qui fait le lien entre le Père et le Fils, raison pour laquelle j'ai déjà dit que j'aime bien la théologie augustinienne du *filioque*, même s'il aurait été préférable de ne pas introduire cette expression dans le Credo. En tout cas, il y a quelque chose de spécifique dans la position de l'Esprit par rapport au Fils et au Père. Quoi qu'il en soit, ce qui me paraît le plus important c'est de dire que Dieu est ouvert. Il est ouvert parce que son être même, sa « nature » divine, telle que nous la confessons comme chrétiens, est d'être relation. *La relation est ce qui constitue* Dieu lui-même, comme elle est ce qui nous constitue humainement. Je trouve très belle et parlante la résonance entre l'être de Dieu et notre être d'hommes, créés à son image.

Les Pères de l'Église ont employé un certain nombre d'images pour exprimer le mystère trinitaire. Par exemple : le Père est comme la source, le Fils comme le fleuve qui vient jusqu'à nous, et l'Esprit-Saint comme les canaux qui viennent irriguer les terres ; ou bien le Père est comme le soleil, le Fils est comme le rayon et l'Esprit-Saint comme ce qui permet au rayon d'éclairer notre œil. Ces Pères de l'Église, remarquables penseurs, n'étaient pas dupes quant à la portée de ces comparaisons : ils savaient bien qu'il ne s'agissait que d'images, mais ils les trouvaient éclairantes. Saint Augustin, quant à lui, emploie des images beaucoup plus anthropologiques, plus subtiles aussi, comme celles des rapports entre la mémoire, l'intelligence et la volonté (ou l'amour).

Quoi qu'il en soit, ce qui est décisif pour moi, ce n'est pas de débattre de la pertinence de ces multiples images, c'est de bien saisir leur enjeu fondamental, lequel est de dire : *Dieu est ouvert, Dieu est relation.* Et finalement, je préfère de beaucoup, mais c'est parce que je suis chrétien que je le dis, cette représentation d'un Dieu complexe à celle d'un Dieu monolithique.

Dieu prêt à quitter le Temple

Que pensez-vous de la formule de Jean-Noël Bezançon : « Dieu est solidaire mais pas solitaire » ?

La formule est belle et juste : Dieu n'est pas solitaire. Cela rejoint mon idée d'ouverture. Lors d'une retraite des équipes Notre-Dame que j'animais, quelqu'un m'a posé la question : « Finalement, pour vous, quel serait le meilleur mot pour dire Dieu ? » Je lui ai dit : jusqu'à récemment, j'aurais prononcé le mot « amour », lequel demeure évidemment un mot tout à fait juste. Mais aujourd'hui, je préfère quand même celui d'« ouverture ». D'abord, parce que c'est un terme plus neutre ; ensuite, et surtout, parce que ce terme évoque une attitude intérieure qui est moins marquée sur le plan moral que celle de l'amour. Je ne peux en effet être témoin de ce Dieu « ouvert » qu'en étant moi-même ouvert. Dès que je prétends témoigner de la vérité d'un tel Dieu de manière crispée, en me blindant en quelque sorte, je me mets en contradiction avec cette vérité. C'est en étant ouvert à l'autre que je peux être témoin de l'« Ouvert » qu'est l'Autre ! Le chrétien ne vit que dans l'ouverture. Mais cela est vrai également de l'amour : prétendre témoigner d'un Dieu Amour en adoptant la posture fermée du « j'ai raison, les autres n'ont qu'à m'écouter », est contradictoire. C'est très précisément là que se trouve le point d'insistance majeur du pape François : tu ne peux témoigner à autrui de la joie et de la vérité de l'Évangile que dans une véritable rencontre avec cet autrui. La rencontre, c'est l'ouverture. Au lieu de la posture crispée du « je voudrais lui montrer que j'ai raison », on est dans la posture sereine du dialogue : on parle « amour » en quelque sorte avant de pouvoir dire que « Dieu est amour » !

Vous semblez très sensible à notion d'« ouverture », y compris dans le type de communautés auxquelles vous avez participé ?

Récemment, j'étais chez les Bénédictines de Blaru. Comme celles de Montmartre, dont elles sont une fondation, elles exposent fréquemment le Saint-Sacrement. Je leur ai dit pourquoi, tout en respectant bien sûr, leurs usages, je préférais un autre mode d'exposition que le leur, à savoir une hostie plate, blanche et ronde dans un ostensoir. Car, quand même, le pain, c'est compact, c'est fermé ; or il n'est là qu'en vue d'une ouverture, celle de la fraction pour le partage : « un seul pain, un seul corps » (1 Co 10). Il m'est arrivé d'écrire un article à ce sujet, dans lequel j'explique pourquoi, selon moi, la fraction du pain est le moment où se dit le mieux la présence du Christ. Cela me fait penser à un texte du Premier Testament (ou de l'Ancien Testament : on peut dire les deux, je crois que c'est bien de dire l'un et l'autre de temps en temps), dans le prophète Ézéchiel. Dieu est présent dans le Temple de Jérusalem, plus précisément dans le Saint des Saints, plus précisément encore sur l'Arche d'Alliance au cœur de ce Saint des Saints. C'est là qu'Il siège, comme dit le psaume, sur les *cherubim*, les deux anges aux ailes jointes qui surmontent le propitiatoire (le couvercle) sur l'Arche. Mais il y a un espace entre les deux anges : Dieu demeure donc dans un lieu ouvert. Du point de vue symbolique, cela ne donne pas le sentiment que Dieu y serait enfermé, assigné à demeure. Ézéchiel, au chapitre 11, nous dit même que Dieu serait prêt, si on veut le manipuler (un peu comme on manipulerait un gris-gris) à « ficher le camp » pour aller rejoindre les exilés à Babylone ! Je pense aussi à la déchirure du rideau du Temple, celui qui séparait le Saint des Saints du reste du Temple, lors de la mort de Jésus. Cette métaphore de la déchirure nous dit en fait la même chose.

Je crains que nous, chrétiens, ne soyons un peu victimes du caractère compact et fermé du pain. Or, le pain est fait pour l'ouverture, la fraction du pain nous le dit. Je ne nie évidemment pas du tout la présence du Christ dans le pain de l'eucharistie avant même la fraction du pain. Mais enfin par nature même, le pain est destiné à l'ouverture pour autrui, au partage. Si l'on se souvient que le « pain », dans notre langue française, comme d'ailleurs en hébreu (*lehem*, comme dans *Bethléem*, la « maison du pain »), est le symbole de tout repas (« manger son pain », « gagner son pain »), et qu'un repas, ce n'est pas comme la « bouffe », cela se partage, on peut penser que le partage fait partie de l'essence même du pain, au sens philosophique le plus fort du terme « essence ». C'est essentiel, pas secondaire. C'est la raison pour laquelle j'expose le Saint-Sacrement dans ma paroisse en mettant une grande hostie rompue dans une coupelle.

Jésus expression de l'amour en Dieu

Pour en revenir à la Trinité, avez-vous épuisé la question du dogme ?

Non, en effet, j'en suis toujours à « la Trinité, quel sens ? ». Je me suis arrêté pour dire qu'il nous faut renoncer à donner une représentation de la Trinité, mais que finalement notre expérience humaine la plus fondamentale nous permet de lui donner du sens. Mais il y a autre chose à dire. S'il est vrai, comme je l'ai développé précédemment, que, en Jésus, Dieu s'est révélé comme étant amour pour nous au point d'en perdre la vie (« pas de plus grand amour que de donner sa vie pour ceux qu'on aime »), c'est parce que – et ce « parce que » pour moi est très important –, il est *amour* EN *lui-même*. C'est ce qui justifie l'affirmation de saint Jean à la fin du Ier siècle, « Dieu est amour », et saint Jean ajoute aussitôt : « Voici comment l'amour de Dieu s'est manifesté parmi nous : Dieu a envoyé son Fils unique dans le monde pour que nous vivions par lui. » C'est bien parce que Dieu est ouverture EN lui-même qu'il a pu s'ouvrir sur nous, au point de s'identifier à nous, et cela jusqu'à la mort. L'amour dont il a fait preuve en Jésus est l'expression, au sens le plus fort du mot « expression », de l'amour qu'il est en lui-même. Et quand je dis au sens le plus fort du mot « expression », je mets quelque chose de presque philosophique dedans : l'expression n'est pas simplement consécutive à la chose, elle constitue la chose, tout comme un acteur est acteur lorsqu'il « se produit » en public. L'« expression », en ce sens fort, n'est pas simplement une conséquence seconde de quelque chose qui existerait auparavant : la chose n'existe que dans l'expression elle-même, que dans sa production, de même que l'acteur n'existe que dans la production de la pièce, au sens de « se produire en » cette pièce.

De même que l'amour de la mère ne s'exprime qu'en prenant soin de son enfant, par exemple ?

Voilà. L'amour advient dans l'acte où il se réalise.

Dieu est-il compréhensible ?

Vous nous donnez au fond l'image d'un Dieu assez compréhensible. N'est-ce pas un peu choquant ?

Tous les étudiants en théologie passent, à un moment de leur parcours, par ce que l'on appelle la théologie négative : Dieu n'est pas ce que nous imaginons, car nos mots ne sont que des représentations humaines et Dieu est infiniment au-delà. Cette théologie négative n'a jamais signifié et ne veut pas signifier bien sûr que ce que nous dirions de Dieu serait nul et non avenu. Elle veut simplement rappeler que Dieu est tellement au-dessus de cela qu'il ne faut pas se laisser prendre aux mots. La négation, dit-on en jargon théologique, signifie une irreprésentable « suréminence ». Quand je dis – c'était l'exemple que prenait notamment saint Thomas d'Aquin – que Dieu est bon ou que Dieu est sage, je dis quelque chose qui relève de l'expérience humaine. Mais Dieu est infiniment bon, infiniment sage. Par conséquent, faire de la théologie négative, ce n'est pas dire « Dieu n'est pas bon », c'est dire qu'il l'est de manière suréminente, si bien que nous ne pouvons pas nous représenter cette bonté.

La quintessence de la réflexion en théologie, du point de vue de cette théologie négative, ce n'est pas du côté de cette démarche théologique hyper-métaphysique que, selon moi (et pas seulement moi) il faut la chercher, si nécessaire pourtant que soit le passage par ce type de réflexion. La fine pointe de la théologie chrétienne négative, elle se trouve du côté de la révélation, biblique, notamment de « Dieu nous a tant aimés qu'il a livré son propre Fils ». C'est cela qui est incompréhensible, non ? Dieu n'a pas refusé son propre Fils, Dieu a aimé jusqu'à se livrer en celui que nous nommons son Fils. Voilà qui nous touche, et même qui nous touche « au vif » s'il est vrai que ce qui nous fait vivre humainement, c'est la relation d'amour.

Le commandement de principe

La Trinité ne serait donc pas juste une pensée théorique, mais quelque chose qui peut nous atteindre dans notre quotidien et nous faire vivre ?

Oui, la Trinité donne à vivre ! Effectivement, on comprend mieux le commandement central de la foi chrétienne : l'amour pour Dieu et l'amour pour le prochain. Je rappelle que ce commandement, cet unique commandement, est à double face. Il ne s'agit pas simplement d'un commandement central ; il ne s'agit même pas simplement du commandement principal : il s'agit du *commandement de principe*, à savoir celui à partir duquel tout le reste découle. Il est si important que presque tous les auteurs du Nouveau Testament le rapportent, y compris Paul et Jacques. Permettez-moi de citer le texte de Matthieu 22

> Un docteur de la Loi posa une question à Jésus pour le mettre à l'épreuve : Maître dans la Loi, quel est le grand commandement ? Jésus lui répondit : tu aimeras le Seigneur ton Dieu de tout ton cœur, de toute ton âme et de tout ton esprit. Voilà le grand, le premier commandement. Et le second lui est semblable : tu aimeras ton prochain comme toi-même. De ces deux commandements dépend toute la Loi ainsi que les prophètes.

On a les parallèles en Marc 12 et Luc 10. De même, je cite Paul, en Romains 13 : « N'ayez de dette envers personne, sauf celle de l'amour mutuel, car celui qui aime les autres a pleinement accompli la Loi » (remarquons au passage le chemin parcouru par Paul, l'ancien pharisien). La Loi dit : tu ne commettras pas d'adultère, tu ne commettras pas de meurtre, tu ne commettras pas de vol, tu ne convoiteras pas. Ces commandements et tous les autres se résument dans cette seule parole : tu aimeras ton prochain comme toi-même. « L'amour ne fait rien de mal au prochain, donc le plein accomplissement de la Loi, c'est l'amour. » On trouve des choses semblables dans Galates 5, en Jacques 2, 8, etc.

Il semble que dans toute religion, il est question d'amour. Y a-t-il une spécificité du christianisme à ce sujet ?

Il se trouve que, depuis quelque temps, je m'arrête souvent sur le rapport entre religion et amour. Il est clair pour moi que dans toute religion, il y a de l'amour – premier degré. Mais ce qu'il y a de neuf en judaïsme et christianisme, c'est que l'amour est au centre – deuxième degré. Et ce qu'il y a de neuf en christianisme par rapport au judaïsme, c'est que Jésus a rapproché immédiatement les deux commandements (l'amour de Dieu et du prochain). Ils existaient dans le Premier Testament mais séparés (Deutéronome 6, 5 et Lévitique 19, 18). Je ne doute pas qu'un certain nombre de juifs les vivaient de manière concomitante, mais le fait que Jésus les ait rapprochés de manière aussi immédiate, cela crée quand même du neuf. Et ce deuxième degré du rapport entre religion et amour, qui dépasse déjà de beaucoup le premier (il y a de l'amour dans toutes les religions), en appelle un troisième pour nous les chrétiens, lequel est tout à fait spécifique de notre foi, à savoir que « Dieu est Amour » (1 Jn 4). Voilà ce qui est au cœur de notre foi chrétienne : Dieu lui-même est Amour. Du coup, non seulement l'amour pour Dieu est vécu dans l'amour pour le prochain, mais c'est l'amour même de Dieu qui se véhicule dans l'amour pour le prochain.

J'aime renvoyer à l'image de la croix, avec son axe vertical et son axe horizontal. Elle parle beaucoup cette symbolique de la verticale et de l'horizontale, avec le visage de Jésus sur la croix au centre. Si cela a été rendu possible, c'est précisément parce que Dieu nous a aimé à en perdre la vie : amour POUR nous parce qu'amour EN lui-même, Trinité. À tel point qu'on peut et doit dire que *le christianisme est la religion de l'amour*. Il ne faut pas avoir peur de le dire, car ce n'est pas mépriser les croyants des autres religions, surtout pas nos aînés juifs, mais pas non plus les musulmans ni les bouddhistes, ni les sans religion : il y en a plein qui agissent avec une extrême générosité. Ce n'est justement pas sur le plan moral que l'on se situe. Dire que le christianisme est la religion de l'amour, au sens des trois degrés que je viens d'évoquer, en soulignant que l'ultime degré est proprement indépassable – *amour POUR nous parce qu'amour EN lui-même* – ce n'est pas du tout se prétendre supérieur à qui que ce soit. C'est dire simplement la plénitude de la révélation de Dieu. Alors oui, Jésus a donné sa vie pour ça : c'est ce que veut dire son message, sa vie et sa personne. Mais cela ne fait pas de nous des gens supérieurs sur le plan moral : nous ne sommes pas meilleurs que les autres (pas les pires non plus), mais nous sommes appelés à vivre de ce mystère et à en être les témoins, indignes témoins.

« Quand on va à l'essentiel tout se simplifie »

Nous savons ce que veut dire « témoin » dans le domaine judiciaire. Comment comprendre ce mot dans le cadre de la foi chrétienne ?

« Témoins » : je viens de les qualifier d'« indignes ». L'image qui me vient est celle de Paul : nous portons un trésor, mais c'est dans des vases d'argile que nous le portons. Dieu ne nous demande pas d'être des vases d'or pour porter ce trésor. Précisément, c'est cela qui est admirable. Être témoin ne veut pas dire que l'on est chargé de convaincre les autres. On est chargé simplement de le dire, et de dire pourquoi c'est bien ; donc aussi d'avoir un peu envie que les autres partagent notre point de vue et notre foi. Mais, qu'importe aussi, d'une certaine manière : « va et suis ton chemin ! », a-t-on envie de dire à l'autre. Après tout, peut-être que ce qui aura germé dans ton cœur à la suite de cette conversation, de cette rencontre ou de cette célébration à laquelle tu auras participé, produira des fruits. Tu ne deviendras peut-être jamais chrétien, tu ne reviendras peut-être jamais à l'église, mais précisément je rendrai grâce à Dieu du fruit que cela a pu porter dans ta vie. Là est le point d'aboutissement, selon moi. On parle beaucoup de tolérance aujourd'hui, et c'est bien normal, dans notre société multireligieuse et multiculturelle. Mais la tolérance, beaucoup la fondent sur l'idée que, sur le plan religieux, on devrait se contenter de la plus petite partie commune, parce qu'au fond, puisqu'il n'y a qu'un seul Dieu, nous avons tous le même, et toutes les religions se vaudraient. Eh bien non, je ne peux pas dire et je ne voudrais pas qu'un seul chrétien dise : « au fond, toutes les religions se valent », ce qui veut forcément dire d'ailleurs qu'aucune ne vaut vraiment. Personnellement, j'ose dire, avec humour bien sûr : « c'est la nôtre qui est la bonne. » « Mais tu vas ranimer les guerres de religions », pourrait-on me rétorquer. Pas du tout, c'est l'inverse. Laisser croire que parce qu'il n'y a effectivement qu'un seul Dieu, toutes les religions sont pareilles, c'est se préparer des lendemains qui déchantent.

La difficulté ne vient évidemment pas du fait qu'il n'y a objectivement qu'un seul Dieu, elle vient de ce que les hommes ont fait de lui. Affirmer, avec tout le respect auquel autrui a droit, l'irréductible originalité de notre foi chrétienne, non seulement ne devrait pas ranimer quelque guerre de religion que ce soit, mais c'est ou ce devrait être la clef d'un dialogue interreligieux pacifiant pour tous. Car plus nous serons enracinés comme chrétiens dans notre foi, avec tout ce qu'elle a de singulier (Jésus, Dieu Trinité, etc., avec au centre l'amour pour Dieu et l'amour pour autrui), et plus nous serons ou devrions être non seulement tolérants, mais appelés à rendre grâce pour tout le bien qui se fait ailleurs et par rapport auquel nous ne sommes éventuellement pas meilleurs. Pour moi en tout cas, il y a là quelque chose de très important : l'eucharistie est le lieu où je rends grâce pour tout ce bien qui se fait dans l'ensemble de l'humanité, à travers des personnes qui sont chrétiennes ou pas, croyantes ou pas. Cette attitude élargit notre cœur à l'universel. Elle ne nous donne plus envie de combattre l'autre.

Il n'est pas évident d'adopter spontanément cette attitude…

Cela demande une profonde conversion, sans doute la plus profonde qui soit. Tout récemment, dans un groupe de chrétiens, on se demandait : quel est le passage de l'Évangile qui parle le plus à chacun ? Pour moi, ai-je dit, ce sont des paraboles, comme celle du fils prodigue ou celle des ouvriers de la dernière heure. Vous devinez pourquoi : comment n'être pas jaloux ? Nietzsche autrefois l'avait bien vu : comment ne pas vivre dans le ressentiment ? Comment se réjouir de ce que la centième brebis, de ce que le fils cadet, de ce que l'ouvrier de la dernière heure, de ce que tous les bon larron, femme adultère, samaritaine hérétique, Zachée réputé voleur et autres « publicains et pécheurs » soient rémunérés aussi bien que les brebis qui sont rentrées sagement au bercail, aussi bien que le fils aîné qui a tout bien fait, aussi bien que les ouvriers de la première heure qui, eux, ont travaillé toute la journée ? « Pourquoi ton œil serait-il mauvais alors que je veux être bon ? » : telle est la redoutable question que pose Jésus aux ouvriers de la première heure, jaloux des autres. « Réjouis-toi, car ton frère que voilà est revenu à la vie », dit-il à l'aîné, scandalisé de la fête somptueuse organisée par son père en l'honneur de son frère qui a pourtant dilapidé la fortune paternelle. Assurément, cela requiert la conversion la plus fondamentale qui soit. La plus fondamentale, dis-je, car cela touche à la racine de notre désir qui est de nous prévaloir devant Dieu du bien que nous avons fait, donc faire de Dieu notre débiteur. En tout cas, c'est quelque part de ce côté-là que j'éprouve au mieux la vérité et la pertinence du christianisme : il est littéralement « radical » au sens où il nous touche à la racine même, il nous rejoint au plus profond.

Parfois je me dis : c'est trop simple ce que je raconte. Comment est-il possible de prétendre dire l'essentiel d'une foi aussi complexe que celle de l'Église en termes qui paraissent aussi simples ? Je dois me tromper, ce n'est pas possible. Alors, je me rassure en me rappelant certains propos du pape François que je résume par la formule suivante : « Quand on va à l'essentiel, tout se simplifie. » Mais, bien sûr, si c'est simple à comprendre, c'est difficile à vivre. Moi aussi j'ai mes crises de jalousie, moi aussi, quand je vois le scandale du Mal dans notre monde (je pense à la Syrie en ce moment), je suis oppressé par la question : « Mais où est Dieu dans tout ça ? » Et, là encore, ce qui me rassure, c'est le fait de constater que (presque) tous les témoins bibliques ont dû traverser l'épreuve exprimée si souvent par le psalmiste devant les malheurs d'Israël : « Où est-il, ton Dieu ? » Pouvoir les rejoindre par la prière, pouvoir me sentir de leur lignée, oui cela me rassure et, bien souvent, je comprends pourquoi les psaumes de lamentation où l'on rencontre ce genre de plainte, se terminent par la jubilation : « Mais, tu m'as entendu », « mon amertume amère me conduit à la paix », « je proclamerai ton nom dans la grande assemblée ».

Nous avons conscience de détenir un trésor, ce serait tellement dommage de ne pas le partager !

Oui, on a d'autant plus envie de faire état de ce trésor que justement on ne fait pas de prosélytisme. Rappelons le propos du pape Benoît XVI qu'aime citer le pape François : « L'Église ne grandit pas par prosélytisme, mais par attraction. » Cela me paraît plus vrai que jamais.

6
L'ÉGLISE, DE BABEL À LA PENTECÔTE

Peut-on dire que vous êtes un « fondamentaliste » ?

Fondamentalisme ou théologie fondamentale ?

En un sens, oui. Mais un sens seulement, je m'explique. Dans n'importe quelle discipline de théologie que j'ai enseignée, qu'il s'agisse des sacrements ou du Christ, ou de la Trinité ou de l'Église, ma question a toujours été : quel sens cela a-t-il, au regard de notre culture actuelle, de parler de ceci ou de cela ? Par exemple en sacramentaire, je n'avais aucunement envie de faire le tour de chaque sacrement ou de reprendre les questions classiques sur la validité ou sur les effets d'un sacrement. J'ai toujours élaboré ma problématique à partir d'une question fondamentale : mais pourquoi y a-t-il « du » sacrement dans l'Église ? Qu'est-ce que me révèle de Dieu le fait que la foi en lui passe aussi par les pieds (aller à la messe, être baptisé, etc.) ? En ce sens, oui, je suis « fondamentaliste » : toute question est traitée sous l'angle prioritaire d'une théologie fondamentale. Puisque nous sommes amenés à aborder la question de l'Église, c'est la même chose. Le fait que l'on ne dise pas *credo* IN *Ecclesiam* (je crois EN l'Église), mais *credo Ecclesiam* (je crois l'Église) a pour moi une grande portée que je tiens à expliciter.

Précisément, repartons du « JE CROIS » : « je crois que », « je crois à », « je crois en ».

« JE CROIS EN » ne se dit normalement que pour des personnes, en tout cas dans le langage « autorisé ». Croire en quelqu'un, c'est lui faire confiance, c'est engager quelque chose de sa vie sur la parole de l'autre. En revanche, « je crois à » concerne des idées ou des idéologies, et « je crois que » est l'expression d'une simple opinion.

L'Église n'est pas « la bande des potes à Jésus »

Dans le Credo, c'est « je crois l'Église » : en latin il n'y a pas de préposition, c'est important de le dire. Cela signifie que l'Église n'est pas objet de foi comme l'est Dieu, Père, Fils et Saint-Esprit. Par rapport à Dieu et à Jésus-Christ, dire « je crois en toi », cela engage ; il y a une dimension de confiance et même d'amour. Pour l'Église, ce n'est pas pareil. J'aime bien la formule du père de Lubac qui disait autrefois (je cite de mémoire, je crois que c'est dans son célèbre ouvrage *Méditation sur l'Église*) : « La foi est théologale en son objet, mais ecclésiale en sa modalité. » En d'autres termes, l'Église n'est pas objet de foi comme l'est Dieu, mais elle est le milieu dans lequel s'est élaborée et s'exprime cette foi. Elle est bien aussi pourtant objet de foi, mais pas sur le même plan que Dieu lui-même. Il est capital de bien distinguer les deux plans. Cela dit, il vaut la peine de relever qu'elle est aussi objet – objet second pourrais-je dire –, de la foi. Raison pour laquelle je ne regarde pas l'Église comme une société classique dont je ferais une étude sociologique. Certes, il vaut la peine, et c'est même indispensable aujourd'hui, de l'analyser du point de vue de cette science. Il existe d'ailleurs des tas d'articles et de bouquins de sociologie sur l'Église, écrits qui rendent parfois le plus grand service aux responsables pastoraux. Pourtant, comme théologien et même tout simplement comme chrétien, je dois regarder l'Église aussi comme objet de foi : et cela change ma manière de la comprendre.

L'Église n'est donc pas la « bande des potes à Jésus », comme disait un théologien de la Catho. Mais comment alors définiriez-vous l'Église ?

Dans l'Église on préside si on sert

De l'Église, j'ai envie de dire d'abord que c'est une *fraternité*. C'est un mot que j'aime bien pour parler d'elle. Bien sûr, l'Église c'est aussi une hiérarchie, c'est même là-dessus qu'on s'arrête le plus souvent : si l'on fait un micro-trottoir avec la question « pour vous, l'Église, c'est quoi ? », on est à peu près sûr que la représentation de l'Église comme hiérarchie viendra en premier chez les interviewés : le pape, les évêques, les prêtres, et puis les « pioupious » de fidèles. On se représente l'Église un peu comme l'armée. C'est une image qui est aujourd'hui favorisée par les médias : s'ils viennent ici à Deuil-La Barre pour parler de l'Église, ils vont demander à parler au curé. Cela ne veut pas nécessairement dire que le curé est meilleur que vous, les laïcs, mais le curé, cela représente, cela symbolise plus immédiatement l'Église. Ce n'est d'ailleurs pas faux du point de vue symbolique, mais cela trahit en fait l'essentiel, à savoir que l'Église, *avant d'être une hiérarchie est une fraternité*. Le mot hiérarchie, je ne l'aime pas du tout, mais enfin, il existe. Je préfère parler de ministères. Mais un ministère doit s'exercer comme un service à l'image du Christ serviteur ; on pense au lavement des pieds. Saint Augustin est très clair à ce sujet : « Dans l'Église, on préside si on sert. » Cela pose bien sûr l'éternelle question du service, ce qui vaut d'abord pour les prêtres, mais aussi pour vous, les laïcs, à partir du moment où vous êtes investis d'une mission. La question du mode de gouvernance, comme on dit aujourd'hui, est une affaire vraiment majeure. Il s'agit du style de gouvernement, du style d'autorité. Un mode autoritariste d'exercice de l'autorité, c'est redoutable dans l'Église (et pas seulement dans l'Église...), surtout quand cette autorité se réfugie de manière explicite ou le plus souvent implicite dans la posture cléricale du « c'est quand même moi le prêtre, c'est moi qui ai reçu le sacrement de l'ordination ». C'est terrible, cela casse tout.

Il y a souvent incompréhension entre ceux qui voient l'Église uniquement comme une hiérarchie et ceux qui la voient comme l'ensemble des baptisés. Qu'est-ce qui peut faire changer le regard ?

Il n'y a pas de super-chrétiens

Ce n'est pas étonnant : qui ne saisit pas l'Église dans sa dimension de « sacrement », comme dit Vatican II, ce qui requiert un regard animé par la foi, ne peut pas la comprendre d'abord comme une fraternité. Le baptême exprime bien cette dimension de fraternité : par lui en effet, nous sommes « mis ensemble » par celui que nous confessons comme notre Seigneur. J'aime bien, à la messe, au moment du geste de paix, employer une expression comme : « Que la paix de Jésus, notre Seigneur à tous, soit toujours avec vous. » Je trouve important de souligner ainsi que la paix vient de Celui que nous reconnaissons comme notre même Seigneur.

Oui, le baptême, ou mieux encore les sacrements de l'initiation chrétienne, nous disent très bien cela. Tous les chrétiens sont égaux en dignité parce qu'on ne peut pas être davantage citoyen du peuple de Dieu, davantage membre du corps du Christ, davantage pierre vivante du temple de l'Esprit-Saint, qu'à travers les sacrements de l'initiation chrétienne. C'est capital : le plus petit des chrétiens est aussi chrétien que son curé ou que le pape, je ne cesse de le redire.

Les moines, qui avaient sans doute une autre opinion, n'ont-ils pas essayé de bénéficier d'un sacrement bien à eux ?

Oui, mais c'est lié à une époque (le Moyen Âge, pour faire bref) où les divers états de vie, dans l'Église comme dans la société, étaient nettement distingués et même séparés. Cela ne fait que rendre plus intéressant et étonnant le fait que l'Église n'ait jamais accepté officiellement de reconnaître la profession religieuse ou monastique comme un sacrement. Voilà une affaire importante qui traduit le fait qu'il n'y a pas d'Église à deux vitesses. Il n'y a rien au-dessus du baptême ou au-dessus des sacrements de l'initiation chrétienne. Les moines ne sont pas des super-chrétiens. Ce sont des chrétiens engagés d'une manière particulière à la suite du Christ, mais ce ne sont pas des super-chrétiens. Je le répète : il n'y a pas d'Église à deux vitesses. Vous êtes aussi chrétiens que moi qui suis prêtre.

Non au cléricalisme !

Certes, l'ordination en vue d'un ministère de diacre, de prêtre ou d'évêque, ce n'est pas rien. Mais ce n'est pas une question de dignité dans le rapport au Christ ou à l'Esprit-Saint. Un adage le dit fort bien : « Dans l'Église, nous sommes différents en fonction mais égaux en dignité. » Cela, il faut le répéter sans cesse. D'ailleurs, depuis le dernier Concile, non seulement on le redit, mais on le martèle. Et pourtant ce n'est pas bien reçu. Non pas que ce soit rejeté, mais ce n'est pas reçu en vérité par la plupart des gens. Pourquoi donc ? Je suis à peu près sûr que c'est pour une raison largement inconsciente : la plupart des fidèles continuent de projeter sur le prêtre des idées de supériorité qui, finalement, arrangent bien les prêtres eux-mêmes, même s'ils s'en défendent. Voilà d'ailleurs le problème : moins c'est conscient, et plus c'est dangereux. Comme prêtres, nous avons beau nous en défendre, les laïcs continuent de projeter sur nous, une représentation « sacrale » de supériorité qui nous met « à part » et qui les amène, parfois, à se considérer eux-mêmes comme de simples « aides aux prêtres », heureux de rendre service à « Monsieur le curé » en le dispensant de faire ses courses ou sa lessive…

Si les prêtres n'ont pas pris conscience de ce type de projection, ils en sont d'autant plus facilement dupes que, au fond, ce cléricalisme est bien confortable… Il faut vraiment prendre au sérieux le principe de l'égalité de tous en dignité, même si l'on exerce des fonctions différentes. « Le cléricalisme, voilà l'ennemi. » Je reprends volontiers cette formule de Gambetta, en voyant toutefois ce cléricalisme non pas comme l'ennemi de la République, mais comme celui de l'Église ! Je ne fais donc pas de l'anticléricalisme, mais du contre-cléricalisme. Le cléricalisme, c'est ce système qui fait du clergé une sorte de caste, où l'on défend forcément alors les intérêts de la caste, avec en plus cette culture du secret qui veut, au nom de l'Évangile, protéger les fidèles de tout scandale ; un système où l'on délègue au clergé tous les pouvoirs importants dans l'Église et où les laïcs, dans le meilleur des cas, sont considérés comme de simples « aides ». Oui, le cléricalisme me semble ce qu'il y a de plus dangereux pour l'Église : les clercs y sont devenus presque intouchables. Comment voulez-vous que cela n'engendre pas de graves dérives ? Le pape François a sûrement raison de pointer du doigt le cléricalisme comme ce qui favorise le triple abus qu'il dénonce : abus de pouvoir, abus de conscience et abus sexuels. Et il a raison de relier ces derniers types d'abus au cléricalisme : le prêtre étant l'homme intouchable du « sacré », comment aurait-on pu croire la parole d'un enfant qui l'aurait dénoncé ? Le drame des scandales de pédophilie que vit notre Église depuis quelques années secoue cette dernière à un degré presque maximum « sur l'échelle de Richter » (si j'ose dire). Ses effets désastreux peuvent sans doute être comparés à ceux des grandes crises, comme celle de la Réforme luthérienne au XVIe siècle. Pourtant, en même temps (cela aussi, il faut le dire), ces secousses ne font que davantage mettre en relief les figures de la sainteté, telle la personne du pape François, ou les dix-neuf martyrs d'Algérie dont les sept moines de Tibhirine. Les films magnifiques de Wim Wenders pour le premier *(Un homme de parole)* ou de Xavier Beauvois pour ces derniers *(Des hommes et des dieux)* manifestent au plus haut point, me semble-t-il, ce que produit l'Évangile quand il est vécu dans la fidélité. Et cela n'est que la face visible de l'iceberg. Car en profondeur, invisible pour les médias, il y a aussi cette fraternité réelle et cette sainteté du quotidien, celle de la « classe moyenne », qui font vivre nos communautés paroissiales. La crise est toujours une épreuve, mais celle-ci peut permettre de faire en sorte que l'« après » soit mieux que l'« avant ». De toute façon, et indépendamment des scandales que je viens d'évoquer, notre Église est en situation de transit : elle est en train d'accoucher d'une autre figure que celle qu'elle a héritée du Moyen Âge et du concile de Trente. Cela crée des crispations, bien sûr, et ce jusqu'au Vatican. Mais la mutation culturelle et sociétale est telle qu'il serait vain de rêver à un retour à ce qui ressemblerait à « feu la Chrétienté ».

Pourtant, dans les documents de Vatican II, notamment Lumen Gentium, *le principe d'égalité en dignité n'est-il pas clairement affirmé, par exemple dans le chapitre « Tous appelés à la sainteté » ?*

Effectivement, le chapitre II de *Lumen Gentium* concerne l'ensemble du peuple de Dieu ; les ministères ne viennent qu'au chapitre III. Ce qui est premier dans *Lumen Gentium*, et c'est là l'expression d'un grand renversement, d'une « révolution copernicienne », selon une formule désormais bien connue, ce n'est pas ladite hiérarchie, mais bien l'ensemble du peuple de Dieu. C'est capital !

Un seul préside afin que tous célèbrent

Nous, laïcs, avons souvent le sentiment que, quand même, les prêtres ont davantage de place dans l'Église. Comment bien articuler la place du peuple de Dieu avec celle des prêtres ?

Parlons un peu du rapport prêtre-laïc (je laisse de côté les diacres qui demanderaient un développement particulier, très intéressant, mais qui complexifierait les choses). Vous connaissez sûrement la formule, devenue elle aussi un adage : « Un seul préside, tous célèbrent. » Cette formule exprime fort bien l'égalité en dignité et la différence de fonction que je viens de signaler. Je l'ai quant à moi légèrement allongée afin de la rendre encore plus pertinente : « un seul préside AFIN QUE tous célèbrent. » Je m'explique, selon une image que j'utilise souvent.

Prenons un arbre, avec son tronc et deux branches principales. Le tronc est constitué par les sacrements de l'initiation chrétienne (baptême-confirmation-eucharistie). L'une des branches représente les ministères des laïcs qui sont directement dans le prolongement de ces sacrements de l'initiation, moyennant quand même une intervention juridique, à savoir une lettre de nomination de la part de l'évêque ou du curé, selon l'importance de la responsabilité confiée. L'autre branche représente le ministère des prêtres (mais cela vaut ici également des évêques et des diacres). Ce ministère est bien greffé, lui aussi, sur le tronc des sacrements de l'initiation, tout comme les ministères des laïcs ; mais il est porté par une branche différente. Qu'il soit sur le même tronc est à souligner avec force : j'ai en effet l'impression parfois que certains prêtres (et laïcs !) sont portés à l'oublier. Pourtant, la branche, elle, est différente. Pourquoi ? Parce qu'il faut un autre sacrement pour ce ministère : celui de l'ordination.

Si prêtres et laïcs étaient sur la même branche, cela signifierait que le ministère presbytéral serait une sorte de prolongement de celui des laïcs et que, du même coup, les laïcs seraient des sous-prêtres. On serait alors prêtre en tant qu'on aurait été délégué par les laïcs pour cela, en raison de meilleures compétences, que ce soit en théologie ou sur le plan de la vie morale… On se contenterait alors de déléguer quelqu'un en lui disant : « Toi qui as fait de la théologie, tu vas présider l'eucharistie. » Cette manière de voir est assez « protestante », notamment chez les Réformés issus de la branche calviniste, et plus encore sans doute dans la nébuleuse des évangéliques. Du côté catholique, en revanche et, tout autant, si ce n'est davantage encore, du côté orthodoxe, on ne voit assurément pas les choses ainsi : on devient prêtre par ordination et non par délégation ; on le devient par grâce sacramentelle et non au titre de compétences chrétiennes personnelles.

Mais du coup, les laïcs ne sont pas non plus des « sous-prêtres » (horrible expression que celle qui parle de « réduction » de certains prêtres à l'état laïc…). Or beaucoup de laïcs – et certains prêtres aussi – se considèrent pourtant ainsi. Ils se comprennent comme de simples « aides aux prêtres » qui viennent « soutenir » Monsieur le curé parce que celui-ci ne peut pas tout faire et que les prêtres sont aujourd'hui trop peu nombreux. Cette représentation, issue de siècles de pouvoir clérical, plus précisément sacerdotal, se comprend aisément, bien sûr ; pourtant, il faut lutter contre elle. Depuis notamment le concile Vatican II, nous comprenons mieux que baptême-confirmation-eucharistie appellent des laïcs à prendre des responsabilités, lesquelles ne relèvent pas d'une simple « aide », mais bien de la « mission ». Le prêtre a précisément charge, au nom du Christ – il préside au nom du Christ, je vais y venir – d'appeler les chrétiens à une mission et de coordonner leurs missions pour que chacun, comme chaque membre du corps humain ou du corps social, soit au service de l'ensemble, sinon, c'est la zizanie. Mais cette charge de présidence, il est appelé à l'exercer comme le Christ, en « serviteur ». Il lui faut donc éviter la grande tentation du cléricalisme, celle qui consiste à se substituer aux laïcs. Mais il faut noter que la tentation symétrique du « laïcalisme » est tout aussi dangereuse : on écarte alors le prêtre sous prétexte que « nous, les laïcs, nous pouvons le faire ». Ce sont là deux formes de la même tentation : on n'est plus dans la collaboration, on est dans la rivalité. En tout cas, pour en revenir au prêtre, présider au nom du Christ, ce n'est pas (surtout pas !) faire à la place des autres. Bien au contraire : c'est susciter leurs responsabilités et les coordonner.

Différents en fonction, mais égaux en dignité

Une question demeure : est-ce que l'ordination confère une sorte de délégation de mission, celui qui est ordonné recevant par cette ordination des missions qu'il n'aurait pas en étant laïc ou bien est-ce qu'il faut y voir un changement dans la personne qui reçoit l'ordination, qui l'ouvre en quelque sorte à ses missions ?

L'ordination ne confère pas une simple fonction : elle affecte la personne elle-même. Le rite de l'ordination le dit d'ailleurs, puisque l'évêque y rappelle à celui qu'il ordonne prêtre ou diacre qu'il doit conformer sa vie à ce qu'il célèbre. Le fait que le prêtre reçoit, par son ordination, un ministère, qu'on peut regarder comme une fonction, ne fait pas de lui un simple fonctionnaire. D'où une deuxième image qui vient compléter la première.

Dans la Lettre aux Colossiens, on parle du Christ-tête (« il est la tête du corps qui est l'Église », [2, 18]) et du Christ-corps, cette dernière image étant largement développée par Paul en Romains 12, ainsi qu'en 1 Corinthiens 10 et 11, en lien avec « le repas du Seigneur » (l'eucharistie). Je rappelle au passage que la « tête » désigne aussi le « chef ». Ce vocabulaire a ensuite été souvent utilisé pour parler du rapport entre le prêtre, qui préside au nom du Christ *(in persona Christi)* et la communauté ecclésiale dont il a été constitué « pasteur ».

Mais il est important de préciser en quoi consiste cette présidence. Comment donc établir la relation entre, d'une part, le prêtre dans son rapport avec l'assemblée des fidèles, et d'autre part, le Christ-tête (chef, pasteur) avec son corps qui est l'Église ? La tentation, c'est d'assimiler la présidence du prêtre comme représentant du Christ à une identification au Christ. Or présider « au nom du Christ » *(in persona Christi)*, ce n'est pas être « un autre Christ ». La formule *Sacerdos alter Christus*, qui a été autrefois fréquemment employée, est très ambiguë : faire du prêtre un « autre Christ », c'est oublier que lui aussi fait partie du corps du Christ, l'Église. C'est le mettre au-dessus de l'Église en quelque sorte ; c'est faire de lui un super-chrétien, donc quelqu'un qui aurait un rapport au Christ « supérieur » à celui des « simples » baptisés. Bref, c'est favoriser le cléricalisme et la représentation des laïcs comme simples aides aux prêtres.

Pour moi, les deux approches très simples que je viens de présenter expriment tout l'essentiel. Dire la foi de l'Église sur ce sujet avec des mots simples peut se résumer comme suit : la première illustration (le tronc et les deux branches) dit que les laïcs ne sont pas des sous-prêtres et que le prêtre n'est pas un simple délégué des laïcs ; la seconde dit que le prêtre a reçu par ordination un ministère spécifique, celui de présider « au nom du Christ », sans que cela fasse pour autant de lui un chrétien de catégorie supérieure, pour la simple raison qu'il n'y a pas, il ne peut pas y avoir d'Église à deux vitesses. « Différents en fonction, mais égaux en dignité » : telle est la formule qui synthétise ce que je veux dire à propos de ce rapport entre prêtres et laïcs. Le curé que je suis n'est pas plus chrétien que ses paroissiens.

Cela me ramène à ma formule : « Un seul préside afin que tous célèbrent. » Le prêtre préside au nom du Christ. Il est ainsi, par son ordination, appelé à représenter sacramentellement (en langage profane, on dirait « symboliquement ») le Christ. Il est le « signe porteur » qui manifeste que c'est le Christ qui nous rassemble, que c'est le Christ qui parle à son peuple, que c'est le Christ qui donne le pain de vie comme son propre corps (« ceci est mon corps »). Le prêtre est là pour le rappeler et le rendre possible. Il est « signe porteur », car un « sacrement » est un signe qui ne fait pas que renvoyer à ce qu'il signifie, comme la fumée renvoie au feu mais qui est porteur de ce qu'il signifie.

Qui préside la messe ? Ce n'est pas Louis-Marie Chauvet, c'est le Christ (le « Christ-tête »), comme le montre Louis-Marie Chauvet en tant qu'il est prêtre. Mais dès lors, si le prêtre est bien là pour montrer, en « lieu-tenant » du Christ, que c'est le Christ qui préside, tous les chrétiens, en tant qu'ils sont membres du Christ, sont forcément actifs « par lui, avec lui et en lui », comme on le chante à la fin de la prière eucharistique. C'est bien le sens de ma formule : un seul préside AFIN QUE tous célèbrent. La présidence au nom du Christ n'entre pas en concurrence avec l'activité des chrétiens, elle est au contraire au service de cette activité. Servir cette activité, c'est la stimuler et la coordonner pour le bien du « corps » tout entier.

Malgré vos explications, il n'est pas si facile d'arriver à comprendre comment on peut concilier l'égalité en dignité et la présidence au nom du Christ...

Tout est difficile dans l'Église, les prêtres ne sont pas des intermédiaires entre Dieu et son peuple comme l'étaient les prêtres ou les lévites dans le judaïsme ancien ; ils ne sont pas des super-lévites ou des lévites en plus spirituel. C'est d'un autre ordre : il n'y a qu'un seul Prêtre, nous dit l'épître aux Hébreux, c'est le Christ. Si lui seul est vraiment Prêtre, alors les autres ne le sont pas, ou bien les autres le sont tous avec lui. Encore faut-il qu'il y en ait, justement, UN qui manifeste symboliquement, ou mieux sacramentellement, pourquoi on l'est tous avec le Christ. Telle est la mission du prêtre en tant qu'il représente sacramentellement la « Tête » du « Corps », c'est-à-dire le Christ qui préside.

Faut-il comprendre qu'en présidant, le prêtre montre que nous sommes tous prêtres avec le Christ ?

Il le montre et le rend possible. C'est justement en ce sens, disais-je, qu'il est « sacrement » du Christ (du Christ-tête ou du Christ-chef). C'est simple. Je me dis parfois que je dois être bien prétentieux, car je pense pouvoir dire ce qui demeure quand même assez complexe avec seulement deux petites images. D'ailleurs, je ne suis pas sûr que ce soit si bien reçu que cela : tout le monde peut être d'accord avec les images, et se laisser envahir ensuite par les mauvais réflexes qui reviennent.

C'est dur de tuer le père…

Il y a aussi une représentation idéale que l'on se fait du prêtre : le prêtre est homme spirituel, pasteur, il sait gouverner son Église, il semble paré de toutes les qualités. Et puis, il est un peu un « professionnel de l'Église » dans la mesure où il y consacre tout son temps, ce qui n'est pas le cas de la plupart des laïcs. Ne pensez-vous pas que cela explique la difficulté qu'ont les laïcs à le mettre à sa juste place ?

C'est exact ! La spécialisation professionnelle du prêtre, conjuguée avec l'idéalisation dont il est facilement l'objet, fait aisément de lui, comme aurait dit Lacan en le dénonçant, le « sujet supposé savoir », l'*auctoritas* que l'on vénère. C'est du même ordre que le père idéalisé de Freud dont il faut apprendre à se défaire. Car « tuer le père », ce père idéalisé, c'est rendre possible de penser et de vivre de manière autonome. Ce n'est pas parce que l'autre a beaucoup de diplômes qu'il est nécessairement meilleur.

Mais tout ceci concerne aussi la spiritualité du prêtre. J'ai dit plusieurs fois à mes confrères que cela fait partie de notre spiritualité de prêtres, au sens le plus noble du terme, de nous laisser remettre en cause par les laïcs dans nos manières de célébrer ou de gouverner. Bien entendu je dois l'appliquer à moi-même (« examine-toi toi-même », « commence par balayer devant ta porte »). Mais, comme toute remise en cause, ce n'est pas facile.

Sacerdoce ou pastorat ?

Certains prêtres semblent devenus intouchables, tant ils ont en quelque sorte collé leur personne à leur ministère. Que leur ordination concerne aussi leur personne, j'en suis bien d'accord, c'est important, je l'ai déjà dit. Mais quand la personne est quasiment identifiée à la fonction, cela devient dangereux : on ne peut plus critiquer le mode d'exercice de la fonction sans atteindre la personne. L'emploi du terme de « sacerdoce » en un sens absolu (comme dans « j'exerce mon sacerdoce dans telle paroisse ») favorise ce « collage » entre la personne et le ministère, ce qui me paraît dangereux. Ce mot de « sacerdoce » est d'ailleurs assez ambigu : plus on l'emploie sans précaution et plus on risque, me semble-t-il, de mettre le prêtre en quelque sorte à part, et ainsi de le conforter dans une identité supérieure. Je ne récuse évidemment pas qu'il y a une dimension sacerdotale dans mon ministère. Mais, selon moi, ce n'est pas premier. Ainsi je n'ai jamais parlé de mes « 50 ans de sacerdoce ». Je laisse les gens le dire parce que cela fait partie de leur vocabulaire habituel, mais personnellement j'ai toujours parlé de mes 50 ans d'ordination presbytérale. En effet, « sacerdoce » n'est pas « l'englobant » du ministère du prêtre. Le mot qui englobe, c'est, pour moi, le mot « pasteur ». C'est le plus beau. Ce mot dit quelque chose de spécifique : on ne l'emploie pas pour les laïcs, ni même d'ailleurs pour les diacres, seulement pour les évêques et les prêtres.

Mais tout baptisé n'est-il pas appelé à être « prêtre », « prophète » et « roi » ?

Oui, comme le montre le rituel de l'initiation chrétienne. Comme prêtre, je suis également investi des trois missions que confèrent ces trois titres, mais à un niveau spécifique. Je ne développe que l'un d'entre eux, celui de prophète. Tout chrétien est chargé, comme prophète, d'annoncer la Parole de Dieu. Mais c'est à un niveau spécifique que le prêtre est appelé à vivre cette mission prophétique. En quoi consiste cette spécificité ? En ce que, par son ordination et la mission que lui a confiée l'évêque, il a charge d'être garant de ce que la Parole annoncée dans sa communauté paroissiale, à travers les catéchismes et divers autres services, est bien celle du Christ et pas n'importe laquelle. C'est tout cela, et rien que cela. Rien que cela : comme prêtre, je n'ai pas à me substituer aux personnes qui font le catéchisme. En principe, elles savent le faire aussi bien et même mieux que moi qui en ai plus ou moins perdu l'habitude. Mais aussi, tout cela : le jour en effet où une catéchiste me dirait : « Moi je n'aime pas ce programme de caté, je change et je reviens à celui du concile de Trente », je lui dirais au nom de ma responsabilité de prêtre : « Non, pas question ! Tu fais ce que le diocèse a demandé de faire, tu ne fais pas autre chose. » Elle est là, ma responsabilité : je veille à la communion avec l'Église diocésaine et à la fidélité à l'Évangile reçu des apôtres. Mais je n'ai évidemment pas à me substituer aux catéchistes auxquels j'ai donné mission d'annoncer la Parole aux enfants et aux jeunes.

Et pour les deux autres missions ?

Ce que je viens de dire de l'annonce de la Parole vaut également pour la liturgie ou pour le gouvernement de la paroisse : je n'ai pas à m'y substituer aux divers acteurs de la liturgie, ni aux collaborateurs de l'Équipe d'animation pastorale. J'ai, au titre du sacrement de l'ordination que j'ai reçu et de la mission de curé que m'a confiée l'évêque, à veiller à la communion dans la paroisse (pas d'esprit de chapelle, mettre de l'huile dans les rouages, etc.) et à la qualité proprement évangélique de ce qui s'y dit et fait. Dans tous les cas, on a affaire, selon le jargon généralement reçu, à une « collaboration différenciée ». En termes profanes, on dirait : à un partenariat, chacun travaillant au même objectif mais au titre de sa compétence et de ses responsabilités propres. Dans tous les cas, je répète ce que j'ai déjà dit, mon ministère de présidence « au nom du Christ » ne consiste pas à « faire à la place » des personnes laïques, mais à les solliciter au contraire. Bref, selon moi, la notion de sacerdoce est englobée dans quelque chose de plus large qui est le pastorat. Voilà encore quelque chose de très important.

La priorité du prêtre : annoncer l'Évangile

Dans tout cet ensemble de tâches qui incombent au pasteur, quelle est celle qui est prioritaire ?

Dans le Décret sur la vie et le ministère des prêtres de Vatican II, on nous rappelle que la première fonction ou mission du prêtre est l'annonce de l'Évangile : la fonction prophétique, donc. Ce n'est pas de dire des messes. La deuxième, c'est la fonction sacerdotale, celle de présidence des sacrements au nom du Christ, et notamment de l'eucharistie qui est, dit le texte, « la source et le sommet de l'évangélisation ». Si elle est source et sommet, l'eucharistie n'est évidemment pas secondaire, pourtant, elle n'en demeure pas moins seconde. Ce qui est premier, je viens de le dire, c'est l'annonce de l'Évangile. Enfin, c'est la troisième mission, annonce de l'Évangile et présidence des sacrements sont au service de l'animation et de l'édification d'une communauté chrétienne. Voilà la fonction proprement pastorale. C'est cette fonction pastorale qui est l'englobant de tout le reste. Pour moi, le rappel de ce que je viens de dire (l'annonce de l'Évangile est la première mission du prêtre, la célébration de l'eucharistie, sans être secondaire, est seconde, le tout au service de la création et de la vitalité évangélique d'une communauté chrétienne), devrait remettre en cause pas mal de choses, tant cela heurte des habitudes de penser et de se comporter qui sont profondément ancrées dans les mentalités !

À quel comportement pensez-vous ?

Le même Décret sur la vie et le ministère des prêtres que je commente rapidement nous dit, dans la logique de ce que je viens de rappeler, que le prêtre n'est pas « séparé » des fidèles au sens sociologique. Il l'est au sens de saint Paul qui commence sa Lettre aux Romains par cette annonce : « Paul [...], mis à part pour annoncer l'Évangile de Dieu » (Romains 1, 1). Il s'agit donc d'une mise à part théologique et même missionnaire, non d'une mise à part sociologique. On précise dans ce Décret que la mise à part en question n'est pas de l'ordre de la séparation des hommes, quels qu'ils soient, elle est au service de l'annonce de la Parole. Voilà qui me paraît de première importance. Le problème, c'est que lorsque l'on est trop « sacerdotalisé », donc trop spécialisé dans le sacrifice (*sacrum facere* = faire du sacré), on se sent mis à part à tous égards, donc séparé et au-dessus. C'est d'autant plus dangereux que, la plupart du temps, ce n'est pas conscient et que c'est l'effet peut-être plus encore de la projection que font les fidèles laïcs sur les prêtres que des prêtres eux-mêmes. En tout cas, je lutte contre cela depuis bien longtemps. Mais peut-être y suis-je trop sensible ?

En jean et col romain

Pour un jeune, devenir prêtre aujourd'hui, c'est vraiment se mettre à part : par rapport aux jeunes de son âge, il ne fait pas une démarche « normale » ; n'est-ce pas pour cela qu'il arrive que les jeunes prêtres aient besoin de s'accrocher à des choses anciennes ?

Il m'est arrivé de dire à des jeunes prêtres : « Si j'étais à votre place, je serais probablement en col romain, moi aussi, mais en col romain et en *jean.* » Le col romain ne me gêne pas, on en a pris l'habitude, même si je n'ai pas envie d'y revenir. La soutane, c'est autre chose, car elle connote ou symbolise un type d'Église qui n'est pas le mien. Enfin, chacun fait comme il veut. On peut comprendre cette évolution. Dans ma génération, nous sommes partis d'un trop d'Église, eux ils sont partis d'un pas assez. Alors que nous, par conséquent, avions besoin de « sortir », eux ont besoin de « rentrer ». Ils doivent donc se réaffirmer en se redonnant des repères chrétiens, en reconstruisant en quelque sorte des murs, alors que nous, nous avions besoin au contraire de les détruire. La question que je me pose est simplement de savoir si, dans les sortes de murs qu'ils ont besoin de reconstruire, ils n'oublient pas de pratiquer des ouvertures suffisamment larges. Par ailleurs, le fait qu'ils sont bien peu nombreux contribue sans doute à les fragiliser.

Priorité du *nous* sur le *je*

Après ce point sur les rôles respectifs des prêtres et des laïcs, nous aimerions revenir sur votre compréhension de l'Église. Vous disiez qu'elle est fondamentalement une fraternité, pouvez-vous aller plus loin ?

Cette fraternité, elle nous est déjà affirmée par le Christ : « Vous êtes tous frères » (Matthieu 23), et l'on sait combien saint Paul aimait donner ce titre de « frères » aux chrétiens auxquels il s'adressait. L'emploi de ce terme est même si important chez lui (mais aussi chez Jacques, Jean) qu'elle a traversé même les époques les plus cléricales. Le curé de mon village commençait toujours son sermon du dimanche par « mes bien chers frères » (comme le chante Eddy Mitchell). Mais, pour moi, c'est surtout, une fois encore, la liturgie qui m'a fait prendre conscience de la priorité de cette fraternité. Déformation professionnelle, sans doute... Dans la liturgie en effet le NOUS ecclésial a priorité sur le JE individuel : « Nous te supplions..., nous t'offrons..., nous te rendons grâce... » Voilà ce qui heurte de plein fouet l'individualisme actuel dont tous les sociologues nous disent que c'est l'une des caractéristiques majeures de notre société dite post ou hypermoderne.

Cette priorité du NOUS ecclésial est particulièrement sensible dans le catholicisme et dans l'orthodoxie, sûrement moins dans le protestantisme. N'oublions pas l'appel de Luther à la conscience de chacun, à Augsbourg, en 1520 (« Ma conscience m'interdit de... ») et tout ce qui en est issu ensuite concernant la possibilité de ce qu'on appelle « le libre examen ». Il me semble d'ailleurs qu'on peut voir là une clé pour comprendre le succès actuel des Églises dites évangéliques : elles font leur une valeur de la modernité, valeur au sens sociologique bien sûr, qui est l'individualisme. Chacun dans ces Églises (je ne parle pas des Églises luthériennes qui sont plus exigeantes) peut, au moins théoriquement, s'auto-promouvoir pasteur. Il suffit presque de se mettre une Bible sous le bras et de rassembler quelques personnes pour fonder une nouvelle communauté (j'exagère un peu). Chacun peut interpréter l'Écriture à sa façon finalement. Il existe quand même un cadre dogmatique. Même s'il est parfois assez réduit, il n'est pas sans importance, puisqu'il s'agit notamment des grands dogmes christologiques et trinitaires des premiers siècles, dogmes qui ne sont évidemment pas périphériques. Cela n'empêche pas le dialogue œcuménique. On le pratique ici assez bien. Nous avons des rencontres régulières qui sont très agréables et fraternelles avec les deux pasteurs de l'Église Protestante Unie (calvinistes et luthériens) et de l'Église Évangélique Libre, ainsi qu'avec le prêtre de l'Église copte orthodoxe. Mais, malgré la qualité aussi bien humaine que théologique de nos échanges, une avancée plus concrète en vue d'une véritable communion des Églises ne me semble quand même pas pour demain.

L'épaisseur de l'Église

Pour nous, catholiques, et c'est vrai aussi pour les orthodoxes, l'Église a de l'épaisseur : elle est, pour le dire avec les mots de Vatican II, « sacrement du salut ». Pour les protestants, surtout ceux de la mouvance « évangélique », mais aussi ceux de l'Église Réformée (calviniste), la conception de l'Église est beaucoup plus légère. Pourtant, un document de référence pour tous les Protestants, *L'Église : vers une vision commune*[1] (2013) pourrait permettre d'avancer sérieusement sur une même conception de l'Église. Mais les discussions que nous avons déjà eues ici autour de ce texte montrent qu'il a du mal à être « reçu » : le déficit d'autorité magistérielle dans ces Églises ne pousse pas assez dans le sens d'une réception par la base. En tant que catholiques, lorsque nous recevons un document magistériel important, nous commençons par l'accueillir de manière favorable, quitte bien sûr à demeurer critiques sur tel ou tel point. Les confrères protestants, certains d'entre eux du moins, reçoivent un texte comme celui que je viens de mentionner comme un document parmi d'autres. Il est

1. Il s'agit d'un document de la Commission « Foi et Constitution », laquelle est une commission d'étude théologique du Conseil Œcuménique des Églises qui vise à ce que les Églises s'appellent mutuellement à « tendre vers l'unité visible en une seule foi et en une seule communauté eucharistique ».

alors difficile d'avancer, du point de vue théologique et pastoral, malgré les belles ouvertures de ce texte, qui est le fruit d'une démarche qui a duré plus de vingt ans. Ils n'ont pas la même conception que nous du « magistère », ni même, plus simplement, de l'Église.

Je reviens à la priorité du NOUS ecclésial sur le JE individuel. Comme les catholiques, nos frères orthodoxes y sont particulièrement sensibles. À ce propos, j'aime bien la phrase d'Yves de Montcheuil, que j'ai déjà citée : « Ce ne sont pas les chrétiens qui en se réunissant forment l'Église, c'est l'Église qui fait les chrétiens. » L'Église n'est pas un agglomérat d'individus qui seraient chacun chrétien par-devers soi, chacun branché sur Jésus-Christ ou sur le Saint-Esprit. Ce n'est pas une simple addition ou un simple regroupement de chrétiens individuels. L'Église est première, car c'est en Église qu'on devient chrétien, c'est l'Église qui fait les chrétiens. Cette priorité du NOUS est pour moi capitale.

Cette priorité du NOUS sur le JE est-elle à la base de la spiritualité chrétienne ?

Absolument ! Cette priorité du NOUS est bien mise en relief dans les sacrements. Jamais JE, toujours NOUS. Les JE sont exceptionnels. Il s'agit ou bien de la profession de foi baptismale, laquelle devait se faire à la première personne du singulier « je crois en Dieu », ou bien d'une citation comme celle du centurion de l'Évangile : « Seigneur, je ne suis pas digne », ou bien d'une prière privée que disait le prêtre au Moyen Âge comme le « je confesse à Dieu ». Autant d'exceptions qui confirment la massive règle du NOUS. La priorité de ce NOUS façonne non seulement une autre spiritualité chrétienne, mais une autre manière de se positionner dans l'Église et dans la liturgie.

C'est difficile, parce que nous vivons dans une société individualiste très « narcissique » où le JE se veut à l'origine de tout. Même du point de vue philosophique, j'ai appris précisément que le JE n'est pas à l'origine de tout : je n'adviens qu'au sein d'une culture qui m'a déjà façonné depuis le ventre de ma mère, et c'est tant mieux. Mais dans notre société, à l'inverse des sociétés traditionnelles où le groupe et les traditions ont priorité sur l'individu, on est constamment mis au défi de faire preuve d'originalité : chacun est sommé en quelque sorte de se positionner comme ayant une opinion personnelle. Moyennant quoi tout le monde reflète l'opinion de tous, c'est-à-dire celle que les sondages d'opinion sur tout et n'importe quoi indiquent à chacun, nul n'y échappe. Alors, il vaut mieux en rire ; comme cela, on rit aussi de soi-même. Or, accepter de ne pas être à l'origine est quelque chose de fondamental du point de vue humain. En tout cas, cela me parle beaucoup, y compris sur le plan de la foi et de ma manière de me situer en Église.

Sur le plan anthropologique, un bébé nouveau-né advient parce qu'on lui parle, il naît à l'existence dans le regard et dans la parole des autres ! Ne sommes-nous pas dans le même registre ?

Ce que vous dites rejoint mon propre point de vue. Personnellement, je suis très sensible à l'idée que la théologie, celle qui concerne l'Église en l'occurrence, non seulement n'est pas en contradiction avec l'anthropologie, mais qu'il existe une résonance entre elles. Souvent, le mouvement est le même, même si, bien sûr, le niveau est différent. Par exemple, le mouvement de sortie de soi-même pour que l'autre vive (l'enfant, le conjoint, l'ami, le voisin, le SDF, etc.) entre en résonance avec le chemin pascal du Christ : chemin de « mort » à soi-même ou de deuil pour accéder à une nouveauté de vie. Je ne voudrais pas laisser entendre par là que la théologie serait comme un point d'aboutissement ou comme un couronnement de l'anthropologie. Surtout pas ! On a déjà connu cette dérive dans le courant du XIXe siècle appelé « la théologie libérale », courant très vivant surtout dans le protestantisme. C'est justement un protestant, le grand Karl Barth (décédé en 1968), qui a réagi contre cette réduction de la théologie à une sorte d'anthropologie de l'amour. Ce que j'ai déjà appelé « le détour par Dieu » n'y était certes pas encore jugé comme inutile, mais on avait alors affaire à un « Dieu » plus ou moins dilué dans les valeurs morales de l'amour, de la justice, du partage, etc. Karl Barth a réagi avec une extrême vigueur contre cette sorte de dilution.

Il n'y a plus l'homme et la femme

Récapitulons les points essentiels. Premier point : l'Église, c'est d'abord une fraternité. Deuxième point : les rapports entre les prêtres et l'ensemble du peuple de Dieu sont à comprendre en termes de collaboration et non de concurrence. Troisième point : vous avez beaucoup insisté sur la priorité du NOUS *ecclésial. Verriez-vous encore un ou deux points essentiels à exprimer sur l'Église ?*

Je réponds immédiatement : oui ! Je le dis en pensant à la fraternité ou à la communion qui constitue l'Église : elle est plurielle. Cela aussi est fondamental à mes yeux. L'unité que forme l'Église n'a rien à voir avec une uniformité. J'ai dit que le christianisme est un monothéisme non monolithique donc pluriel. Or l'Église du Christ est le reflet de ce mystère. L'unité de l'Église n'est pas uniforme, elle est riche de la diversité. C'est que manifeste si bien le sacrement de l'entrée dans l'Église – le baptême. Saint Paul est sensible à cela. Je cite, au chapitre 3 des Galates, les versets 27-28 : « Vous tous que le baptême a unis au Christ, vous avez revêtu le Christ. Il n'y a plus ni Juif ni Grec, il n'y a plus ni esclave ni homme libre, il n'y a plus l'homme et la femme, car tous vous ne faites qu'un dans le Christ Jésus. » Bien sûr, Paul ne veut pas nier que les différences existent, et heureusement. S'il l'écrit aux chrétiens de Galatie, c'est justement parce que les rivalités entre eux (comme à Corinthe) montrent qu'ils n'ont pas perçu le nouveau statut de ces différences. En Christ, en effet, et c'est sur ce point qu'il veut insister, celles-ci ne sont plus des murs de séparation, elles sont au contraire source d'une plus riche communion. Facile à dire, moins facile à vivre concrètement.

Vous imaginez d'ailleurs la conversion que cela a demandée à quelqu'un comme Paul. Par le baptême, il n'y a plus ni Juif ni Grec, nous dit-il. Vous vous rendez compte ? Celui qui écrit cela a été un pharisien radical. On pourrait presque dire un « radicalisé » – pour reprendre un mot à la mode aujourd'hui – qui persécutait les « traîtres » ayant quitté Moïse pour Jésus. Pour le « Saül » d'avant « Paul », il allait de soi que l'humanité se divisait en deux : d'un côté et en premier, les juifs ; de l'autre côté, tout ce qui était non juif, donc païen ou « grec » : les « goyim », comme on dit en hébreu. Pour lui, il s'agissait là, quasi viscéralement, d'une évidence culturelle et religieuse qui ne pouvait être remise en question.

Quelle conversion !

Cela supposait un renversement absolument radical ; un peu comme si un islamiste radicalisé d'aujourd'hui réalisait tout à coup que les autres (les juifs, les chrétiens ou même les athées) valaient bien les gens de son groupe.

Il vaut la peine de s'arrêter aussi sur les autres oppositions dont parle Paul. En Christ, dit-il, il n'y a plus ni esclave ni homme libre. Bien sûr, ils existaient toujours, Paul ne pouvait pas penser, pas plus que Jésus, à une révolution sociale. Il n'en pose pas moins une sorte de bombe théologique : l'esclave lui aussi est ton frère, tu vas donc le regarder autrement désormais. C'est très exactement ce qu'il montre dans sa lettre ou plutôt son billet à Philémon. De même encore, l'homme et la femme sont toujours là ; heureusement d'ailleurs, sinon ce serait dramatique pour l'humanité. Mais voilà, les femmes ne sont plus nécessairement à reléguer à la périphérie, dans la galerie qui entourait le parvis réservé aux hommes dans le Temple de Jérusalem, parvis qui, lui, était évidemment au centre. On pourrait commenter longuement tout cela…

Revêtir le Christ

Paul en tout cas nous signifie qu'à partir de la mort et de la résurrection de Jésus, quelque chose de neuf est advenu ; une humanité nouvelle est née, nouvelle en ce que les différences ne sont plus des murs de séparation, mais deviennent source de communion. C'est tellement vrai que Paul, enfin lui ou un de ses successeurs – qu'importe – joue là-dessus : dans Éphésiens, au chapitre 2, c'est dans cette perspective qu'il comprend la mort de Jésus :

> C'est lui, le Christ, qui est notre paix. Des deux, le juif et le païen, il a fait une seule réalité. Par sa chair crucifiée, il a détruit ce qui les séparait, le mur de la haine. Il a supprimé les prescrip-

> tions juridiques de la Loi de Moïse. Ainsi, à partir des deux, le juif et le païen, il a voulu créer en lui un seul Homme nouveau en faisant la paix et les réconcilier en un seul corps, au moyen de la croix. En sa personne il a tué la haine.

Telle est sa théologie de la mort de Jésus. N'est-ce pas formidable ? Saint Jean le dit en d'autres mots : « Il fallait qu'un seul homme meure [...] pour rassembler les enfants de Dieu dispersés ». Qu'est-ce que cela signifie ? En Jésus, Dieu a donné sa vie pour abattre le mur qui séparait le Juif et le Grec, l'homme et la femme, l'homme libre et l'esclave. Il a créé un Homme nouveau, un « Adam nouveau », « Adam » à comprendre au sens collectif, comme au tout début du livre de la Genèse (1-3), puisqu'Adam nous représente tous ; une humanité nouvelle en laquelle les différences ne sont plus des divisions, des murs de séparation, mais qui sont appelées à former une unité. Donc une humanité nouvelle est issue de la mort et de la résurrection de Jésus.

Lorsqu'au baptême on « revêt le Christ », c'est avec cette humanité nouvelle que l'on est habillé ou plutôt enveloppé, veut donc nous dire saint Paul. Ainsi, on entre dans l'Église par cette porte qui ouvre largement sur le monde et qui, du même coup, donne mission aux disciples de Jésus de contribuer concrètement à réaliser quelque chose de cette nouveauté inaugurée par la mort et la résurrection de Jésus. Évidemment, on est assez éloigné d'une vision un peu étriquée du baptême, une vision individualiste et intimiste. Et l'on est du même coup assez éloigné aussi d'une vision non moins statique et institutionnelle de l'Église au profit d'une vision dynamique qui requiert une lourde responsabilité de la part des chrétiens : celle de contribuer partout à faire en sorte que les différences de langue, de culture, de condition sociale, etc., ne soient plus des murs qui séparent, mais des éléments d'une communion plus riche. On peut comparer cela, la comparaison est banale, au bouquet de fleurs qui est d'autant plus beau qu'il est fait d'une diversité. C'est banal, mais cela dit bien ce que cela veut dire.

Babel, Dubaï ou la Pentecôte

La naissance de cette humanité nouvelle est-elle exprimée par la naissance de l'Église ?

Oui bien sûr ! Revenons au récit de la naissance de l'Église à la Pentecôte, récit qui prend d'autant plus de relief qu'on le comprend par opposition à celui de la tour de Babel. La liturgie le comprend ainsi, puisque ce récit de la Genèse est lu lors de la messe de Vigile de la Pentecôte qui fait évidemment partie de la fête elle-même. J'en dis un mot qui me semble important dans le sillage de ce que je disais précédemment sur le baptême. Tout le monde connaît le récit de la tour de Babel : Genèse chapitre 11, juste avant Abraham dont le récit commence au chapitre 12. Il s'agit d'un mythe. L'objet premier de celui-ci est de répondre à la question d'un enfant de 3 ans, 4 ans, 5 ans : « Maman, pourquoi, c'est papa qui m'l'a dit, les Anglais, au lieu de dire *cheval*, ils disent *horse*, et les Allemands *Pferd* ? » « Mais mon chéri, c'est comme ça, on ne parle pas pareil, et c'est bien comme ça. » Le récit de Babel est une réponse sur l'origine de la diversité des langues : à la fin du récit en effet, Dieu brouille les langues et disperse les hommes sur toute la terre.

Mais il y a un objectif second qui est de beaucoup le plus important, puisqu'il s'agit de répondre à la question : quel type d'humanité est voulu par Dieu ? La réponse est claire : Dieu ne veut pas une unité uniforme. On imagine la scène : l'humanité tout entière est rassemblée dans un même lieu, la plaine de Shinéar, laquelle est une plaine mythique qui n'existe pas, même dans l'atlas le plus exhaustif, mais qui nous fait penser à la plaine de Mésopotamie d'où notre récit est originaire ; Babel renvoie d'ailleurs à Babylone et à son immense tour dédiée au dieu Mardouk. Tout le monde parle la même langue, tout le monde fait la même œuvre : une tour, « dont le sommet touche le ciel ». Il y a certes là une unité de l'humanité, mais c'est une unité uniforme ; en termes politiques, une unité de type totalitaire. En effet, tout le monde, dans le récit, habite le même lieu, parle la même langue, fait la même œuvre. On a bien le sentiment que personne n'a droit de penser différemment : chacun est sommé de s'ajuster à l'idéologie du chef, lequel, comme le mauvais adjudant de l'armée d'autrefois, ne cesse de répéter aux soldats qu'il met en rang : « Je ne veux voir qu'une tête ! » Cette uniformité totalitaire n'est que le revers du fait que la fameuse tour que tous construisent a pour objectif de « toucher le ciel ». Beau symbole de la toute-puissance humaine – un psychanalyste vous dira à peu près sûrement qu'il s'agit d'une toute-puissance phallique –, toute-puissance qui rivalise avec celle de Dieu et qui veut donc effacer la différence de Dieu. Or, veut nous dire notre récit, quand on efface la différence de Dieu (je dis bien « Dieu », pas une idole), c'est la différence entre les hommes qui s'efface, raison pour laquelle Dieu se fâche ; il détruit la tour et brouille les langues.

Donc Babel n'est pas une catastrophe ?

Ce qui apparaît dans notre récit comme le fruit d'une malédiction de la part de Dieu est en fait une bénédiction. C'est fort judicieusement que le jésuite François Marty avait intitulé son excellent livre de philosophie du langage en 1993 *La Bénédiction de Babel*. C'est justement ce que montre le récit de la Pentecôte en tant qu'il est l'image inversée de celui de Babel. La Pentecôte juive, 50 jours après la Pâque, réunissait un très grand nombre de pèlerins à Jérusalem : juifs, mais aussi « Parthes, Mèdes, Élamites, etc. », comme nous le dit le récit de Luc dans les Actes des Apôtres. Le don du même Esprit réalise, entre ces gens d'origine et de langue si diverses, une communion, puisque chacun comprend la même Parole de Dieu ; mais cette communion est remarquable, puisqu'elle n'est pas uniforme : en effet, la même Parole de Dieu est comprise par chacun dans sa langue maternelle. Ainsi, le récit de la Pentecôte nous dit clairement : voilà l'Église, à savoir une communion qui respecte les diversités, mieux qui les promeut. Bien sûr, il faut élargir le propos immédiat de Luc : chacun dans sa langue, cela devient chacun selon sa culture, chacun selon son tempérament, etc. Voilà l'humanité nouvelle qui est née de la mort et de la résurrection de Jésus. Voilà le nouvel

Adam. Voilà l'Église. Je trouve cela magnifique. Et je me dis que si être chrétien, c'est œuvrer pour cela, alors cela vaut vraiment la peine. Et la peine, il faudra en prendre, parce qu'on est bien loin du compte dans le monde – mais aussi dans l'Église.

C'est une bien belle mission, ne trouvez-vous pas ?, que de s'investir pour qu'une communauté paroissiale soit, selon le vocabulaire du dernier concile, le « sacrement » de cette nouveauté.

L'Église, sacrement d'une unité différenciée

Mais une modeste communauté paroissiale, c'est loin d'être toute l'Église !

Quantitativement, oui ; qualitativement, c'est autre chose. Vous me donnez l'occasion de rappeler, dans le sillage également du Concile, un autre point important. Une paroisse, c'est l'Église tout entière dans un lieu donné : tout entière au sens qualitatif bien sûr, comme le fromage ou le gâteau est qualitativement tout entier dans la portion que l'on en prend. Comprendre ainsi l'Église dans son mystère profond, cela ouvre un beau chantier pour une paroisse. On ne part d'ailleurs pas de zéro. Comme curé, je suis témoin du réel souci qui anime un certain nombre de chrétiens de la paroisse de faire place à d'autres selon leurs qualités propres, de susciter des responsabilités ou des collaborations de la part de personnes vraiment différentes du point de vue de la culture ou du niveau d'études ou du tempérament ; de l'effacement, voire de l'abnégation, de tel ou tel pour que d'autres puissent déployer leurs propres talents. Non, on ne part pas de zéro. L'« Humanité nouvelle » dont j'ai parlé, l'Église en est vraiment témoin, même si, bien sûr, on peut rêver de bien mieux. Enfin, on fait comme on peut, et ce n'est finalement pas si mal, me semble-t-il.

En ce qui concerne l'humanité, on peut être un peu pessimiste. On a l'impression que la tour de Babel tend à s'édifier de nouveau, à monter de plus en plus haut. On est face à une pensée dominante, une pensée mondiale, avec ses stéréotypes, ses modes de consommation qui tendent rapidement à s'uniformiser, une certaine disparition des cultures locales, etc.

Vous donnez là une belle interprétation du récit de la tour de Babel. J'y adhère pleinement. C'est vrai : après la chute des totalitarismes du XXe siècle, d'autres formes de totalitarisme ou, disons, d'uniformisation, plus subtiles que celles du siècle dernier, sont à l'œuvre avec la mondialisation des échanges commerciaux, de l'information, etc. Dans tous les cas, on est dans une entreprise prométhéenne, c'est l'adjectif qui convient.

Même la tour de Babel – concrètement, je le rappelle, il s'agissait de la tour dédiée au grand dieu Mardouk à Babylone, l'actuelle Bagdad – trouve son homologue aujourd'hui ; à Dubaï, par exemple. L'humanité déploie actuellement des défis gigantesques. J'espère que cela ne va pas s'effondrer sur nous. Je ne suis pas pessimiste par tempérament, mais il y a quand même des choses inquiétantes. On pourrait citer le nom de tel Président, à côté duquel Ubu roi fait pâle figure. Les régimes ubuesques, il y en a pas mal aujourd'hui.

L'histoire de la tour de Babel pourrait aussi évoquer l'espèce d'effondrement d'une forme d'Église très hiérarchique, dans laquelle on était censé se conformer à un modèle. Sans assimiler cette Église à un totalitarisme, ne peut-on voir cette chute comme une bénédiction nous faisant entrer dans une Église nouvelle, plus différenciée ?

Tout ce qui est ouverture est anti-Babel. Au n° 4 de *Lumen Gentium*, on trouve une citation de saint Cyprien de Carthage (vers 250) : « Ainsi l'Église universelle apparaît comme un peuple qui tire son unité de l'unité du Père et du Fils et du Saint-Esprit. » Une unité différenciée. Regarder l'Église comme le sacrement, selon le terme affectionné par Vatican II, donc comme à la fois le reflet et le témoin concret de l'unité différenciée de Dieu Trinité et vivre en Église en conséquence, quel beau programme ! Quelle crédibilité pour le monde d'aujourd'hui. On est loin des tentations actuelles de repli identitaire que l'on perçoit chez un certain nombre de chrétiens. L'identité de l'Église, celle qui lui vient de son enracinement dans la vie trinitaire, c'est l'ouverture au contraire.

Le dogme au service de l'autonomie des consciences !

Ce qui est quand même souvent source de gêne, parce que cela crée un sentiment de fermeture plus que d'ouverture, c'est l'autorité magistérielle dans l'Église. Est-ce que, sous certains aspects, cela ne paraît pas d'un autre âge ?

Ah ! le magistère… Sur cette question, j'ai envie de me référer à quelqu'un qui n'est pas théologien et qui est même, quoique de tradition chrétienne et sans doute catholique, plutôt agnostique. Il s'agit de Marcel Gauchet. Il a écrit un ouvrage célèbre, *Le Désenchantement du monde, Une histoire politique de la religion*. Ouvrage assez difficile, mais que je trouve magnifique. Gauchet y présente des réflexions sur l'Église, par comparaison avec l'islam et le Bouddhisme, qui sont à mon avis extrêmement stimulantes. Je résume son propos au sujet de l'Église. On peut voir l'Église, dit Gauchet, comme une création institutionnelle originale, car elle repose sur une sorte de contradiction interne. D'une part, sa foi en un Dieu tellement autre qu'on ne peut le connaître que par révélation entraîne une constante recherche de ce Dieu ; on ne saurait donc l'enfermer dans des formules ou dans une institution. Ce principe de recherche permanente d'un Dieu tellement Autre trouve d'ailleurs en Dieu lui-même son fondement, le Saint-Esprit : l'Esprit souffle où il veut. L'Esprit-Saint fonde donc la légitimité – je cite ici une formule de Gauchet – d'une « intériorité de la foi contre l'autorité du dogme ». Mais cela entraîne, écrit-il encore, « un risque permanent d'hérésie ». D'où, je cite encore, « la nécessité d'interprètes qualifiés ». Le Dieu des chrétiens – c'est moi qui parle – est tellement « autre » que l'on ne peut maintenir son mystère, son altérité, que moyennant une régulation ecclésiale serrée de la Révélation, ce qui entraîne un principe opposé au premier : la nécessité de dogmes. Je cite à nouveau Gauchet : « Intériorité de la foi et autorité du dogme vont de pair dans le système et se justifient mutuellement. » Ou encore : « L'errance possible de la conscience personnelle appelle l'inerrance du magistère. » La différence par rapport à l'islam, il le dit, est éclatante : « Le Coran est présence littérale du transcendant dans l'immanence », c'est-à-dire dans l'humain : dans le politique, dans le social. Pas besoin par conséquent d'interprètes reconnus, pas besoin de magistère reconnu comme tel. Le christianisme, lui, écrit l'auteur, relie constamment « la rigueur de l'orthodoxie – donc le magistère, les dogmes – et l'ouverture de l'hérésie, la quête personnelle d'une vérité qui est toujours au-delà de ce que dit la lettre. Il y a d'autant plus d'orthodoxie et de dogmes que la vérité apparaît d'outre-raison humaine, d'outre-langage constitué et appelant l'expérience d'au-dedans de soi. »

Finalement – je cite encore – « l'existence de l'Église signifie potentiellement le contraire du message qu'elle porte, à savoir que ciel et terre sont conjoints, mais en creusant l'écart entre eux ». Cette dernière expression peut paraître assez énigmatique à beaucoup, elle est pourtant fort juste. En Jésus, « le ciel et la terre » sont conjoints, puisque, selon les chrétiens, il était à la fois « pleinement Dieu et pleinement homme ». Mais du même coup, l'écart entre les deux s'est creusé, puisque dire de Dieu qu'il s'est fait homme, c'est accentuer le caractère proprement indicible et insondable de Dieu dans nos catégories humaines. Effectivement, c'est cette autonomie de l'Église par rapport à tout régime politique, fût-il considéré comme chrétien, qui est ici en jeu et qui explique les refus (enfin, pas toujours : la tentation de marier le goupillon avec le sabre a été fréquente) de confondre l'Église avec quelque régime ou parti ou syndicat ou école « chrétien » que ce soit. Oui, Gauchet a raison d'écrire que « l'Église porte en elle, à sa façon, ce qui la conteste. Elle est bâtie tout entière en un sens sur ce qui lui est opposé. Telle est son équivoque constitutive. Si, par un côté, l'asservissement au dogme va plus loin que partout ailleurs, c'est en fonction d'une virtualité connexe plus originale encore, celle de l'autonomie des consciences. » Eh bien chapeau ! J'ai déjà dit à mes collègues : moi, je n'ai jamais lu quelque chose d'aussi limpide sur l'Église.

Ce n'est pas hyper-limpide... mais c'est fort !

Oui vous le sentez bien. Et donc cela nous réconcilie avec le magistère, parce qu'il y a longtemps qu'on serait tous hérétiques s'il n'y avait pas un magistère fort. Je le rappelle en effet : la foi des chrétiens est, d'une certaine manière, intenable. Car il est conceptuellement intenable, ce Jésus-Christ confessé à la fois comme Dieu pleinement Dieu et comme homme pleinement homme, et cela sans confusion ni séparation entre les deux. Intenable aussi, la Trinité. J'ai essayé précédemment de m'expliquer là-dessus.

La colombe a repris des plumes

N'est-ce pas l'Esprit-Saint qui est la source de l'institution ?

Oui, et parce que la source de tout c'est l'Esprit-Saint, lequel déborde toute institution, tout en faisant pourtant de l'Église une institution (nous reviendrons sur ce paradoxe). Même les formules les plus ajustées et les plus éprouvées ne peuvent enfermer tout le mystère dans un savoir qui le maîtriserait. N'est-ce pas formidable ?

Une forme de déviation serait alors de s'en tenir à ce dogme sans aller plus loin, de regarder le dogme comme quelque chose qui dispense entièrement de penser ?

Il faut absolument se défaire de cette idée. Le dogme est au service du mystère. Il est la mémoire longue de l'Église, c'est-à-dire une mémoire qui permet à l'Église de n'être pas victime de l'idéologie d'une époque ou de l'état de la culture à un moment donné. C'est quelque chose qui résiste. Heureusement qu'on a le dogme. L'adjectif « dogmatique », je le fais mien, je le revendique même, mais en sachant que ce n'est pas sans risque, le risque de passer du « dogmatique » au « dogmatiste ». Il y a un abîme entre les deux.

Tentons de prendre le contre-pied de ce que vous dites, prenons le cas du judaïsme : il y a 2 000 ans, les juifs n'avaient pas de dogme, sauf celui du Dieu unique. N'ont-ils pas quand même subsisté dans leur foi (avec les adaptations nécessaires, consécutives notamment à la guerre juive[1]) ?

Oui en effet, mais ils ont autre chose : le judaïsme est d'abord une affaire de pratique. Les juifs ont multiplié les pratiques, alors que nous, à la suite notamment de Paul, en avons été libérés. Ils se sont donc appuyés sur un élément compensateur. Marcel Gauchet ne l'a pas dit à propos du judaïsme, mais je pense qu'il en serait d'accord. Il fait une analyse logique des religions comme systèmes. Il démonte donc des systèmes : celui de l'islam, celui du Bouddhisme, celui du catholicisme ou du protestantisme. Je trouve cela très intéressant. Sa déconstruction du système chrétien ne justifie évidemment rien sur le plan théologique, ce n'est pas son propos. Personnellement, je trouve son analyse très éclairante. Elle renforce, en la plaçant dans un ensemble plus vaste, l'importance que j'ai toujours reconnue au dogme et à l'institution. Finalement, tout cela est très libérateur.

J'acquiesce donc à l'idée que l'Église est construite sur une opposition entre un appareil dogmatique et institutionnel fort, et l'appel fait à chacun en conscience de chercher une vérité qui est toujours plus grande. Le même Saint-Esprit qui pousse du côté de cette recherche permanente du « toujours autre » ou « toujours plus grand » est celui qui fait l'Église : l'Église comme « mystère », mais aussi comme institution. C'est lui en effet qui fait les ministères, car l'ordination des évêques, prêtres ou diacres se fait par invocation de l'Esprit-Saint ; et c'est lui également qui éclaire l'Église lorsqu'elle énonce la Vérité dans des dogmes, car ces derniers sont reçus comme l'expression d'une « assistance » du Saint-Esprit (on évite, à juste titre,

1. La guerre juive a opposé les Romains et certains mouvements juifs, de 66 à 70, et a abouti à la destruction du Temple de Jérusalem et donc à des changements majeurs dans le judaïsme.

le terme d'« inspiration » réservé à la Bible comme Parole de Dieu).

Autrefois, en dehors de la confirmation, on ne parlait pas beaucoup du Saint-Esprit. N'a-t-il pas repris du poil de la bête ?

Si j'ose dire, en toute révérence pour lui, en tant que colombe, il a repris des plumes... Parler du Saint-Esprit à propos de l'Église, des ministères, de la révélation, des sacrements, etc., est devenu désormais si naturel que nous n'y faisons même plus attention. Les catholiques que nous sommes parlent autant du Saint-Esprit que les orthodoxes ; peut-être même encore plus qu'eux. De même, par rapport à nos frères protestants : nous parlons de la Bible ou, mieux encore, nous parlons Bible autant qu'eux.

7
ÉCRITURE ET PAROLE DE DIEU

Il me semble que nous avons connu une tendance dans l'Église à penser la Bible, Ancien et Nouveau Testament, comme quelque chose de figé, « tombé du ciel » en quelque sorte, à appliquer à la lettre. Cette tendance n'est-elle pas encore aujourd'hui toujours vivante, par exemple chez les évangéliques ?

Le fondamentalisme, suicide de la pensée

La tendance à figer les choses est permanente parce qu'elle donne le sentiment de mettre la main sur la vérité. Nous-mêmes, nous avons tous besoin de nous raccrocher à quelque chose qui est ferme et fixe. Par exemple, la perte d'un point fixe, avec Galilée (et déjà Copernic), comme celui où l'on se représentait la terre comme étant évidemment au centre de l'univers, a été bien difficile à accepter au XVIIe siècle : en 1633, Galilée, sommé par l'Église d'abjurer sa découverte, a frôlé le bûcher. Ou bien encore, la perte d'un point fixe comme celui de l'être humain au centre de tout, à la suite des théories évolutionnistes de Darwin ou de la théorie de l'inconscient de Freud a ébranlé la représentation de l'homme. Il en va toujours ainsi : les choses deviennent difficiles quand nous acceptons de « jouer » sur de l'instabilité. En ce qui concerne la Bible, la tendance à une interprétation de type fondamentaliste existe, bien sûr. À ce propos, j'aime bien la petite incise du texte important publié par la Commission biblique pontificale, en 1993 *(L'interprétation de la Bible dans l'Église)*, incise dans laquelle on qualifie le fondamentalisme de « suicide de la pensée ». C'est juste, parce qu'alors la pensée n'avance plus. On a tout saturé dans une vérité qui est déjà écrite. Mais il faut bien constater que la possibilité d'interpréter l'Écriture, l'Évangile y compris bien sûr, dans une perspective fondamentaliste qui fige les choses est toujours présente, malheureusement. Tout devient tellement plus simple.

Et pourtant, le christianisme, dans le sillage du judaïsme, je le rappelle toujours, se sépare de l'islam à ce sujet. Je ne veux pas dire que tout musulman serait fondamentaliste, surtout pas, mais un musulman lit le Coran comme étant l'expression directe de la volonté de Dieu. Parce que le Coran est reçu en islam comme le livre venu du ciel, le livre primordial d'une révélation première, qui ensuite s'est continûment dégradée depuis Abraham, et dont Mohammed, au VIIe siècle, a eu à nouveau la révélation. L'ange Gabriel lui a dicté la volonté de Dieu à travers ce livre primordial. Cela nous rappelle que l'islam est vraiment une religion du Livre, ce que ne sont, à proprement parler, ni le judaïsme ni le christianisme. C'est encore plus vrai pour les chrétiens, héritiers du judaïsme, à cause de ce que signifie Jésus-Christ comme accomplissement des Écritures en tant que Parole de Dieu. Pour ce qui nous concerne, plus particulièrement nous les chrétiens, nous sommes une religion de la Parole – de la Parole de Dieu –, ce qui est tout à fait différent. Que nous soyons religion de la Parole, c'est ce qui apparaît le mieux lorsque le prêtre ou le diacre ou l'évêque lève le livre à la fin de la lecture de l'évangile et dit « Acclamons la Parole de Dieu » et lorsque nous répondons « Louange à toi, Seigneur Jésus », et non pas « louange à toi, ô Bible » !

La religion de l'écart et de l'ouverture

Donc nous ne louons pas le livre comme tel, nous louons le Seigneur Jésus qui est LA Parole de Dieu. Je précise à ce sujet que le mot hébreu *Dabar* que nous traduisons par « Parole » n'a pas la même portée que le mot grec *Logos*. Pour faire simple, je dirais que *Logos* est abstrait, tandis que *Dabar* est beaucoup plus concret, ce qui veut dire que la Parole est d'autant plus Parole en hébreu qu'elle se rend visible dans un événement. C'est cela qui nous permet de comprendre pourquoi on peut dire du Seigneur Jésus qu'il est, concrètement, LA Parole de

Dieu. Si c'est lui qui est pleinement « Parole », le livre qui parle de lui, c'est-à-dire la Bible, est – c'est le terme technique que j'emploie, mais tout le monde l'utilise aujourd'hui – le sacrement de la Parole de Dieu. Parce qu'il est sacrement, il est le signe porteur de cette Parole ; c'est pourquoi, on l'élève, on le vénère, on l'enlumine, on l'illumine avec les cierges, on l'encense, on le chante – l'alléluia, c'est quand même quelque chose – et même le prêtre ou le diacre le baise.

Ce contact de la bouche avec le « sacrement » de la Parole de Dieu qu'est le Christ n'est pas sans rapport, pour moi, avec la communion. Il la commence en quelque sorte. Du point de vue phénoménologique, c'est la même logique : on mange la Parole de Dieu (comme le prophète Ézéchiel mangeait le livre) avant de manger cette même Parole devenue « le corps du Christ ». On va ainsi, comme l'a si bien dit Vatican II, de la table de la Parole à la table de l'Eucharistie. En tout cas, si la Parole de Dieu passe bien par le Livre, elle n'est pas figée dans le Livre. Il y a un écart entre les deux. Parce que la Bible EST sacrement de la Parole, on fait tout ce rituel de vénération que je viens de rappeler, mais parce qu'il n'est QUE sacrement, ce n'est pas lui que l'on acclame, c'est le Seigneur Jésus. Entre les deux, il y a similitude et écart. À mes yeux, on peut voir là l'essence même du christianisme !

L'« essence du christianisme », dites-vous, cela va jusque-là ?

Nous sommes en effet vraiment là au cœur de la foi chrétienne, c'est-à-dire dans l'écart entre la chose, cette Écriture première qui est incontournable, et ce à quoi renvoie la chose. Cela veut dire que ce n'est pas en appliquant de manière matérielle ce qui est écrit que nous sommes fidèles à la Parole de Dieu. On n'y est fidèle qu'en réinterprétant l'Écriture dans le contexte qui est le nôtre aujourd'hui. En termes théologiques ou philosophiques, on appelle cela l'« herméneutique », c'est-à-dire l'interprétation.

Bien sûr, cet écart est inconfortable. Mais je vous ai déjà dit que le christianisme est la religion de l'écart ou de l'ouverture. J'aime bien les deux images. L'écart c'est l'inconfort. L'ouverture c'est plus positif, mais c'est aussi une prise de risque. Cet écart est pointé par Vatican II dans la Constitution sur la Révélation divine *(Dei Verbum)*. Cette révélation s'est faite à travers la Bible, en tant qu'elle est l'expression d'une Tradition vivante qui la sous-tend et la traverse, comme le rappelle le plan où le chapitre III qui porte sur l'Écriture est précédé d'un chapitre sur la Tradition. Cela signifie que l'Écriture n'est devenue ce qu'elle est que parce qu'elle était portée par une tradition. Cette tradition vivante, c'est la vie du peuple de Dieu, juif puis chrétien, donc sa spiritualité, sa prière, son expérience du rapport à Dieu avec les évolutions considérables qui se sont produites dans ce rapport compte tenu du contexte culturel, politique, économique, etc. C'est cette tradition qui est venue en quelque sorte « se déposer » dans la lettre de l'Écriture.

Réinterpréter la lettre pour être fidèle à la lettre

Que pensez-vous de cette affirmation selon laquelle, si l'on retrouvait aujourd'hui un évangile écrit de la main même de Jésus-Christ, il ne serait pas dans le canon des Écritures parce qu'il n'a pas été porté par une tradition et vécu dans une communauté ?

C'est juste. Un tel exemple montre que nous ne sommes pas une religion du Livre, mais de la Parole. D'ailleurs, cette Écriture qui nous est parvenue est le fruit elle-même de réinterprétations permanentes et de reprises sans cesse renouvelées. Nous le voyons bien dans l'Ancien Testament où l'on reprend les cycles ou les figures d'Abraham ou de Jacob, par exemple, en fonction de tel ou tel contexte. C'est pourquoi, nous retrouvons, dans le Livre de la Sagesse ou dans les Psaumes, des passages qui réinterprètent et ainsi réactualisent l'Exode, à partir d'une actualité pourtant très différente puisque se déroulant plusieurs siècles plus tard. À chaque fois, les accents sont différents parce que le contexte a changé. Pour le grand bibliste que fut Paul Beauchamp, la Bible n'est Parole de Dieu que parce qu'elle s'est en quelque sorte « diffractée » à partir d'une première écriture, qui appelle une deuxième écriture, laquelle appelle encore plus tard et dans un autre contexte une troisième écriture, et ainsi de suite. La première création n'est révélation de Dieu que parce qu'elle anticipe et appelle une nouvelle création ; la première manne anticipe et appelle une manne nouvelle, dont Jésus nous parle, laquelle annonce le banquet eschatologique ; le premier Exode appelle un nouvel exode, et ce nouvel exode, qu'on a réinterprété en fonction de la Pâque de Jésus le Christ, appelle lui-même l'exode définitif, donc l'exode eschatologique. Bref, la Bible elle-même, la lettre de la Bible, s'inscrit dans l'ouverture et dans l'écart. Ces relectures qui réactualisent forment ce que Paul Beauchamp appelle des « figures ». C'est un peu intellectuel, mais je trouve que c'est très pertinent.

La diffraction dont vous parlez n'amène-t-elle pas parfois à la contradiction ?

En effet, parfois la Bible se contredit ou du moins se corrige elle-même. Nous en avons un bel exemple lors de la manifestation de Dieu (« théophanie ») sur la même montagne – l'Horeb – à Moïse d'abord, au prophète Élie ensuite. Dans le premier cas, Dieu manifeste sa présence par de violents signes cosmiques : tremblement de terre, feu, tonnerre, un vent violent. Dans le second, il est dit au contraire que Dieu n'est pas dans le tremblement de terre, le feu ou le vent violent, mais dans « le murmure d'une brise légère » (ou, traduit-on également, dans « une voix de fin silence »). Voilà qui manifeste sans doute une belle évolution dans les mentalités : le Dieu d'Israël ne se manifeste pas comme les dieux païens dans des signes plus ou moins terrifiants de la nature. À travers Élie, nouveau Moïse à l'Horeb (notons au passage que ce sont les deux personnages qui entoureront Jésus transfiguré sur la « montagne » du Thabor), est révélé que le Dieu d'Israël est moins à voir qu'à écouter. Il n'y a pas à se scandaliser le moins du monde de ce que la Bible se corrige : c'est ainsi qu'elle se montre une Parole vivante.

En tout cas, le fait que nous sommes aujourd'hui dans une situation qui nous demande, sans doute avec une insistance particulière compte tenu de la mutation culturelle et sociétale que nous connaissons, de réinterpréter le texte pour être fidèles à la parole à laquelle renvoie la lettre me paraît en harmonie avec le fait que la lettre elle-même de l'Écriture est elle-même dissociée, disparate, une réinterprétation permanente. Cet écart-là me paraît capital. C'est la raison pour laquelle nous avons un seul Évangile (majuscule) en quatre évangiles (minuscules). Forcément, le désir d'harmoniser les quatre pour simplifier est une tentation pour chacun, car on se dit que ce serait quand même plus simple s'il n'y en avait plus qu'un seul.

Écrire le cinquième évangile

Tatien le Syrien n'avait-il pas essayé ?

Oui, Tatien avait tenté cela, et très tôt (dès le milieu du IIe siècle), ce qui renforce le sentiment qu'il s'agissait là d'une tentation difficile à éviter. Mais l'Église a immédiatement condamné cette tentative. Les évangiles nous donnent quatre portraits différents de Jésus ; et chacun nous parle de lui à sa manière, raison pour laquelle ce que vous disiez est infiniment juste : y aurait-il un évangile écrit directement par Jésus, il ne serait pas reconnu comme tel. On ne l'appellerait pas évangile, car il n'y a d'évangile que porté d'abord par une tradition vivante. Et dans la tradition, je rappelle qu'il y a la spiritualité, il y a la vie liturgique, la vie de prière, les débats théologiques et notamment les luttes contre les hérésies, c'est-à-dire contre des affirmations théoriques ou des modes de vie que l'on a ressentis de manière plus ou moins claire comme contradictoires avec la révélation qui est en jeu dans les évangiles, il y a donc toutes les évolutions qu'on peut imaginer.

Mais pourquoi n'y a-t-il pas de nouveaux livres qui s'ajoutent à la Bible que nous connaissons ; pourquoi n'en a-t-on pas écrit de nouveaux depuis 2000 ans ?

C'est parce qu'on a déclaré que la révélation biblique était close avec la mort du dernier apôtre, du dernier témoin. On a ainsi voulu boucler la période fondatrice. Nos Écritures sont ce qu'on appelle les Écritures fondatrices. Mais comme elles sont, par nature même, ouvertes comme nous le disions tout à l'heure, cela veut dire que si nous avons bien quatre évangiles et non pas cinq ou dix, nous ne pouvons être fidèles à l'Évangile, à travers ces quatre évangiles fondateurs, que si nous écrivons notre cinquième évangile, en quelque sorte, à partir de notre modernité présente. Ce cinquième évangile, celui de notre vie nourrie par la Parole de Dieu, est lui-même appelé par l'écart entre les quatre, écart qui appelle une interprétation permanente.

Ce cinquième évangile est notre évangile à chacun d'entre nous ?

Voilà, c'est ce que nous vivons dans nos familles, dans notre société, que sais-je encore…

Lire la Bible aux éclats

Il semble que l'Église a quand même évolué dans ce domaine de l'interprétation des textes. Pourquoi a-t-elle été si réticente, dans le passé, à avancer en ce sens ?

Il a fallu du temps pour se sortir d'une lecture qui prenait les choses au pied de la lettre. Encore que ce n'était pas au pied de la lettre : on connaît l'ouvrage célèbre du père de Lubac, *Les quatre Sens de l'Écriture*, où il montre comment au Moyen Âge on lisait les Écritures à différents niveaux : théologique, moral, eschatologique, etc. On ne craignait aucunement de faire éclater la lettre pour lui donner tout son éclat, si j'ose dire. Mais c'était déjà vrai chez les juifs, quoique l'interprétation ait été forcément différente, comme l'a magistralement montré le rabbin et philosophe Alain Ouaknine dans son livre *Lire aux éclats*. Oui, les juifs lisent aux éclats ! Le titre est admirable parce qu'on éclate de rire forcément en lisant la Bible et les juifs lisent aux éclats parce qu'ils font des jeux de mots sur les diverses lectures possibles d'un mot, du fait notamment que le texte hébreu n'écrit que les consonnes ; on peut donc jouer avec les voyelles et ainsi faire émerger de nombreux sens.

En tout cas, nos aînés les juifs ne sont pas, comme on l'a polémiquement dit autrefois, enfermés dans la lettre, étant entendu que l'« esprit » nous appartiendrait, à nous chrétiens.

On ne s'étonne pas de ce que les Pères de l'Église pratiquaient ainsi constamment ce que l'on pourrait appeler une lecture « cordiale » de l'Écriture, alors que nous sommes aujourd'hui attachés à une lecture « scientifique » (indispensable d'ailleurs : nous ne pouvons pas revenir en arrière). Cette lecture cordiale nous désarçonne pourtant : Origène, Augustin ou Grégoire de Nysse ont des interprétations de l'Écriture qui nous semblent étranges. Ambroise de Milan, pour m'en tenir à ce seul exemple parmi des milliers d'autres, ne craignait pas de lire le poème amoureux du Cantique des cantiques en suspendant, comme l'a écrit Paul Ricœur, son sens érotique au bénéfice d'un lien nuptial, lien qu'il spiritualisait en l'appliquant aux futurs baptisés qui aspirent à Dieu comme l'épouse du Cantique aspire à se jeter dans les bras de son Bien-aimé.

Ainsi le processus d'interprétation et de réinterprétation aurait toujours existé ?

Oui, cela vaut la peine qu'on s'y arrête. La pratique ancienne du « jeu » avec le texte de l'Écriture a été formalisée au Moyen Âge sous le nom des quatre sens de l'Écriture, mais auparavant, on ne précisait pas le chiffre quatre, on commentait simplement le texte à des niveaux différents. Je rappelle ces quatre sens : 1) le sens qu'on appelait littéral ou historique, qui était le sens objectif que la phrase ou la péricope semblait avoir ; 2) le sens théologique, qu'on appelait souvent allégorique, lié à la foi : qu'est-ce que cela nous donne à croire ? 3) Le sens moral, qu'on nommait « tropologique », lié à l'amour : qu'est-ce que cela nous donne à vivre et nous demande de vivre ? 4) Et le sens eschatologique, appelé anagogique, lié à l'espérance : qu'est-ce que cela nous donne à espérer par-delà la mort ?

Je reviens à l'expression « lire aux éclats », c'est-à-dire la manière de faire éclater la lettre pour produire du sens spirituel. Cela a donné, en parallèle, ce fameux humour juif, qui s'exprime dans l'habitude de constamment jouer avec les mots. Rien n'est moins figé dans la lettre, en tout cas, que la relation d'un juif avec sa Bible. Évidemment, tout comme les juifs, l'Église a compris la Bible en fonction de la culture de l'époque. Ainsi, pendant des siècles on a pensé que Moïse avait écrit le Pentateuque, que David était l'auteur des Psaumes, etc. Il a fallu attendre le XVIIe siècle, et à partir de là toute la critique biblique, pour que peu à peu s'impose l'idée que ce n'était pas aussi simple. C'est à rapprocher de la démarche scientifique de Galilée selon laquelle la terre n'est pas le centre de l'univers. De même, on a bien dû admettre que la création ne s'était pas faite en sept jours. Mais il s'agit là de compréhensions largement dépendantes de l'état de la culture, selon qu'elle est scientifique ou préscientifique.

On peut être surpris par ce que vous dites sur les pratiques juives. Malgré leur liberté d'esprit pour lire la Bible et jouer avec les mots, les juifs ne sont-ils pas contraints quand même par un canevas très rigoureux de ce qu'ils peuvent faire ou ne pas faire ?

C'est justement le fait qu'on a affaire à un canevas relativement rigide, comme vous dites, qui demande aux juifs cet humour dont j'ai déjà parlé. Dès lors, on a affaire à une sorte d'alternance ou d'équilibre assez subtil : cela dépend où l'on met le curseur, entre la rigidité de la lettre et l'appel à l'esprit qui est là pour permettre à la lettre de vivre. Ainsi, si la liste des « commandements » à observer est longue (613, selon le Talmud), elle demande de faire appel à l'esprit pour en vivre de manière authentique. La preuve : la symbolique de ce nombre 613 : 365 commandements négatifs (en « ne fais pas ») + 248 commandements positifs (en « fais »). 365 correspond au nombre de jour de l'année ; 248, selon les estimations, évidemment totalement non scientifiques de l'époque, correspond au nombre d'organes du corps humain. Mais on voit tout de suite la noblesse de cette symbolique : cela veut dire que l'on doit chercher à vivre dans la communion avec Dieu tout au long de l'année et dans toutes les dimensions de la vie humaine… Assurément, cela peut être vécu de manière hautement spirituelle. C'est bien pourquoi les critiques de Jésus envers le « pharisaïsme » ne portent pas sur la recherche d'une pratique fidèle de ces commandements, mais sur la tentation, en s'attachant à chacun d'eux de manière scrupuleuse, de noyer l'essentiel dans le secondaire. D'où les débats dans les écoles rabbiniques, dont se fait l'écho la question du scribe à Jésus « pour le mettre à l'épreuve » : « Maître, quel est le premier de tous les commandements ? » Vous connaissez la réponse. Personnellement, j'aime à penser qu'elle prend la forme même de la croix. Jésus en effet croise la verticale du « tu aimeras le Seigneur ton Dieu de tout cœur » avec l'horizontale du « tu aimeras ton prochain comme toi-même » (Marc 12). Selon Matthieu, Jésus précise même : « Tout ce qu'il y a dans l'Écriture – dans la Loi et les Prophètes – dépend de ces deux commandements » (Matthieu 22). Cela signifie qu'il s'agit là d'un commandement unique à deux faces inséparables, et que ce commandement constitue le principe à partir duquel il faut comprendre et vivre tous les autres.

Vivre sous la loi de l'Esprit

On nous a enseigné au catéchisme une liste de commandements : est-il tellement sûr que dans le christianisme, il n'y aurait pas cette référence littérale ?

La lettre existe aussi dans le christianisme. Elle est même indispensable. Sans elle, le prétendu « esprit » s'évapore dans l'à peu près des sentiments ou des idées de chacun. « L'Esprit n'est trouvé que si la lettre n'est point esquivée », a écrit joliment Paul Beauchamp à propos de la Bible. Il en va de même des commandements (la Loi) ou des dogmes. Le christianisme proclame certes que l'Écriture en tant que Parole de Dieu est accomplie en Christ, mais il s'agit de l'Écriture, de la Lettre. Pour participer à cet accomplissement, il faut vivre de l'Esprit-Saint. Tout le monde a noté que Jésus n'a rien écrit. Au moment de sa mort, ce qu'il a laissé n'est pas un écrit mais, nous dit saint Jean, l'Esprit-Saint : « Il remit l'esprit. » À nouveau, nous retrouvons la difficulté du christianisme : celle d'une tension entre deux pôles qui paraissent opposés, celui de la Lettre, qui demande une fidélité à un certain nombre de normes ou de dogmes, et celui de l'Esprit qui demande une ouverture qui doit être permanente. Le fait d'ailleurs que notre foi affirme – je reviens sur la Trinité – qu'en Dieu lui-même, il y a ce principe qui s'appelle l'Esprit-Saint, lequel à la fois « souffle où il veut » (Jean 3) et fait pourtant l'Église en tant qu'institution, même avec ses ministères, est assez significatif. J'y suis personnellement très sensible.

Saint Paul, dans Romains 8, nous dit : « Vivez sous la loi de l'Esprit. » Pour autant, il ne faut pas opposer la lettre et l'Esprit, comme on l'a fait parfois de manière un peu simpliste. Ainsi Luther opposait-il de manière un peu radicale la Lettre et l'Esprit, la Loi et l'Évangile. Mais on peut assez facilement comprendre les raisons de sa protestation en faveur d'un réinsufflement de l'Esprit dans la vie de l'Église à son époque. Il n'en reste pas moins que l'on doit comprendre en quel sens Jésus nous dit que toute la Loi se résume dans le double commandement d'amour : « Tu aimeras le Seigneur ton Dieu et ton prochain comme toi-même » ; ou encore, comme le dit saint Paul en Romains 13, que « l'amour est le plein accomplissement de la Torah », car « tous les commandements se résument dans cette parole : tu aimeras ton prochain comme toi-même ». Mais cela, c'est le travail de l'Esprit-Saint en nous.

« Parler homme » pour entendre Dieu

En revenant à l'Écriture, comment peut-on comprendre qu'elle soit à la fois Parole de Dieu et parole des hommes ?

Nul n'a mieux écrit à ce sujet que Paul Beauchamp, que j'ai déjà cité. Ce qu'il dit dans le premier chapitre de son livre magistral (magistral, mais plutôt facile à lire) *Parler d'Écriture sainte* (1987) est capital. C'est parce que l'apôtre Paul est habité par la Parole de Dieu que Dieu peut parler à travers les écrits de Paul. La parole divine ne peut émerger que d'un être habité par Dieu dans le plus humain de son humanité. Si Dieu peut parler PAR Paul, c'est d'abord parce qu'il parle DANS Paul, parce que Paul est l'œuvre de Dieu. La préposition PAR véhicule un concept d'instrumentalité : Paul, en ce sens est comme un instrument qu'utilise Dieu. Mais la préposition DANS vient de suite corriger ce caractère utilitaire et finalement passif de Paul, parce qu'elle véhicule un concept d'habitation ou d'inhabitation. Celui-ci s'oppose donc au concept d'instrumentalité, lequel signifierait que, un peu comme pour le Coran, Dieu aurait en quelque sorte dicté du haut du ciel sa Parole à ceux qu'on appelle les auteurs inspirés. La Parole de Dieu n'a été mise par écrit que dans la mesure où déjà elle habitait l'être humain jusque dans sa culture. Pour moi, ce point est fondamental. En paraphrasant Beauchamp, je dirais que Dieu parle de Dieu en parlant homme.

Est-ce que cela ne rejoint pas l'Incarnation ?

Oui. Et c'est justement là que Beauchamp rappelle, je le répète souvent à sa suite, que la Parole de Dieu est une parole et pas un théorème. Un théorème, cela vaut pour tout le monde, donc cela ne s'adresse à personne ; la parole s'adresse à quelqu'un, affecte quelqu'un, personnellement. C'est cela que Beauchamp veut dire lorsqu'il écrit : « L'absolu est dans les paroles de l'Écriture, mais c'est à condition qu'elles restent vraiment des paroles, à condition qu'on trouve le point où elles puissent entrer jusqu'au cœur de notre parole à nous. »

> Ce n'est pas assez, pour nous atteindre et nous toucher, que l'Écriture parle DE l'amour de Dieu. Elle parle dans notre langue et c'est un signe d'amour. Elle parle de charité divine, mais d'abord elle parle charité, parce qu'elle parle homme aux hommes. Le point crucial est que si nous, hommes, cessons de « parler homme », nous n'entendons pas Dieu ! Le rendez-vous est manqué.

Tout est dit. J'aime dire à tout exégète : « Vous devriez être jaloux de ne pas avoir dit cela avant. » C'est magnifique et c'est absolument vrai. Donc ce n'est pas du tout une espèce de dictée imposée à l'homme de l'extérieur. Pendant des siècles, on avait plus ou moins imaginé que Dieu avait dicté : cela faisait partie des représentations de l'époque.

Ainsi, pour vous, ce serait là la clé de la compréhension de l'Écriture comme Parole de Dieu ?

Oui, Dieu ne parle pas simplement d'amour, il parle amour en nous parlant homme. Pour écrire ces lignes-là, il faut avoir une très haute culture biblique, théologique et humaine. C'est un petit chef-d'œuvre. Cela me fait penser à cet autre jésuite, Didier Rimaud, dont les poèmes, que nous chantons souvent dans nos églises, sont de vrais chefs-d'œuvre théologiques et liturgiques, parce qu'ils touchent au plus humain : « Jésus qui m'as brûlé le cœur », par exemple. Alors, que peut-on ajouter ? Je relis Paul Beauchamp : « L'absolu est dans les paroles de l'Écriture, mais c'est à condition qu'elles restent vraiment des paroles », et pas des théorèmes. Quant à l'analogie avec l'Incarnation, j'en reviens à la question : « Qui est Jésus ? » C'est Dieu, Dieu méconnaissable, Dieu qui n'a effectivement pas été reconnu, parce que Dieu en lui s'est révélé comme incroyablement humain. Bien sûr, tout cela vient défaire toutes les représentations d'un Dieu qui s'impose comme un monarque absolu. Non, Dieu n'est pas une sorte de Napoléon dans les cieux ! Sa toute-puissance n'est pas impériale, mais, je l'ai déjà souligné à la suite du pape François, elle se déploie dans sa miséricorde. Aussi, l'analogie de l'Incarnation que vous évoquez à propos de la Bible, et que Vatican II développe d'ailleurs, comme le rappelle Beauchamp, est très parlante.

Le christianisme n'est pas fait pour nous caresser dans le sens du poil. Sa visée n'est pas de nous permettre d'être mieux dans notre peau, comme la culture actuelle nous porterait facilement à le croire. Et pourtant, si le christianisme n'est pas humanisant – et être humanisant, cela peut être parfois difficile et même crucifiant – il ne vaut pas la peine. Le fruit de la vie chrétienne se juge à l'amour. « Celui qui aime autrui a accompli toute la loi », disais-je précédemment en citant saint Paul, et cela est l'œuvre de l'Esprit. Au soir de notre vie, si j'en crois la parabole du jugement dernier en Matthieu 25, c'est sur l'amour que nous serons jugés. Alors, comme j'aime à le faire parfois, j'ai envie de pousser mon petit couplet admiratif : « Si Dieu c'est ça, vive Dieu ; si la religion c'est ça, vive la religion ! »

Cela explique-t-il que chaque auteur de la Bible ait écrit, comme le dit un texte du Concile, Dei Verbum, *avec ses propres vues, sa propre écriture, sa propre démarche*[1] *?*

Je me permets de renvoyer à nouveau à *Parler d'Écritures saintes* de Beauchamp. Je vous en lis un autre passage :

1. « Dieu a choisi des hommes auxquels il eut recours dans le plein usage de leurs facultés et de leurs moyens, pour que, lui-même agissant en eux et par eux, ils missent par écrit, en vrais auteurs, tout ce qui était conforme à son désir et cela seulement » (n° 11).

> Il y a un risque dont on ne s'est pas toujours bien sorti : c'est de geler les paroles de Dieu sous prétexte de respect pour elles ; c'est d'imaginer qu'on va les rendre plus vraies en les durcissant ; c'est finalement ne plus les traiter comme des paroles mais comme des théorèmes. [...] Sur la pente du théorème, on se dit que si la parole de Dieu pouvait être en chiffres, ce serait encore plus sûr ! L'Église nous arrête ou s'arrête elle-même sur cette voie qui nous emmènerait très loin de Dieu et de sa vraie vérité, de sa vivante vérité. L'absolu est dans les paroles de l'Écriture, mais c'est à condition qu'elles restent vraiment des paroles.

Je trouve cela admirable. La parole, c'est ce qui nous tient debout (là, je retrouve quelque chose de ce « plus » que m'a apporté la psychanalyse). Derrière la « parole », je mets tout ce qui est communication entre personnes humaines : la communication par le regard ou les mimiques ou le cadeau offert, et, si je prends le cas des tout petits enfants, les gestes, les bisous, le biberon, les câlins, les pleurs qu'on sèche, etc. Cette relation fait que le petit ou la petite va se retrouver dans le regard de son père, de sa mère, de son grand-père, de sa grand-mère, de ses frères et sœurs : c'est ainsi qu'il/elle va « s'éveiller » comme on dit, s'humaniser et devenir un adulte responsable.

Le pain de la Parole

La relation serait-elle aussi importante que la nourriture ?

C'est la relation qui est la nourriture fondamentale. Voilà un premier niveau, tout humain, qui aide vraiment à comprendre l'enjeu du récit du pain de vie, quand Jésus se compare au pain tombé du ciel, donc à la manne, laquelle était elle-même dans la Bible figure de la Parole de Dieu (Deutéronome 8, 3) : « Il t'a donné la manne à manger pour que tu comprennes que ce n'est pas seulement de pain que l'homme doit vivre mais de tout ce qui sort de la bouche de Dieu. » La manne est figure de la Parole de Dieu. Saint Jean rebondit là-dessus dans son récit du pain de vie, quand Jésus dit qu'il est le vrai pain, le pain descendu du ciel. Ce pain véritable, ce pain substantiel pourrait-on dire, et même hyper-substantiel, c'est justement le pain de la Parole. Cela vaut déjà sur un plan humain, je viens de le dire, puisque c'est la parole qui nous tient en vie humainement, parole comprise comme communication qui permet à chacun d'être reconnu comme sujet, c'est-à-dire comme tenant une place dans la vie d'autrui. Le jour où nous n'avons plus personne pour nous regarder ou nous parler, le jour où il n'y a plus de communication, nous sommes morts comme sujets. Bien sûr, il y a des degrés, comme on le voit parfois dans le drame de la maladie d'Alzheimer, où l'on en est parfois réduit à chercher juste quelques moments de lucidité qui maintiennent l'autre en vie. On voit bien que moins il y a de communication, moins il y a d'humanité, moins il y a de parole en ce sens-là.

Le paradis, c'est la communication réussie

Mais qu'entendez-vous précisément par « parole » ?

Quand on dit « parole », il faudrait toujours distinguer. Il y a d'abord le « langage ». Ce terme englobe la « langue » : celle-ci désigne le système, les mots du dictionnaire et la grammaire. Mais dans le langage, il y a aussi le discours. Et il y a la parole. Cela fait trois degrés en quelque sorte : langue, discours, parole. Je laisse de côté le premier degré pour m'intéresser au discours et à la parole. Le discours, c'est, par exemple, ce que je dis, ce que vous pensez en m'écoutant. Nous faisons des phrases, des demi-phrases, des bouts de phrase : nous sommes toujours dans le discours. La « parole », elle, se tient derrière le discours : là, en vous parlant, je me dis « tiens ce que je vais leur raconter, j'espère qu'ils vont y trouver de l'intérêt ; de même que les potentiels lecteurs de ces propos trop décousus ». Bref, je veux faire « l'intéressant », vous voyez ce que je veux dire, et c'est justement cela qui me motive, ainsi que vous-mêmes dans les questions que vous posez.

La parole, elle, est derrière les mots, mais c'est elle qui nous fait vivre, et non pas seulement le discours comme tel, si indispensable qu'il soit par ailleurs. Nous sommes tout le temps en quête d'un regard, en quête d'une réponse, en quête d'un signe d'estime, lequel, s'il ne vient pas, crée en nous une blessure dite « symbolique » qui fait que nous nous disons, à notre corps défendant et jusque dans nos rêves : « Mais, qu'est-ce donc que je lui ai fait ? » Vous connaissez la pièce de Nathalie Sarraute, *Pour un oui, pour un non*, où deux amis depuis trente ans sont tout à coup fâchés simplement parce que l'un a dit à l'autre « sur un certain ton » (ce « sur un certain ton », dit par Jean-Louis Trintignant, est évidemment la clef de la pièce) : « Ah c'est bien ça » !!! Tout est évidemment dans le ton que l'on met dans cette remarque, ou dans le regard, dans le geste qui l'accompagne. Cela ne change rien au sens de la phrase ou du discours, mais ce ton, ce regard, ce geste, voilà la « parole » qui va faire que cette phrase banale va prendre des proportions considérables au point de créer en l'autre une joie ou une blessure qui peuvent lui changer la vie. Il suffit d'un « je t'aime », d'un haussement d'épaule, d'un regard aimant ou méchant pour bouleverser une vie : là est la parole, sous les mots, entre les mots, dans les « non-dits ». Cela n'émerge pas dans les mots du discours ou dans la pensée, et pourtant, c'est ce qui fait notre bonheur ou notre malheur. C'est pour cela que j'aime bien dire que, pour moi, le paradis, c'est la communication réussie ! Il n'y a plus de nœud. Bref, la parole est bien ce qui nous tient en vie, elle est vraiment le pain substantiel de nos vies en tant que vies humaines, proprement humaines.

Et donc, la Parole de Dieu ?

Dans le rapport à Dieu, c'est exactement du même ordre, même si, bien sûr, ce n'est pas du même niveau. La « Parole de Dieu » est de l'ordre de la communication : une communication de Dieu comme sujet à chacun de nous comme sujets. Cette communication est celle d'un « je crois en toi » qui pardonne jusqu'à 70 fois 7 fois, d'un « tu vaux mieux que le mal que tu as fait », d'un « je t'aime à en perdre la vie », d'un « va, je compte sur toi » ; bref, la communication d'un amour véritablement sauveur. Il me semble que l'Évangile, c'est justement ça, jusqu'au jugement dernier où nous serons jugés nous-mêmes sur ce que nous avons fait par rapport à autrui. Et notamment à l'autrui qui n'a plus rien, c'est-à-dire qui est malade, en prison, qui vient au Secours Catholique. La Parole de Dieu pour moi, c'est fondamentalement cela. Le reste, c'est le discours sur Dieu, celui de la théologie, bien utile, et même plus utile aujourd'hui que jamais, où il s'agit de pouvoir « rendre raison de l'espérance qui est en nous », comme dit la première Lettre de Pierre ; ou de montrer la cohérence de l'essentiel de la foi avec des mots simples, ou aussi simples que possible, comme je prétends (témérairement ?) le faire moi-même ici.

Pouvoir et estime de soi

Quand nous sommes dans la communication, la communion, il y a toujours, c'est peut-être la conséquence du péché originel, une dimension de pouvoir, quoi que nous fassions. Est-ce que le paradis c'est le moment où il n'y aura plus cette dimension de pouvoir dans la communication ?

Non, le pouvoir, ou le sentiment que l'on en a, n'est pas la conséquence du péché originel. C'est tout simplement que, comme m'a dit un jour ma psychanalyste, « il n'y a pas de vie humaine sans un honnête narcissisme ». Pour qu'il y ait communication, il faut qu'il y ait une « résistance » en chacun. Sinon, on donne dans une sorte d'« oblativité » où l'on s'efface tellement qu'au bout du compte, il n'y a plus personne. C'est comme le chrétien qui voit tellement « le Christ » en l'autre qu'il ne voit même plus l'autre en tant que tel. Ou celui qui désire être tellement « transparent » à autrui qu'on ne le voit plus, lui. Tant mieux donc, si j'ai le sentiment que l'autre me résiste. Cependant, il peut y avoir un pouvoir de manipulation, ce qui est évidemment négatif. Généralement, ce n'est pas pensé de cette façon-là : on ne cherche pas à manipuler l'autre (on n'est quand même pas machiavélique à ce point-là), mais bien sûr cela peut jouer. Pourtant, si on n'est pas quelqu'un qui donne le sentiment qu'il a du pouvoir, on ne peut pas bénéficier de l'estime d'autrui. Étant entendu que dans ce bénéfice d'estime, l'autre s'estime aussi comme ayant du pouvoir. Le pouvoir n'est pas une chose mauvaise. « Tu aimeras ton prochain comme toi-même » : on ne peut pas aimer autrui si l'on n'a pas, comme l'a si bien développé Paul Ricœur, d'estime de soi. Et pour avoir de l'estime pour soi, il faut aussi sentir qu'on a un peu de pouvoir. Mais bien sûr tout peut être perverti.

Dieu dans le murmure d'une brise légère

Avec le terme de « parole », on privilégie l'oreille par rapport à la vue. N'est-ce pas assez général dans la Bible où l'on ne « voit » pas beaucoup de choses, mais du début à la fin on entend ?

Ce que vous dites me paraît important : la Bible est une religion de la parole et de l'écoute, pas une religion du voir. Le VOIR, comme le montre la phénoménologie contemporaine est captateur parce que, sous le regard, les choses se figent. Tandis que l'écoute demande qu'on attende la fin de la phrase (même si on ne parle pas en allemand où le verbe est rejeté à la fin). Donc le fait d'être à l'écoute suppose que l'on cherche à comprendre. On dit : « Je vous ai bien entendu. » Mais il y a aussi l'expression « bien entendu ! », qui veut dire que cela rentre dans mes cases habituelles, donc que je n'entends plus rien. Alors évidemment pour moi, pour nous tous, il est très important de nous dire que la Bible est une religion de l'écoute : « Écoute Israël » (en hébreu : *shema Israel*) est la prière juive par excellence. Bien sûr, il y a aussi du voir dans la Bible, mais ce voir est corrigé, comme je l'ai dit à propos de Moïse et Élie à l'Horeb. Donc Dieu est dans l'écoute et moins dans le voir, parce que le voir favorise l'idolâtrie, puisqu'il fige. C'est ce que nous dit le premier commandement : « Tu ne te feras pas d'image taillée », car l'image, ça fixe.

L'obscur objet du désir

Pour aller dans ce sens, Marie-Madeleine au tombeau ne reconnaît pas Jésus avec ses yeux. C'est quand il lui dit son nom qu'elle le reconnaît : « Marie », « Rabbouni ». Mais pourquoi, dans cette rencontre, Jésus dit-il « Ne me touche pas » ?

« Ne me touche pas » : c'est un récit magnifique. Retenir l'objet ; l'objet du désir, enfin saisi… Telle est LA tentation humaine fondamentale. Le retenir, alors que tu ne vis justement que de le lâcher. Cela me rappelle la théorie lacanienne en psychanalyse du fameux « manque-à-être » : l'être humain ne vit que de manque. Voilà, par exemple, à mon avis, un élément toujours très pertinent de la psychanalyse, par-delà les critiques dont elle a fait l'objet depuis quelques décennies, critiques au demeurant justifiées sur un certain nombre de points. Mais elle reste incontournable en ce qui concerne la problématique du désir et, plus largement, de ce qui se joue dans la symbolique de la communication entre sujets (personnes) humains. Cette injonction du Christ Ressuscité à Marie-Madeleine de le lâcher me parle beaucoup. Il s'agit pour elle de lâcher l'*obscur objet du désir* (je reprends le titre très psychanalytique du film fameux de Buñuel), pour s'ouvrir à une présence qui la renvoie ailleurs. « Ne me touche pas, mais va annoncer, va parler ! ». Je vois dans ce récit un magnifique paradoxe : le Christ n'est pas à capter, capturer, pour le garder pour soi, il est à rencontrer certes, mais finalement on ne le rencontre bien qu'en le lâchant pour aller l'annoncer. C'est quand même quelque chose. Et là, on est à nouveau dans l'écoute et dans la Parole. Et pas simplement dans le Livre.

8

LES SACREMENTS, PAROLE DE DIEU AU RISQUE DU CORPS

Jésus-Christ nous apportant le salut, pourquoi recevons-nous des sacrements ? Pourquoi avons-nous besoin de quelque chose en plus ? La foi en lui à travers l'accueil de sa Parole ne suffit-elle pas ?

La question est justement dans le « en plus » : pourquoi imaginer, pourquoi dire que c'est *en plus* ? Le sacrement n'est pas « en plus », il est le point d'aboutissement ou le déploiement de la « Parole de Dieu ». Pour le dire autrement, cette Parole, en raison de sa nature même de Parole de Dieu, est en demande de sacrement, en demande de son achèvement dans ce que nous appelons un « sacrement ».

C'est ce rapport de la Parole avec le Sacrement qui m'intéresse… Comment ne pas voir que la première appelle le second, alors que cela saute aux yeux dans toute célébration liturgique ? Mais cela suppose que l'on comprenne les sacrements non pas à partir de spéculations théoriques, mais à partir de cette célébration elle-même, donc à partir de la manière dont l'Église les fait. La théologie des sacrements se fait « au pied de la lettre », dirais-je. Au pied de la lettre et des gestes liturgiques. Voilà pour moi la loi fondamentale en ce domaine. Je voudrais donc partir de la *lex orandi* de l'Église, cette loi de la prière qui désigne la prière liturgique. J'ai déjà cité, et même plusieurs fois, l'adage bien connu : *lex orandi, lex credendi* : la loi de la prière, c'est-à-dire de la célébration liturgique, est la loi de la foi. On peut traduire, plus simplement : l'Église croit comme elle célèbre.

La Parole au cœur du sacrement

Évidemment, tout n'est pas d'égale importance en liturgie. Il est des rites qui sont secondaires. Le lavabo du prêtre n'enseigne rien sur le sacrement en lui-même, et pas davantage le nombre de génuflexions. Encore que si, d'une certaine manière : au XIIe siècle, le fait que le prêtre fasse une génuflexion sitôt après la consécration du pain a été l'argument à partir duquel on s'est dit : le Christ est déjà présent avant même la consécration du vin. Mais enfin, de manière générale, cette loi qui est évidemment très importante et qui m'a guidé dans toute ma théologie des sacrements, est très utile. Pourquoi ? Parce qu'elle me dit par exemple (et ce n'est assurément pas un simple détail) qu'avant n'importe quel geste sacramentel, on écoute la Parole de Dieu. Il en a été et il en est toujours ainsi ; toujours, depuis l'origine. Il suffit de penser au récit des disciples d'Emmaüs en Luc 24 : avant la fraction du pain, Jésus leur a interprété l'Écriture.

Parole et sacrement sont donc indissolublement liés : pouvez-vous préciser ?

Il y a là une loi fondamentale. Une loi qui dit : dans l'Église, on va de la Parole vers le sacrement, jamais l'inverse. La conséquence théologique est immense : un sacrement ne peut pas être autre chose que le point d'aboutissement, le déploiement, la cristallisation de la Parole de Dieu qui a été annoncée. Sinon je ne vois pas pourquoi l'Église a toujours fait ainsi, sauf dans des cas d'urgence évidemment, mais ces cas ne peuvent servir de base à une réflexion générale puisque ce sont des exceptions. Je rejoins donc ce que disait saint Augustin, lorsqu'il parlait du sacrement. Pour lui, ce terme *sacramentum* (ou *mysterium* : il employait les deux mots de manière à peu près équivalente, le second étant un décalque latin du grec *mystèrion*) avait un sens très large.

Par exemple, le soleil qui se lève régulièrement chaque matin était considéré par lui (et par tous ses contemporains chrétiens, d'ailleurs) comme un « sacrement » du Dieu Créateur, un signe de reconnaissance du Dieu Créateur. Le mot sacrement n'avait pas à cette époque le sens technique et précis qu'il aura au XIIe siècle. Il n'empêche qu'Augustin considérait certains sacrements comme majeurs : c'est clair pour le baptême et l'eucharistie, termes qui étaient d'ailleurs flottants. Augustin pouvait fort bien nommer ce que nous appelons le « baptême » par une expression du genre : « le sacrement de l'eau », ou « le sacrement de la Trinité » ; de même, il parlait de l'eucharistie comme du « sacrement de l'autel », ou du « sacrement du pain et du vin » : le vocabulaire n'était pas encore stable.

La Parole se rend visible

On était encore bien loin de la définition que nous avons apprise au catéchisme ! Mais pourquoi n'évoquait-on même pas le rapport, dont vous venez de nous parler, du sacrement avec la Parole ?

On n'était sûrement pas plus bête ni moins chrétien autrefois. Mais sans doute ne pouvait-on pas penser comme on le fait aujourd'hui, tant était différent l'état de la culture. Pour moi, c'est cette évolution culturelle qui me permet et même me pousse à parler autrement. Pourtant, cet autrement rejoint du très ancien. La preuve, voyez saint Augustin : *Sacramentum, id est quasi visibile verbum*, écrivait-il. Pardonnez-moi de l'avoir dit en latin. « Un sacrement, c'est comme la Parole qui se rend visible. » Voilà qui est parlant, parce que cela veut dire que quand je baptise quelqu'un, c'est la Parole de Dieu qui a été exprimée dans les lectures que les parents ont choisies qui vient rejoindre ceux que je baptise jusque sur leur corps. Bien entendu, il s'agit de la Parole en tant que rendue vivante, active, par l'Esprit-Saint. Dans chaque sacrement, la Parole d'amour sauveur de la part de Dieu se rend visible, palpable, tangible ; elle vient rejoindre les personnes *sur* leur corps. Sauf dans l'eucharistie, mais il s'agit alors d'une exception non par défaut, mais par surabondance, puisque cette Parole rejoint alors chacun *dans* son corps, à travers la communion. Du simple point de vue philosophique (phénoménologique, plus précisément), on a affaire ici à un indépassable. Ne trouvez-vous pas, avec moi, que c'est là quelque chose de vraiment fort ? On mange la Parole, la Parole qui est le Christ.

En tout cas, les conséquences théologiques concernant la compréhension de ce qu'est un sacrement sont de première importance. Non seulement il n'y a pas, il ne peut y avoir une sorte de concurrence entre la Parole et le sacrement, mais le sacrement ne peut être compris autrement que comme le point d'aboutissement ou le point de cristallisation de la Parole de Dieu, ainsi qu'on le voit dans chaque célébration sacramentelle. Cela signifie également que ce n'est pas le rite lui-même qui est au cœur du sacrement, mais la Parole de Dieu. Le rite, c'est la forme que prend cette Parole pour devenir sacrement. C'est ainsi que les Pères comprenaient ce que nous appelons sacrement, c'était même une évidence pour eux.

Pourriez-vous nous donner un exemple de cette « évidence » ?

Je le prendrai chez Origène, un Père du IIIe siècle. Son nom est assez connu. On sait que, enthousiasmé par la révélation chrétienne, il a pris la parole de Jésus « Heureux les eunuques pour le Royaume de Dieu », au pied de la lettre, le pauvre. Cette faute lui a valu de ne jamais pouvoir être considéré comme un saint. Double peine, en quelque sorte. Mais il fut sûrement le plus grand théologien du IIIe siècle. Par ailleurs, Origène, c'est Alexandrie, donc la brillantissime école néoplatonicienne, mais aussi la Palestine où il est allé pendant au moins une vingtaine d'années. Il est donc un témoin de tout cet ensemble géographique. Dans une homélie, Origène dit ceci :

> Vous qui assistez habituellement aux divins mystères, vous savez avec quelles précautions respectueuses vous gardez le Corps du Seigneur lorsqu'il vous est remis, de sorte qu'il n'en tombe quelque miette et qu'une part du trésor consacré ne soit perdue. Car vous vous croiriez coupables, et en cela vous avez raison, si par votre négligence quelque chose s'en perdait. Si, lorsqu'il s'agit de son Corps vous apportez à juste titre tant de précautions, pourquoi voudriez-vous que la négligence de la Parole de Dieu mérite un moindre châtiment que celle de son Corps ?

Donc, pour Origène (mais cela allait de soi pour tous à l'époque) la négligence envers la Parole est à mettre sur le même pied que la négligence envers le « Corps du Seigneur » : on prend celui-ci, à juste titre, avec une respectueuse précaution (on ne communiait pas dans la bouche, comme on le fera au Moyen Âge, mais dans la main) ; ne faudrait-il pas avoir un respect de même nature pour la Parole de Dieu ? Bien sûr, il faut comprendre ce propos avec un peu d'humour : le pain consacré, cela se voit, tandis que la Parole, cela s'envole beaucoup plus facilement. Mais on voit bien que, pour Origène, comme pour les autres Pères de l'Église, qu'ils soient comme lui de langue grecque ou de langue latine ou syriaque, le sacrement est du même ordre que la Parole de Dieu. Vatican II, tributaire de la redécouverte des Pères et des liturgies anciennes durant les décennies qui l'ont précédé, dit la même chose, j'y reviendrai.

Mais alors, peut-on aller jusqu'à dire qu'il y a identification de la Parole et du sacrement ?

Je ne dis pas qu'il y a identification pure et simple. Je dis que Parole et sacrement sont mis sur le même pied, compris selon une même logique qui va toujours de la première vers le second, ce qui fait de celui-ci le point d'aboutissement de la Parole. Dans un autre texte, Origène compare l'homélie à la multiplication des pains :

> Nous prenons quelques paroles de la Sainte Écriture, et voici que des milliers de personnes sont rassasiées. Si ces pains n'avaient pas été réduits morceau par morceau, autrement dit si la lettre n'avait pas été brisée et rompue, son sens n'aurait pu parvenir à tout le monde.

Sous-entendu : sans ce décorticage du texte biblique qu'il appelle une « fraction de la lettre », par comparaison avec la fraction du pain ou la multiplication des pains, personne n'aurait été nourri. Ç'aurait été trop indigeste. Je n'ai pas envie de donner dans une sorte de nostalgie archéologique : nous sommes habités par une culture très différente. Mais, dans notre culture, j'ai le sentiment qu'il vaut la peine de retrouver cette veine théologique. Elle est dynamique, elle est en harmonie avec la liturgie de la messe, elle est nourrissante. En tout cas, c'est vraiment ainsi que l'Église a compris les choses.

Le pain de vie : Parole de Dieu et Corps du Christ

Est-ce que cela veut dire que, pour Origène, la fonction de la Parole est de nourrir l'homme ?

Oui. De le nourrir spirituellement, bien entendu. C'est la raison pour laquelle on a affaire à une vénération traditionnelle des Écritures que Vatican II a si bien soulignée, notamment dans la Constitution *Dei Verbum* au n° 21. Je vous cite de mémoire ce texte que j'ai souvent commenté, parce que je le trouve à la fois magnifique et important : « L'Église a toujours vénéré les divines Écritures, comme elle l'a toujours fait aussi pour le Corps même du Seigneur, elle qui ne cesse pas, surtout dans la sainte liturgie, de prendre le pain de vie sur la table aussi bien de la Parole de Dieu que du Corps du Christ pour l'offrir aux fidèles. »

J'introduis, au passage, une petite parenthèse, car je me méfie de l'argument du « toujours », il a eu souvent bon dos. Que de pratiques on a voulu justifier par cet argument : « On a toujours fait cela depuis les apôtres »... Vu depuis le Moyen Âge, ce que disait saint Augustin vers l'an 400 pouvait facilement paraître comme le reflet direct de la période apostolique. C'est ainsi qu'on a tenu Denys l'Aréopagite, qui a vécu autour des années 500, pour le Denys que saint Paul avait converti (Actes 17), et que par conséquent les écrits de ce Pseudo-Denys ont exercé une influence considérable, presque une fascination, sur les théologiens du Moyen Âge, dont saint Thomas d'Aquin. À une époque où la critique historique n'était pas entrée dans les mœurs, on pouvait donc justifier par l'argument de la « tradition apostolique » des pratiques ou des théologies beaucoup plus tardives. Pourtant, en ce qui concerne la vénération des

Écritures quasiment à l'égal de la vénération du corps eucharistique, ce que dit le Concile est historiquement vrai.

Entre les deux (Parole de Dieu et Corps du Christ), on indique quand même qu'il y a un degré de différence à travers l'expression « le corps même » ou « le corps lui-même » du Seigneur. Mais il s'agit bien d'une différence de degré, pas de nature. Cela signifie que l'on comprend les deux selon la même logique, et c'est cela qui est important. Je trouve intéressant dans ce texte que la même expression « pain de vie » s'applique aussi bien à la Parole de Dieu qu'au Corps du Christ : « [...] elle qui ne cesse pas, surtout dans la liturgie, de prendre le pain de vie sur la table aussi bien de la Parole de Dieu que du Corps du Christ, pour l'offrir aux fidèles. » Notons d'ailleurs qu'ici, il n'y a qu'une seule table à deux « volets », alors que dans d'autres textes de Vatican II, par exemple au n° 18 de *Presbyterorum Ordinis*, il est question de deux tables, celle de la Bible et celle de l'eucharistie. Qu'importe. On parle souvent des deux tables. Personnellement, je trouve très bien d'employer ce vocabulaire-là. Il indique que chacune des deux offre une nourriture spirituelle et il permet de faire comprendre que l'on va, comme dans la liturgie, de celle de la Parole vers celle de l'eucharistie, laquelle du même coup prend un relief plus important.

Il est donc normal que dans le chœur de nos églises, ce soit l'autel qui attire le regard. Encore faudrait-il que sa masse n'écrase pas celle de l'ambon (la table de la Parole). Il faudrait que les architectes d'intérieur fassent composer les deux dans un équilibre un peu subtil, équilibre dans lequel l'autel occupe le centre, mais un centre excentré en quelque sorte par rapport à l'ambon.

« Mange la Parole »

Comment Vatican II est-il revenu à cette ancienne tradition ?

Dans notre enfance, on n'avait d'yeux, si j'ose dire, que pour le Saint-Sacrement. On avait perdu de vue la sensibilité ancienne au livre de la Parole. Vatican II a remis celui-ci en honneur, comme on le voit très clairement dans la liturgie de la messe. On y apporte le lectionnaire en procession au début de la messe, on l'élève bien haut, au moment de l'Évangile. Et ce lectionnaire est beau : au Moyen Âge, on l'enluminait. Aujourd'hui il n'est pas enluminé, mais la couverture et la typographie manifestent que ce n'est pas un livre ordinaire. D'ailleurs il est illuminé par les cierges, il est chanté (j'allais dire : « alleluiaté »), il est même encensé. Oui, encensé, vous vous rendez compte ? Dans la mentalité d'aujourd'hui, on dirait qu'on encense le Saint-Sacrement, mais pas le lectionnaire. Vous n'y pensez pas. Or si, cela s'est toujours fait, enfin toujours depuis que l'encensement existe. On baise même le lectionnaire ! Ce baiser du prêtre (ou, bien sûr de l'évêque ou du diacre) qui vient de lire l'Évangile a pour moi une haute signification : c'est comme une communion à la Parole de Dieu, où l'on « mange la Parole », comme aurait dit le prophète Ézéchiel. Et puis il y a le « Acclamons la Parole de Dieu » avec le livre qui est élevé, un peu comme on élève le Corps du Christ, et la réponse de l'assemblée non pas « Louange à toi, sublime livre » mais « Louange à toi Seigneur Jésus ». C'est Lui qui est la Parole, cette Parole dont le Livre est le sacrement. Parce qu'il EST sacrement de la Parole, on l'enlumine, on l'illumine, on l'« alleluiate », on l'encense, on l'élève, on le baise. Mais parce qu'il n'est QUE sacrement, ce n'est pas lui que l'on acclame, c'est Celui auquel il renvoie et qui est la clef d'intelligence de toutes les Écritures, le Christ, cette clef qui donne sa cohérence à tout l'ensemble, puisqu'il est « la pierre rejetée par les bâtisseurs », mais dont Dieu a fait « la pierre d'angle » de son Temple nouveau.

Bref, non seulement je ne peux comprendre un sacrement que dans le sillage de la Parole de Dieu, comme le point d'aboutissement de celle-ci, mais je m'étonne qu'on ait pu en parler si longtemps au long des siècles sans en parler ainsi. Un sacrement n'est pas autre chose que la visibilisation de la Parole de Dieu en tant que parole d'amour sauveur qui vient nous rejoindre – je me répète – SUR notre corps, et même, en ce qui concerne l'eucharistie, DANS notre corps.

La Parole oubliée

Ce que je viens de dire est pour moi devenu une évidence, mais cela ne l'a pas toujours été. Dans mon enfance, on n'aurait sûrement pas exprimé, ni même pensé, les choses ainsi ; et encore aujourd'hui, vous avez des gens qui me reprocheraient de parler du sacrement de cette manière. J'ai même entendu des chrétiens me dire : « Vous ne seriez pas un peu protestant ? » En quoi serais-je protestant ? J'aime bien nos amis protestants, je me réjouis d'avoir de bons rapports avec eux. J'estime que nous avons à écouter, comme catholiques, ce sur quoi Luther, Calvin et les autres ont voulu mettre l'accent au XVIe siècle, et qui était effectivement beaucoup trop négligé à l'époque au profit d'un sacramentalisme excessif : l'importance de la Parole de Dieu. Mais je n'ai pas envie de devenir protestant. Autrefois, la liturgie de la Parole existait aussi, bien sûr, avant le sacrement, mais elle était en latin, et elle n'était pas nommée comme telle.

On était bien loin encore de ce que, dans le sillage direct de Vatican II, on peut lire dans la « Présentation générale du Missel romain » de Paul VI, au n° 8, que je vous lis intégralement :

> La messe comporte comme deux parties : la liturgie de la Parole et la liturgie eucharistique ; mais elles sont si étroitement liées qu'elles forment un seul acte de culte. En effet, la messe dresse la table aussi bien de la Parole de Dieu que du Corps du Seigneur, où les fidèles sont instruits et restaurés. Certains rites ouvrent la célébration et la concluent.

Quelle distance par rapport à ce qu'on disait à ce sujet quand j'étais enfant et dans les siècles qui nous ont précédés : on considérait le moment des lectures comme une simple « avant-messe », si bien qu'il suffisait d'arriver juste avant l'offertoire pour que l'« assistance à la messe » (on y « assistait » simplement) soit considérée comme valable. Ce que nous appelons « la liturgie de la Parole » existait, mais on ne mettait pas l'accent là-dessus. C'est un comble que l'on ait considéré cela durant des siècles comme une simple « avant-messe » ! Comment ne pas voir là une dérive théologique ? Cela n'a évidemment pas empêché les chrétiens de l'époque de pouvoir être de « bons chrétiens », je ne suis pas là pour condamner, cela va de soi. Mais, quand même, aujourd'hui on ne comprendrait pas. Comment venir à la messe pour communier vite fait sans avoir d'abord entendu la Parole de Dieu ? Sauf cas particulier bien sûr.

Le fait de séparer, dans la messe, la Parole du geste de l'eucharistie, n'accentuait-il pas le côté mystérieux et un peu « magique » de ce geste ?

Je dirais « de type magique », plutôt que « magique », parce que la magie au sens propre, c'est celle du « sorcier » qui, à l'ombre en quelque sorte, en se cachant plus ou moins, cherche à faire sortir des énergies qu'il croit présentes dans un objet, dans un lieu, dans une personne afin de les manipuler. Il a beau invoquer Dieu, les anges ou les saints, en fait il ne s'adresse pas à eux en vérité, il s'adresse à l'objet. Je dis cela parce qu'il est trop facile de qualifier de « magique » les comportements religieux de certaines personnes, celles notamment qui sont habitées par leurs traditions culturelles d'origine, et qui aiment bien mettre des cierges devant une statue de saints ou toucher des reliques. Ce genre de comportement n'est bien sûr pas celui que je privilégie, mais il est respectable. Il demande cependant de la vigilance sur le plan pastoral, car il est susceptible de dérives de type magique justement où l'on cherche à manipuler Dieu, à se servir de lui au lieu de le servir. Mais la tendance à se servir de Dieu est, nous le savons tous d'expérience, tellement naturelle. N'est-ce pas d'ailleurs la signification du péché d'« Adam », donc de nous tous, si j'en crois le chapitre 3 de la Genèse ? Mais votre question dit quelque chose de tout à fait juste : il est tellement facile de se laisser envoûter par le « mystère » et de perdre l'esprit critique. Il nous faut alors « protester », comme l'ont fait précisément les protestants.

Justement, comment les protestants ont-ils abordé cet aspect-là ?

Les Réformateurs croyaient aux sacrements. Surtout Luther, qui est resté plus proche du catholicisme que Calvin. Mais Luther a protesté, avec véhémence parfois, contre la mise sous le boisseau de la Parole de Dieu. Il a voulu restaurer la priorité de la Parole. Puis il a été pris par un mouvement populaire qu'il n'a pas pu toujours maîtriser. Il a donc été débordé, pour une part, par les courants d'« enthousiastes ». Mais ce qu'il a voulu faire, c'est bien remettre en valeur la Parole de Dieu. Vue d'aujourd'hui, on comprend sans difficulté sa protestation. Mais le fait de vouloir remettre en valeur cette Parole ne fait pas de vous un protestant, cela fait de vous un « catholique de Vatican II », tout simplement ; mieux : un catholique « traditionnel », ce qui n'a rien à voir avec le « traditionalisme », puisque la messe de saint Pie V en 1570, invoquée par les traditionalistes, est beaucoup moins « traditionnelle » que celle de Vatican II.

La parole efficace

Vous soulignez un lien très fort des sacrements avec la Parole de Dieu. Mais le sacrement n'a-t-il pas quelque chose de « plus » que la Parole ?

Oui, vous avez raison et je l'ai dit indirectement à propos du rapport entre l'ambon et l'autel. Votre question rejoint ce qu'on appelle généralement l'efficacité des sacrements. La pointe de la définition des sacrements héritée du Moyen Âge porte justement là-dessus. C'est même tellement important que l'Église a fait sienne cette doctrine théologique dans le dogme le plus officiel, à travers le concile de Florence en 1439 et plus encore celui de Trente en 1547. C'est au milieu du XIIe siècle qu'apparaît la définition des sacrements comme « signes [terme qui reprend saint Augustin] qui effectuent ce qu'ils figurent » (en latin : *efficiunt quod figurant*). On dira donc couramment d'eux que ce sont des « signes efficaces ». Personnellement, je préfère un vocabulaire moins « mécanique », si j'ose dire.

Je préfère dire : « Des signes porteurs » : ils ne font pas que signifier, ils portent en eux ce qu'ils signifient. Regardons de nouveau la *lex orandi*, en revenant à la célébration de l'Église. Hier, je n'ai pas dit en baptisant le petit Julien : « Je te baptise en raison de la foi de tes parents », j'ai dit, j'ai même chanté, parce que je trouve que chanter la parole sacramentelle, cela lui donne du relief : « Je te baptise au nom du Père, du Fils et du Saint Esprit », exprimant ainsi (c'est le sens du « au nom de ») qu'à travers moi en tant que ministre, c'est Dieu lui-même qui baptise. Et dans la prière eucharistique, je ne dis pas : « Envoie ton Esprit-Saint pour que notre foi soit affermie afin que nous reconnaissions dans le pain et le vin le corps et le sang. » Non, je dis, comme le demande l'Église : « Envoie ton Esprit-Saint pour FAIRE… » Voilà donc la foi de l'Église : les sacrements effectuent ce qu'ils figurent ou signifient.

On a quand même l'impression que c'est un peu mécanique. Comment comprendre cette efficacité ?

Tout le problème est de bien penser cette efficacité ou, mieux, à mon avis, cette « efficience » des sacrements. Là encore, le chemin royal me paraît être celui du langage ; plus précisément ici, je m'inscris dans le sillage de l'efficacité de la parole. J'essaie de la comprendre d'abord sur un plan anthropologique et philosophique. Je me permets de rappeler à ce sujet les trois instances du langage dont j'ai déjà parlé précédemment : la langue, le discours et la parole. J'ai bien conscience qu'il s'agit d'une redite de ma part, j'espère qu'elle ne sera pas inutile…

Parler « à l'insu de son plein gré »

La langue, c'est le système, en l'occurrence la langue française, à savoir le vocabulaire, le dictionnaire et la grammaire. La langue est indispensable bien sûr : sans elle on ne fait rien. Mais elle n'a pas d'intérêt ici pour ma problématique. Ce qui m'importe, c'est le discours et la parole. Le discours, c'est la mise en œuvre de ce système linguistique : ici et maintenant, je vous parle et vous, vous réagissez : vous pensez, vous écrivez, vous opinez, vous questionnez etc. Un discours, plus ou moins bien construit, s'élabore donc dans votre tête de manière consciente et peut-être même, plus encore, inconsciente, comme « à l'insu de votre plein gré ». Il en est d'ailleurs constamment ainsi pour tout être humain : nous sommes toujours finalement en train de discourir d'une manière ou d'une autre. Dans cette catégorie du discours, on peut distinguer le discours direct, celui qui s'adresse à autrui, et le récit, lequel est, lui, à la troisième personne, mais qu'importe ici. Quant à la parole, c'est pour moi le plus important, mais c'est aussi ce qui est le plus difficile à mettre en relief. Et cela, parce que la parole est comme sous-jacente au discours. La parole en effet est ce qui, à travers le discours, se communique de la personne comme telle à l'autre personne comme telle, donc de sujet à sujet.

La parole n'est donc pas seulement le fond du discours ?

Non, c'est le rapport vivant entre les deux personnes qu'établit le « discours » : le rapport entre la maman et sa fille ou son fils, le rapport entre vous et moi aujourd'hui. Soyons clair : je vous parle, cela c'est du discours ; mais alors, où est ma parole ? Elle est dans le fait que j'essaie de vous faire entendre que je ne suis pas complètement idiot, que j'ai fait de la théologie, que j'ai du respect pour vous, que c'est intéressant ce qu'on fait, etc. Bref j'aimerais que vous m'aimiez, quoi ! Ma parole elle est donc dans le ton de voix avec lequel je vous parle, elle est dans mon regard qui essaie de vous « captiver », elle est dans la posture que je prends corporellement vis-à-vis de vous, elle est dans le col de chemise qui, je l'espère, dépasse agréablement de mon pull, elle est dans les mimiques, dans les exclamations, dans les soupirs, dans les sourires de satisfaction. Bref, elle est (et il en va de même également pour vous, forcément) dans la communication de la personne que je suis avec la personne qu'est chacun de vous. Elle est dans la quête de votre reconnaissance, dans tous les sens de ce mot. Rien de tout cela n'est *dans* le discours, mais tout cela est dans les modalités du discours, tout cela est sous-jacent au discours. C'est même cela qui le motive. Et, c'est ainsi tout le temps, pour tout être humain, en tant qu'humain. Car ce qui fait l'humanité de l'être humain, c'est la communication. JE n'existe que dans le regard de l'autre, dans la reconnaissance de l'autre.

Dans le discours que vous développez, vous livrez un message, dans la parole, vous êtes dans l'échange. Voulez-vous dire que ce sont deux réalités distinctes ?

Oui, l'échange se fait au travers de l'explication que je donne. Il n'y a donc pas de discours sans parole. Mais il peut y avoir une parole sans discours : on peut se parler en silence. C'est évidemment capital. Mon expérience psychanalytique a été importante pour comprendre cela, notamment à partir de Lacan : la restitution du sujet dans le champ de la parole. Je trouve que c'est très éclairant et ce n'est pas si facile à percevoir. C'est pourtant le moteur de toute histoire humaine. Vous vous rendez compte ? On ne serait pas là ensemble ce matin, si je n'étais pas animé d'un certain désir de me dire : ils ont l'air de me dire que ce que je raconte mériterait d'être publié. C'est bien le sujet Chauvet qui parle ici. Et c'est ainsi constamment dans la vie. C'est le moteur de la vie. Cela veut dire qu'il n'y a rien de plus efficace que la parole. À condition de bien se mettre d'accord sur le type d'efficacité dont il s'agit.

La parole qui sauve et la parole qui tue

L'efficacité, cela rappelle quand même beaucoup la mécanique ou la technique...

Oui, j'en suis d'accord : l'efficacité nous fait d'abord penser à la technique. Or, il ne s'agit pas ici d'une efficacité d'ordre technique, il s'agit d'une efficacité qu'on appelle aujourd'hui symbolique. En ce qui concerne l'efficacité technique, on a affaire à un sujet humain qui utilise un outil pour façonner le monde auquel il fait face. Qu'importe le sujet ou la personne : du moment que Jacques a les mêmes compétences que Pierre pour faire marcher la bétonneuse, la maison sera construite. Cela, c'est l'efficacité technique. L'efficacité symbolique, elle, est d'un autre ordre. On n'a pas affaire à des outils ou des instruments, on a affaire à du langage : du langage verbal ou du langage corporel. Et on n'a pas affaire à une personne, avec un instrument, face au monde, on a affaire à deux personnes qui, avec le langage, communiquent entre elles. Or, quand nous nous parlons, il se passe des choses entre nous, dans vos regards, dans vos approbations, dans vos objections. L'efficacité symbolique, c'est ce travail que fait en chacun la communication ; travail tel que, en certaines circonstances, « cela nous travaille » au point de nous empêcher de dormir ou, au contraire, au point d'ensoleiller notre vie pour un temps ou pour longtemps (un « je t'aime », cela peut vous changer toute la vie !).

Cette efficacité symbolique n'est pas moindre que l'efficacité technique, simplement, elle est symbolique. J'insiste sur ce point, parce que la tentation est quand même de minimiser l'efficacité en ce cas. Or, non seulement il ne faut pas la minimiser, mais on peut dire (je m'inspire ici de Heidegger) que l'essence même de l'efficacité se trouve dans cette efficacité symbolique qui peut briser de honte ou irradier de bonheur la vie de toute personne humaine.

Pouvez-vous illustrer cela ?

J'aime bien prendre l'idée que vos enfants, quand ils étaient tout petits, si vous ne les aviez pas éveillés par des sourires, des caresses, des bisous, des adresses, ne seraient pas ce qu'ils sont. Bref, pour devenir un adulte sensé, capable d'assumer sa vie, il faut avoir été en communication déjà dès la petite enfance, avoir été l'objet d'une reconnaissance. Rien de plus efficace que la parole donc, puisqu'on peut dire que c'est de la parole que naît toute personne et c'est par la parole qu'elle s'entretient. On pense aux personnes âgées notamment : quand elles n'ont plus personne, quand elles ont le sentiment qu'elles n'existent plus pour personne, quand il n'y a plus de communication, quand il n'y a même pas une infirmière le matin qui vient leur demander comment s'est passée la nuit, leur faire une caresse et éventuellement remettre en place une mèche de cheveux, ces choses élémentaires qui donnent le sentiment à la personne qu'elle existe pour quelqu'un, elles sont mortes. Mortes d'abord d'une mort symbolique (« je » n'existe plus, puisque je ne suis plus rien pour qui que ce soit), laquelle accélère évidemment la mort physique. Pour moi, c'est fort et clair : le pain de la parole, voilà le pain « véritable », celui qui nous entretient dans la vie en tant que personne humaine. Rien donc de plus efficace que la parole, puisqu'elle fait vivre ou mourir. Cela nous fait comprendre qu'il y a des paroles qui tuent et des paroles qui sauvent. Le « tu ne vaux rien » dit à un proche, c'est si horrible qu'on n'ose même pas se le dire. Cela crée des blessures symboliques qui ne cicatriseront peut-être jamais, et qui peut-être vous tueront.

Pour le simple quidam, un « tu ne vaux rien » ou un regard méchant, ou un haussement d'épaules, ou un sourire narquois, voilà une parole qui peut tuer. « Mais qu'est-ce que je lui ai donc fait ? » C'est terrible la vie comme cela ! On passe son temps ensuite à ronger son frein, à chercher pourquoi, à retrouver le sourire qu'on ne nous a pas donné. De notre côté, c'est pareil, si on a le sentiment qu'il y a un mot qui nous a échappé qui était un peu dur, on se dit : « Comment vais-je faire pour rétablir le lien ? » On essaye de faire cela de manière indirecte, et on est libéré quand on a le sentiment d'avoir réussi. Mais il y a aussi les paroles qui sauvent : « Tu comptes beaucoup pour moi », « moi je te fais confiance », « tu y arriveras, je te connais », « je te pardonne », et puis la plus belle parole : « Tu sais bien que je t'aime ! » Il suffit de trois fois rien de parole pour changer une vie : il n'y a vraiment rien de plus efficace que cela.

Déparasiter la communication

Le discours se maîtrise, mais la parole s'exprime du plus profond de nous, à travers notre intonation, notre expression, notre gestuelle, et parfois nous échappe. Est-ce que cela ne risque pas de fausser la communication ?

C'est tout à fait vrai. Vous me rappelez le « Ah c'est bien, ça ! » dans la pièce de Nathalie Sarraute : *Pour oui, pour un non*. Je l'avais vue avec Jean-Louis Trintignant, et je l'ai revue avec Jean-François Balmer : une heure de pur délice. Il s'agit de deux amis, de vieux amis, qui sont subitement très fâchés parce que, un jour, l'un a dit à l'autre : « Ah c'est bien, ça ! », mais le lui a dit « sur un certain ton ». Toute la pièce joue sur cet énigmatique « certain ton » avec lequel a été prononcée la phrase, infiniment banale en soi : « Ah c'est bien, ça ! » Voilà qui rejoint mon propos précédent sur la parole qui sous-tend le discours. Mais la vie, en tant que vie proprement humaine, se joue là-dessus.

Il y a souvent tellement d'écart entre ce que l'on comprend et ce que l'autre a voulu dire ! C'est cela qui est terrible ! Au fond, la communication, c'est pas de la « com' » !

Je suis d'accord. La « com' » est à sens unique, et elle est programmée. La communication, c'est tout le contraire, et cela peut faire très mal. Dans ce cas, on peut passer sa vie à ruminer ces choses-là. Cette rumination vous ronge de l'intérieur : c'est l'enfer, quoi ! C'est pour cela que, pour moi, cette affaire de communication est l'une des meilleures approches de ce que l'on entend par « paradis ». Le paradis, c'est la communication réussie : la communication avec Dieu qui élimine tout ce qui parasite la communication avec autrui : ces multiples nœuds et non-dits qui court-circuitent la relation et qui empêchent de se comprendre. Y a-t-il plus belle expérience humaine que celle où l'on réussit à dépasser ce parasitage qui empoisonne les relations avec quelqu'un et où, enfin, on réussit à s'entendre vraiment ? Quel bonheur, quels moments de grâce que ces moments-là ! Parfois le geste parle plus que le mot. Il y a même des cas où il vaut mieux se taire et faire un geste, par exemple dans les cas de deuil ou de grande souffrance. Les paroles verbales s'envolent. Le geste, en tant qu'il est parole qui se rend visible, vient compenser cette volatilité, mais lui aussi ne dure pourtant qu'un instant. Or quand on veut dire à quelqu'un quelque chose de vraiment important (« je t'aime », « je te fais confiance », « tu comptes pour moi »), on éprouve le besoin de le faire à travers quelque chose qui dure ; un cadeau, cela dure, enfin, cela dépend : les fleurs, c'est périssable…

« Et les bonbons, c'est tellement bon…

… bien que les fleurs soyent plus présentables », comme l'a si bien chanté Jacques Brel. Mais enfin, on peut sûrement dire du cadeau qu'il est une parole qui dure. Pourtant, même le cadeau n'est pas sans ambiguïté. Ne parle-t-on pas de « cadeau empoisonné » ? Cela rejoint d'ailleurs l'extrême ambiguïté du mot anglo-saxon *Gift* : en anglais, il signifie « cadeau », en allemand, « poison »… Finalement, dans la logique que je développe, la parole, au sens le plus fort du terme, se réalise non pas dans les mots, les gestes, les cadeaux, mais dans le corps lui-même : le corps qui, au jour le jour, se soucie d'autrui, du mari, de l'épouse, des enfants, des petits-enfants, des amis, et qui prend des nouvelles par téléphone, qui rend visite… Bref, la parole comme parole qui dit sans avoir besoin de prononcer de mots « tu sais bien que je t'aime », « tu sais bien que tu comptes pour moi », c'est ce corps qui se livre jour après jour, souvent sans compter sa peine, simplement parce que l'épouse, l'enfant, l'ami importent plus que tout et qu'on désire leur bonheur.

Quand je dis « le corps », vous avez bien sûr entendu « la personne » ; mais il s'agit alors de la personne en tant qu'elle se donne à voir concrètement comme un amour qui se donne au bénéfice d'autrui. J'ai employé l'expression de « corps qui se livre ». Comment ne pas faire le lien, entre ce « corps livré » et le mariage où les corps se livrant l'un à l'autre engendrent de la vie ? Mais aussi avec le « ceci est mon corps livré pour vous » du Christ dans l'eucharistie ? Évidemment, les deux ne sont pas au même niveau, mais ils sont bien dans la même logique : quelle « parole », quelle ultime parole dans les deux cas ! Et quel beau lien entre eux, puisque chacun est une manière de dire « je t'aime à en perdre la vie », « je t'aime jusqu'à la mort », et même « jusqu'au martyre » du « sang versé ». On comprend pourquoi, pour l'Église, le sacrement de mariage est une réalité si belle, qui engage la vie tout entière. Quant à l'eucharistie, ne percevez-vous pas qu'elle trouve une vérité et qu'elle prend une force indépassable dans cette perspective ? Pour moi en tout cas, ce n'est pas autre chose, et c'est vraiment immense.

Une parole d'amour sauveur

Pour revenir aux définitions, ne pensez-vous pas qu'en général, quand on lit la Bible, on la voit plus comme un discours que comme une parole ?

Mais oui, bien sûr, c'est d'abord un discours. C'est à nous de l'accueillir ensuite comme parole. La parole, j'emploie toujours cette expression parce qu'il me semble que c'est ainsi qu'on le dit le mieux, c'est une parole *d'amour sauveur*. Parce ce qui nous est dit ultimement dans la Bible, c'est que Dieu nous aime à en mourir. Lorsqu'on communie à la messe, qu'on nous dit « Le Corps du Christ » et qu'on répond « Amen », c'est bien ce « je t'aime à mourir » de la part de Dieu lui-même en Jésus que l'on reçoit, ce « je t'aime » qui se donne dans le corps livré. N'est-ce pas beau ? J'ajoute au passage que dans la culture juive, ce « corps » n'a pas la même signification que dans la culture grecque. Chez Platon, le corps est une enveloppe qui retient l'âme comme une prison ou un tombeau, si bien que l'âme ne s'épanouit pleinement que lorsqu'elle quitte le corps au moment de la mort. Les journalistes aujourd'hui, quand ils parlent de la « dépouille mortelle », s'inscrivent directement dans cette perspective platonicienne, ce qui est quand même un comble. En hébreu ou en araméen, en revanche, le « corps » ou la « chair » désigne la personne tout entière en tant que sujette à la souffrance et à la mort. « Toute chair verra le salut de Dieu » : chacun comprend qu'il s'agit de « tout homme ». De même « mon corps livré » aurait parfaitement pu être traduit par « ma vie donnée » ; le « sang », dès lors, désigne la vie en tant que donnée « en martyre », jusqu'au sang précisément.

Les sacrements ? cela va de soi, voyons !

Tout cela manifeste que, pour moi, les sacrements, ce n'est pas un problème. Le problème, le mystère, se situe bien en amont des sacrements. Il se trouve dans la question beaucoup plus radicale : « Est-il vrai que Dieu a parlé ? Est-il vrai que Dieu s'est livré en Jésus ? Est-il vrai que ce que Jésus a dit de Dieu, ce qu'il a révélé de Dieu, c'est vraiment l'ultime révélation de Dieu ? » Oui, là est le vrai problème, là est le plus étonnant des mystères. Bien sûr, je ne nie pas que les sacrements posent aussi de nombreuses questions : comment les comprendre du point de vue théologique, ce que je suis justement en train de faire avec vous ? Comment les gérer pastoralement, que ce soit dans leur célébration liturgique ou dans les personnes auxquelles il convient ou non de les proposer ? Mais ce n'est pas le fait lui-même qu'il y ait des sacrements qui m'interroge fondamentalement. À partir du moment où je crois avoir compris ce qu'est la Parole de Dieu, et notamment le fait qu'elle demande, en tant que Parole, à se déployer de manière sensible pour atteindre son objectif de communication avec chacun, j'ai plutôt envie de dire : « Les sacrements ? Mais bien sûr voyons ! Pour aller jusqu'au bout de ce qu'est la Parole, s'il n'y en avait pas, on en aurait inventé », notamment, comme l'a si bien souligné le grand Karl Rahner, pour accompagner les personnes quand elles se trouvent dans une situation décisive de leur vie (mariage, maladie grave, etc.)

Finalement, les sacrements ne servent-ils pas à ce que nous vivions dans notre corps le message de Jésus ?

Voilà ! « Dans notre corps », dites-vous, donc dans notre vie. Parce qu'encore une fois, la Parole de Dieu, dans sa nature même de Parole, vise à nous rejoindre. Elle m'est adressée, au sein de l'Église bien sûr, mais elle m'est adressée personnellement, au point qu'elle vient me toucher, quand il s'agit du baptême ou de la confirmation, et qu'elle vient non seulement me toucher, mais « me rentrer dedans », si j'ose dire, en ce qui concerne la communion eucharistique.

La grâce, par-dessus tout marché

Pourtant, ce qu'on appelle la grâce, la grâce d'un sacrement, est-ce que ce n'est pas de nature totalement spirituelle ?

C'est même hautement spirituel en effet. Mais le spirituel ne s'oppose pas au matériel ou au corporel. Car on peut comprendre de manière spirituelle ce qui passe pourtant à travers le corps, qui est déterminé de manière assez stricte par l'Église en tant qu'institution et qui s'appelle la « grâce ». Un baptême au champagne, par exemple, serait invalide, c'est-à-dire nul ; de même un baptême au nom de Marie. C'est d'ailleurs pour cela que j'apprécie qu'il y ait des sacrements : le plus spirituel se donne à nous dans le plus corporel, le plus institutionnel. Pour le dire autrement, quand le spirituel veut s'affirmer au détriment du corps ou de l'institution, il s'évapore dans les nuages, comme, hélas, on le voit parfois. « Qui veut faire l'ange fait la bête », disait le grand Pascal. Pour se communiquer, la grâce de Dieu nous demande de garder les pieds bien sur terre. Au fond, les sacrements nous disent qu'on devient chrétien par les pieds, si j'ose dire. Je trouve ce réalisme réjouissant.

Mais qu'est-ce que la « grâce » ?

Ce mot de grâce est peut-être le plus beau mot de la théologie chrétienne. Il renvoie à deux adjectifs qui sont courants, mais qu'il faut bien distinguer parce que chacun dit quelque chose d'important : l'adjectif gratuit et l'adjectif gracieux. Est gratuit ce qui n'est nécessité par rien. Si c'est nécessité par quelque chose, cela ne peut plus être gratuit. Cette gratuité dit l'initiative première de Dieu. C'est lui qui fait le premier pas, parce qu'il le veut bien. Il ne nous est redevable de rien, il n'est en rien notre débiteur. Il n'a pas besoin de notre « justice » ; ni même de nos chants, comme le dit si bien l'Église dans la liturgie : « Tu n'as pas besoin de notre louange, nos chants n'ajoutent rien à ce que tu es, mais ils nous rapprochent de toi par le Christ, notre Seigneur. » Or la tentation existe de faire de Dieu notre débiteur, notamment à travers l'idée de « mérite » quand ce terme est mal compris : « Regarde tous les efforts que j'ai faits ! Je mérite bien quelque chose en retour de ta part. » Et me voilà embarqué dans une compréhension « charnelle » de la grâce et du « mérite » : on oublie alors que si le mérite dit que Dieu tient compte de notre responsabilité humaine (sans quoi, comme je l'ai déjà dit, comment pourrions-nous dire que Dieu nous aime en vérité ?), le terme dit aussi qu'il est le fruit de la grâce de Dieu, lequel veut bien, justement parce qu'il nous aime vraiment, tenir compte de notre liberté responsable. C'est très important de maintenir cela.

L'adjectif « gracieux », lui, dit autre chose. Cette autre chose nous est indiquée lorsqu'on dit d'une rose ou d'une danseuse qu'elle est gracieuse. Est gracieux ce qui ne peut pas être réduit à de la valeur, parce que cela relève de la beauté ou de la bonté. Le gracieux est toujours par-dessus le marché, et même par-dessus tout marché. Il ne se calcule pas, il ne se met pas en formules mathématiques. Il est d'un autre ordre que la valeur.

Labourer avec le soc de la Parole

Vous affirmez donc qu'il n'y a pas de contrepartie, monétaire ou autre, à la grâce ?

Non, puisque c'est hors valeur. On peut comparer la grâce des sacrements à cette fable bien connue de La Fontaine, « Le Laboureur et ses Enfants » :

> Travaillez, prenez de la peine :
> C'est le fonds qui manque le moins.

« Le riche laboureur, sentant sa mort prochaine » fait venir ses enfants et leur tient ce discours :

> Gardez-vous, leur dit-il, de vendre l'héritage
> Que nous ont laissé nos parents :
> Un trésor est caché dedans.
> Je ne sais pas l'endroit ; mais un peu de courage
> Vous le fera trouver, vous en viendrez à bout. [...]
> Creusez, fouillez, bêchez ; ne laissez nulle place

Où la main ne passe et repasse [tout le monde connaît cela, c'est joli d'ailleurs !]
Le père mort, les fils vous retournent le champ [j'aime bien ce « vous retournent le champ »]
Deçà, delà, partout ; si bien qu'au bout de l'an
Il en rapporta davantage.
D'argent, point de caché. Mais le père fut sage
De leur montrer avant sa mort
Que le travail est un trésor.

J'aime beaucoup cette fable pour parler du sacrement, parce que dans les deux cas on est dans le symbolique. Je rappelle que quand je dis symbolique, je ne dis pas non réel : il n'y a rien qui touche plus au réel que le symbolique, en tant qu'il s'agit d'un réel proprement humain ; cela touche même tellement à l'humain, d'ailleurs, que le symbolique peut dériver vers le sentiment du « touchant ». La grâce n'est pas un objet-valeur, une sorte de cassette qui serait cachée dans le champ du sacrement et sur lequel on pourrait enfin mettre la main. D'ailleurs, le champ, c'est nous, si j'en crois saint Paul : « Vous êtes le champ de Dieu », écrit-il aux Corinthiens. Ce champ, Dieu désire qu'il devienne fructueux. Comment le devient-il ? Pour continuer la métaphore agricole de La Fontaine, il le devient si on le laboure, si on le retourne, donc si on le convertit (convertir = retourner) avec le soc de la charrue, à savoir le soc de la Parole de Dieu.

Pour moi, fils de paysan, cette image est parlante, puisque j'ai vu souvent mon père tenir les manches de la charrue ; il m'est même arrivé de le faire, mais j'étais encore bien jeune, et le tracteur est arrivé lorsque j'avais 9 ans. Ah, quel événement ! Je m'en souviens encore comme si c'était hier. Mais évidemment, le tracteur arrivé, les paysans ont eu vite fait de dire adieu, et sans regret, à l'attelage de quatre bœufs.

Revenons aux sacrements, si vous le voulez bien

J'y reviens, comme toujours, à partir de la manière dont l'Église les fait dans la liturgie (la *lex orandi*). Tout sacrement commence par une lecture de l'Écriture comme Parole de Dieu, lecture qui débouche sur le geste sacramentel, geste lui-même précédé d'une demande de l'Esprit (la fameuse « épiclèse » à l'Esprit-Saint qui a été si fortement remise en valeur par la réforme liturgique de Vatican II). Cela veut dire qu'un sacrement, c'est la Parole de Dieu

1. en tant qu'elle nous advient sous mode rituel, donc sous mode visible, tangible, corporel, et non plus simplement sous mode verbal ;
2. et en tant que, comme un soc de charrue, elle vient travailler, labourer, convertir le « champ de Dieu » que nous sommes ;
3. encore faut-il, bien sûr, une force de traction pour que le soc de la Parole puisse effectuer son travail : cette force qui tire la Parole jusqu'à nous, qui l'actualise et la rend vivante est celle de l'Esprit-Saint.

Pour moi, voilà donc ce qu'est un sacrement : Parole de Dieu sous forme visible, corporelle, rituelle, institutionnelle, qui, par la puissance de l'Esprit, vient nous toucher, sur le corps et même dans le corps comme Parole de salut, et ainsi convertir notre vie. Comment dire cette conversion, ce retournement ? Je dirais volontiers en pensant au premier sacrement qu'est le baptême, mais c'est vrai pour chacun d'eux d'une manière différente et à un degré plus ou moins fort : par lui, nous devenons un peu plus fils pour Dieu en Jésus, le Fils, et du même coup un peu plus frères pour autrui. Évidemment, c'est dans la communion eucharistique que cette intime conjonction avec Dieu, à travers le corps eucharistique du Christ, et avec les frères et sœurs, à travers le corps ecclésial, se réalise au plus haut niveau

Au fond, le trésor des sacrements, c'est le travail que fait en nous la Parole de Dieu en tant que tirée de manière vivante jusqu'à nous par l'Esprit-Saint. Car devenir « fils pour Dieu » et « frère pour autrui », cela demande que le sacrement nous travaille. Bien sûr, tout cela se fait progressivement, nous le savons bien. Devenir autre, c'est devenir « un peu plus » : un peu plus gracieux envers Dieu, un peu plus gracieux envers autrui, un peu plus miséricordieux envers les autres, etc. Un peu plus fils ou filles et un peu plus frères ou sœurs pour les autres. Mais c'est déjà beaucoup, et c'est essentiel. Compris dans cette perspective, le baptême est évidemment plein de sens.

La grâce par petits bouts ?

On est bien loin de l'idée, si répandue autrefois, qu'en allant à la messe, on recueillait une grâce, la grâce de l'eucharistie, de façon un peu isolée par rapport au reste, un peu comme un objet. De même en allant se confesser on recueillait une autre grâce. On avait ainsi des bouts de grâce qui faisaient la vie chrétienne. On oubliait dès lors la plénitude du salut

Tout cela est lié, à mon avis, aux représentations que l'on se fait de la grâce. Elles sont inévitables et elles sont même nécessaires, parce qu'il faut bien poser ce qu'on appelle la grâce comme un « objet », donc comme quelque chose qui « gît devant » nous (c'est le sens du mot « ob-jet » : ce qui gît devant ; les Allemands lui donnent d'ailleurs ce sens : *Gegenstand*, ce qui se tient devant). On présuppose toujours dès lors une phrase comme « Dieu donne sa grâce » où le mot « grâce » est justement posé comme un objet : un complément d'objet direct. Il le faut bien, sinon on ne pourrait plus s'entendre puisqu'on confondrait sujet et objet, mais du même coup, on risque de se représenter l'objet comme un objet-valeur. Or, la grâce est tout, sauf de la valeur justement.

Le baptême des petits enfants, figure de la gratuité de Dieu

Mais quand il s'agit du baptême d'un bébé, n'est-ce pas une sorte d'objet qu'on lui donne ?

Pour le bébé, il faut penser de manière analogique par rapport au cas exemplaire qu'est celui de l'adulte. Si on ne pense pas analogiquement, c'est raté, et ce n'est pas la peine d'insister. Un bébé il ne comprend rien, ou plutôt si, mais il ne s'agit pas d'une compréhension intellectuelle. Comme je le disais l'autre jour aux personnes présentes dans l'église juste après avoir fait l'imposition des mains sur la tête d'un tout-petit (en lui touchant la tête évidemment, pas à trois mètres et en lisant le rituel) : « Il n'a rien compris, mais nous avons beaucoup communiqué. »

Mais qu'est-ce que je veux dire en parlant de compréhension analogique du baptême des tout-petits par rapport à celui des adultes ? C'est aussi simple qu'important. Vous le savez d'expérience, en tant que parents ou grands-parents, un bébé est dépendant de ses parents pour pouvoir devenir un sujet humain à proprement parler : regards, adresses, caresses, langage, etc. Certes, sujet il l'est déjà ; c'est pourquoi, on doit le respecter comme tel. En même temps, tout montre qu'il a à le devenir. On pourrait même dire que c'est en le devenant jour après jour qu'il l'est. D'un adulte aussi, on peut dire qu'il a à devenir sujet (vous connaissez la formule célèbre de Freud : « Où ÇA était, il faut que JE advienne »). Mais il y a un seuil qui différencie le tout-petit de l'adulte : celui de la conscience, notamment de la conscience morale. En tout cas, si, dès la plus petite enfance, le type de relations que je viens d'évoquer est raté, il y a de forts risques que l'enfant ratera, hélas, sa vie d'adulte. De même, le bébé est entièrement dépendant au départ de la foi de ses parents.

Mais quand les parents – et c'est fréquent –, semblent avoir si peu de foi, me direz-vous ? Confronté à ce genre de situation pastorale, saint Augustin, vers 400, se plaignait déjà : des parents, disait-il, font baptiser leurs enfants en espérant qu'ainsi ils retrouveront la santé (les pratiques superstitieuses ne datent pas d'aujourd'hui...). Mais, ajoutait-il, celle qui porte son bébé au baptême est moins la mère biologique que la *Mater Ecclesia*, la Mère Église : la foi qui anime, fortement ou faiblement, les parents n'existe qu'en participation à celle de toute l'Église. Ouf ! a-t-on envie de dire. Mais c'est un raisonnement théologique très juste (on voit ici le génie d'Augustin), et toujours valable. Là encore, comme toujours, la liturgie nous le montre : on ne baptise pas les bébés dans la foi de leurs parents, foi que l'on espère bien sûr aussi vraie que possible et que l'on cultive aujourd'hui en ce sens dans les réunions de préparation au baptême ; on les baptise toujours dans la foi de l'Église, foi en Dieu comme Père, Fils et Saint Esprit. Dire avec saint Augustin, que l'enfant devient croyant par son baptême ne peut évidemment s'entendre qu'en participation avec la foi de l'Église (et, autant que possible, celle de ses parents, de ses parrain et marraine). On a donc affaire à quelque chose d'analogique, c'est-à-dire de partiellement semblable et de partiellement différent : d'un côté, comme pour les adultes, le bébé devient croyant ; mais d'un autre côté, c'est très différent puisqu'il est incapable du moindre acte de foi conscient et personnel. Sa participation à la foi de la Mère Église, et autant que possible à la foi de ses parents, va lui permettre d'advenir comme « chrétien », de même que la relation à sa mère et à son entourage familial lui permet d'advenir comme un « sujet » au sens plein du terme. Dans les deux cas, c'est la relation symbolique qui est efficace.

Je ne me sens donc pas gêné de classer un bébé baptisé parmi les chrétiens ou les croyants. Mais c'est relié au caractère analogique de sa situation par rapport à l'adulte et à la représentation que je me fais de la grâce de Dieu : pas un objet-valeur que le petit enfant « posséderait » tout comme l'adulte (on l'a ou on ne l'a pas, comme on imagine le trésor de la fable), mais une relation qui atteint son objectif à mesure qu'elle vous change.

Beaucoup de personnes trouvent, par exemple, dans le sacrement de mariage une force très concrète. La grâce n'a-t-elle pas là une dimension d'« objet » ?

Sur la dimension d'« objet » de la grâce, je rappelle ce que j'ai déjà dit : elle est inévitable et même nécessaire pour ne pas confondre le sujet et l'objet, sinon on mélange tout et on est perdu. C'est d'abord la grammaire qui veut cela : sujet (Dieu), verbe (donne), complément d'objet direct (sa grâce). On est ici dans l'ordre de la structure grammaticale, structure sans laquelle il est impossible de penser quoi que ce soit. Le problème est de ne pas être dupe de la représentation d'« objet » comme une « chose » qui nous fait face ou qu'on possède.

Vous disiez que, pour les petits enfants, il faut comprendre cela de manière analogique. Pouvez-vous préciser ?

Je distingue, comme en philosophie heideggerienne notamment, le niveau existential et le niveau existentiel. Pour faire simple, disons qu'est « existential » ce qui nous constitue comme êtres humains : par exemple, le langage. Est « existentiel » ce qui est éprouvé concrètement au niveau de l'expérience : par exemple, la joie de parler avec vous ce matin. Sur le plan existential, le petit bébé que je baptise appartient à la même humanité que ses parents, raison pour laquelle nous le traitons comme un sujet à respecter comme tel, même s'il est encore à maints égards, sur le plan existentiel, un sujet potentiel, un sujet en devenir, puisqu'il n'a pas encore de conscience réflexive et morale. Pour le baptême, c'est pareil. On pratique donc pour lui le même baptême que pour l'adulte, puisqu'il partage la même condition de « péché originel » que ses parents, même si évidemment il est dans une situation existentielle différente d'eux, puisque, faute de conscience morale, il n'a pu encore ratifier cet état originel de non-communion avec Dieu. Je rappelle que l'expression de « péché originel », expression due à saint Augustin, est très ambiguë parce qu'elle désigne un état et non un acte ; cela signifie que c'est seulement dans le péché personnel (existentiel) que la notion (existentiale) de péché originel se réalise pleinement. Là encore, il faut faire jouer l'analogie du partiellement semblable/partiellement différent en ce qui concerne l'enfant par rapport à l'adulte.

Mais une fois que l'on a bien saisi le caractère analogique du baptême des tout-petits par rapport à celui des adultes, on ne peut que se réjouir du fait que l'Église baptise aussi des bébés. Il y a là quelque chose de positif. Compte tenu de notre société hyper-sécularisée et de la montagne d'indifférence qui la domine, je ne milite pas pour que ces baptêmes demeurent majoritaires, mais je ne me plains pas non plus de ce qu'il y en a encore beaucoup aujourd'hui, même si leur nombre continue de diminuer[1]. Je dis simplement que si l'Église ne baptisait pas aussi des petits enfants, il lui manquerait quelque chose. Le baptême des tout-petits exprime avec une force inégalée la gratuité de la grâce de Dieu. Dieu a l'initiative de l'alliance, c'est lui qui nous aimés le premier. Il n'attend pas que nous soyons à la hauteur pour communiquer avec nous. Il ne demande ni

1. Baptêmes d'enfants de 0 à 7 ans : on est passé en France de 458 000 en 1990 à 240 000 en 2015.

l'intelligence, ni la force, ni je ne sais quoi pour venir au-devant de chacun. Et cela, la tradition chrétienne l'a souligné avec force : le baptême des petits enfants est la plus haute figure de ce qu'est la grâce de Dieu en tant que gratuite. Cela n'empêche, en revanche, que le modèle du baptême auquel il faut toujours penser prioritairement quand on réfléchit théologiquement sur le sacrement, c'est celui des adultes, c'est clair. Ainsi en va-t-il chez saint Paul.

D'ailleurs, prendre pour modèle le baptême de petits êtres non conscients de ce qu'on fait pour eux, c'est renforcer un schéma de concurrence entre Dieu et l'homme, entre la grâce et la liberté, qui est fort dangereux : la grâce serait alors d'autant plus grâce que l'homme n'y pourrait rien… Cela sent le *Dieu pervers*, pour reprendre le titre d'un livre important de Maurice Bellet. C'est là que l'autre aspect de la grâce, son caractère gracieux, demande à être pris en compte : de même que je ne reçois en vérité un cadeau comme cadeau que moyennant une expression de reconnaissance (un « merci », un sourire, un « comme c'est gentil », sinon j'ai pris l'objet comme valeur, je ne l'ai pas reçu comme cadeau), de même, je ne reçois la grâce de Dieu comme grâce qui est par-delà toute valeur que moyennant le contre-don de ma reconnaissance envers lui ; reconnaissance qui se manifeste dans la prière de louange, mais surtout dans une vie qui se conforme à l'Évangile : « Tu es sa louange si tu vis bien », disait saint Augustin. Cette réponse n'a rien d'un marchandage où je chercherais à profiter de la grâce pour ma santé, pour mon foyer, pour mon avenir professionnel : elle est gracieuse, puisque je réponds à l'amour par l'amour. Car l'amour « oblige ».

En ce sens, j'explique aux parents qui font baptiser leur enfant que, comme prêtre, c'est comme si, en le baptisant, j'installais le logiciel du Christ dans le cœur de leur enfant. Mais si ces mêmes parents n'aident pas celui-ci à « configurer » sa vie ou à la « formater » selon les possibilités que lui offre ce logiciel, le baptême, quoique valide, ne sert rigoureusement à rien, il est même plutôt encombrant. Simplement, on ne le rebaptisera pas si, devenu adulte, il découvre la foi et cherche à accueillir la bonne nouvelle de l'amour sauveur de Dieu par une vie qui se conforme à l'Évangile. Le baptême des petits enfants est une dérivation du baptême des adultes, je dis bien dérivation : il est totalement légitime, mais c'est à partir des adultes qu'il faut le comprendre, en montrant en quoi il est semblable et en quoi il est différent.

Les sacrements au service de la communauté

Quand on baptisait la totalité d'une famille dans l'Antiquité, ne supposait-on pas une sorte de communion entre les personnes ?

Oui c'était la *domus*, au sens latin du terme que l'on baptisait alors. « Il le baptisa, lui et toute sa maison » ; on dirait aujourd'hui sa maisonnée ou sa famille. La femme, les enfants, les esclaves étaient baptisés dans la « personnalité corporative » du chef de famille (le *pater familias*, disait-on en latin). On voit cela dans l'Évangile : « Il y avait bien cinq mille hommes, sans compter les femmes et les enfants », lisons-nous en Matthieu 14 à la fin du récit de la multiplication des pains. C'est ce qui explique que Paul a pu baptiser « Stéphanas et sa maison » (1 Corinthiens 1). Dans cette culture très patriarcale, quand le chef de famille demandait le baptême, il y entraînait toute sa famille avec lui. Bien sûr la liberté de chacun existait aussi : « Frères, c'est à la liberté que vous avez été appelés », a écrit saint Paul (Galates 5). Mais la liberté à l'époque n'avait pas le même sens qu'aujourd'hui : le XVIIIe siècle n'était pas passé par là, et encore moins l'individualisme postmoderne.

Il y a pourtant eu dans l'Antiquité des femmes, telles Félicité et Perpétue, qui se sont opposées à leur famille, jusqu'au martyre parfois. Le christianisme aurait-il très tôt favorisé l'émancipation des femmes ?

Des saintes martyres, il y en a eu « à la pelle » dans l'Antiquité. Elles ont été honorées, vénérées même presque encore plus que les hommes : Agathe, Cécile, Agnès, Blandine, etc. Quelque chose avait été mis en route, notamment par saint Paul. Voyez ce qu'il écrit en Éphésiens 5. Mais là encore, il faut, tenir le plus grand compte de la culture : « Femmes, soyez soumises à vos maris », c'était la manière de parler à l'époque. Pour qu'une femme existe à proprement parler, il fallait qu'elle ait un mari. Et le verbe qui était employé, c'est le verbe « se soumettre ». Paul, tout comme Jésus, s'inscrit dans cet usage linguistique et culturel. Mais il a ensuite son petit couplet d'exigence envers les maris : « Votre épouse, elle est quand même comme votre propre corps. Or, on ne méprise pas son corps ; au contraire, on en prend le plus grand soin. Si vous entendez donc vous aimer vous-même, il vous faut aimer votre femme. » Ce fameux passage d'Éphésiens 5 a été une bombe théologique, même si ce n'a pas été une bombe sociale, parce que Paul ne pensait pas, pas plus que Jésus, à révolutionner la condition féminine. Ne faisons pas d'anachronisme. Toute utilisation de ce texte pour justifier culturellement et socialement le « machisme » est un contresens, faute d'un minimum d'herméneutique. L'égalité de la femme avec l'homme aurait été impensable à l'époque, pour qui que ce soit. Il en va de même de la condition des esclaves : Paul ne demande pas à Philémon de libérer Onésime son esclave qui s'est enfui ; il lui demande de le regarder autrement, maintenant qu'il l'a baptisé : comme « un frère bien-aimé ». Un tel changement de regard théologique ne pouvait pas ne pas avoir des conséquences sociales fortes, à plus au moins long terme.

Dans ce que vous dites, n'est-il pas sous-entendu que tous les sacrements sont au service de la construction d'une communauté, et pas seulement au service d'une progression individuelle ?

Je suis bien d'accord là-dessus, et c'est en effet très important. C'est pourquoi, j'aimerais revenir sur cette question en parlant de l'eucharistie.

9

L'EUCHARISTIE : RUMINER LA PAROLE

Dans le chapitre précédent, nous avons parlé des sacrements. L'eucharistie présente sans doute des particularités fortes par rapport à tout autre sacrement, notamment par le fait qu'elle est le centre de la réunion hebdomadaire des chrétiens. Par ailleurs, les croyants se posent beaucoup de questions sur la « présence réelle », sujet sur lequel peuvent être entendus des propos très divergents. Pouvez-vous entrer plus précisément dans le sujet de l'eucharistie ?

L'eucharistie est si particulière par rapport aux autres sacrements que justement, on l'appelait LE sacrement, LE saint sacrement, c'est-à-dire qu'on « ramassait » tous les sacrements en elle. Cette concentration sacramentaire sur l'eucharistie était en fait liée à ce qu'on a appelé, et qu'on appelle toujours, la « présence réelle » – mais j'y reviendrai plus loin. Car j'aimerais que nous partions d'abord de la manière dont se fait cette présence. Je l'ai déjà dit et montré à plusieurs reprises depuis le début de nos entretiens, on ne peut comprendre les sacrements qu'en regardant la manière dont l'Église les fait : toujours la fameuse *lex orandi, lex credendi.* La liturgie, je ne crains pas de le répéter, n'est pas le fruit d'une pensée théologique préalable, c'est au contraire la charge de la théologie que de clarifier conceptuellement ce qui est déjà impliqué et vécu dans la liturgie.

J'observe cependant que la tendance, même parfois au plus haut niveau, est assez souvent de redonner à la théologie la priorité. Ainsi, par exemple, la préface de la prière eucharistique pour l'ordination d'un prêtre : on y rappelle les diverses fonctions et devoirs du prêtre et on essaie de rendre grâce pour cela ; évidemment, cela fait un peu artificiel. On a ainsi affaire à une sorte de petit résumé de théologie, alors que dans la tradition, c'est l'inverse : on prie dans la liturgie en fonction d'une expérience très largement formulée à partir de la Bible. Il m'est arrivé à ce propos, ayant un jour réalisé à quel point les célébrations de l'Église sont tissées de manière explicite ou implicite d'images et de références bibliques, d'écrire que la liturgie « coule de Bible » comme on dit de l'eau qu'elle coule de source ou qu'elle « joue de la Bible » un peu comme un musicien joue de la flûte. En tout cas, c'est ce « jeu », souvent fait de métaphores, qui est premier dans la liturgie. Et c'est à partir de là que s'élabore ensuite la réflexion théologique.

Rendre grâce : tout un programme !

J'aimerais partir de la prière eucharistique pour répondre ensuite à votre question sur la présence réelle, puisque c'est au sein de cette prière que s'effectue la présence du Christ, et c'est cela qui appelle la communion évidemment.

On a du mal à suivre le déroulé de cette prière : tout en sachant que c'est un sommet dans la célébration, beaucoup le ressentent comme un moment de grand creux.

La prière eucharistique a un objectif qui est indiqué dès le début quand le prêtre dit : « Rendons grâce au Seigneur notre Dieu ». Le terme « eucharistie » signifie précisément « action de grâce, rendre grâce ». Ce « rendons grâce au Seigneur notre Dieu », en analyse littéraire, analyse narrative plus précisément, est appelé un « programme ». Cela signifie qu'il va falloir le réaliser, ce qui, toujours dans ce même type d'analyse, s'appelle une « performance ». Encore faut-il, comme pour toute réalisation de performance, en avoir la compétence. Je m'explique.

L'analyse narrative est un processus assez simple et, à mon avis, très éclairant. L'Église (le NOUS qui est le sujet de l'action) y assume un programme qui est de rendre grâce, et ce programme, pour pouvoir le réaliser (donc pour réaliser cette « performance »), nous en recevons de Dieu la « compétence ». Il est intéressant d'observer que si c'est bien nous, les chrétiens, qui avons à rendre grâce à Dieu, c'est Dieu qui nous en donne la possibilité. Un peu comme un plombier devient compétent grâce à son apprentissage, nous devenons compétents par la grâce de Dieu ; c'est lui qui nous rend aptes à lui rendre grâce.

Cette possibilité, cette compétence, il nous la donne en trois moments qui correspondent d'ailleurs aux trois catégories habituelles du temps (passé, présent, futur), et qu'on peut résumer en trois termes : le don du corps du Christ autrefois sous mode historique et glorieux ; le don de ce même corps, cette fois-ci au présent sous mode eucharistique ; et enfin, en fonction de l'avenir, le don du « devenir corps ecclésial », moyennant la communion au corps eucharistique.

En disant cela, je résume toute la prière eucharistique. Finalement, il s'agit de rendre grâce, mais cette action de grâce n'est chrétiennement pas possible d'emblée : il faut que Dieu lui-même s'en mêle en quelque sorte, ce qu'il fait par le triple don que je viens de mentionner. Le développement s'arrête lorsque le programme d'action de grâce a été réalisé. C'est cela l'analyse narrative : tout discours, qu'il soit écrit ou oral, part d'un manque et s'arrête lorsque le manque est comblé. Ce manque peut être un objet matériel, une information, un sentiment, etc. Par exemple, vous qui êtes ici, vos manques de connaissance au sujet de la prière eucharistique seront si bien comblés dans quelques minutes que je m'arrêterai... En ce qui concerne cette prière, il est clair que la doxologie finale « par lui, avec lui et en lui, à toi [...] toute gloire [...] » marque l'accomplissement du programme d'action de grâce annoncé au départ (« rendons grâce... »). La prière eucharistique s'arrête donc et on passe à autre chose.

Pouvez-vous développer ces trois mouvements, passé, présent, avenir ?

Ce genre d'analyse littéraire d'un texte liturgique était tout à fait nouveau pour moi et m'a beaucoup apporté. Je me souviens de Didier Rimaud, le grand poète et liturge jésuite, qui avait assisté à un colloque où j'avais exposé tout cela : en toute modestie, il avait été emballé. Ainsi, la prière eucharistique est une action de grâce à Dieu que le NOUS de l'Église (ce NOUS qui est le « sujet opérateur ») a pour mission de réaliser. Mais cela n'est possible que si Dieu lui-même nous en donne la compétence, ce qu'il fait sous les trois modes susdits, que je me permets de répéter. D'abord, et cela correspond le plus souvent à la préface de nos prières eucharistiques, préface qui est une action de grâce pour l'ensemble de l'histoire du salut, c'est-à-dire pour ce que Dieu a fait à travers la création, Abraham, Moïse, les prophètes, etc., jusqu'au don ultime de lui-même à travers le corps historique et glorieux du Christ, né de la Vierge Marie, mort sur la croix et ressuscité par Dieu. Mais tout cela est au passé. Voilà pourquoi, dans la deuxième partie de la prière eucharistique, l'Église, NOUS toujours, demande que ce don fait autrefois nous advienne au présent et, si j'ose dire, en présent, en présent de grâce. Cette deuxième partie correspond à la demande de consécration par l'Esprit-Saint (la prière appelée « épiclèse »), au récit de l'institution (le récit de la dernière Cène) et à l'anamnèse (la prière de la « mémoire »). On est alors au cœur de la prière eucharistique. Mais la prière ne s'arrête pas là. Car si le Christ se donne en sacrement, c'est en vue d'autre chose, qui fait justement l'objet de la troisième et dernière partie où l'on demande que « en ayant part au corps et au sang du Christ nous soyons rassemblées par l'Esprit-Saint en un seul corps ».

Je décode : le Christ nous est donné en sacrement non pour être adoré (ce qui est bien sûr légitime, mais second), mais pour être assimilé, afin que par la communion à son corps eucharistique, nous devenions nous-mêmes son « corps ecclésial », son corps d'humanité dans le monde. Ce devenir implique une éthique concrète de charité, laquelle requiert d'abord la justice : il est si facile de prétendre aimer quelqu'un alors qu'on oublie d'abord de se comporter de manière juste à son égard. Si l'Esprit-Saint réalise la présence du Christ dans l'eucharistie, c'est pour que nous devenions corps ecclésial dès maintenant et jusqu'aux siècles des siècles, et cela nous tourne vers la troisième dimension du temps, l'avenir. Voilà qui résume tout le mouvement de la prière eucharistique. C'est finalement très simple, vous le voyez. Encore faut-il le dire. Pour combien de chrétiens ce que je viens de dire donne l'impression d'une immense découverte. « Mais, mon Père, on ne nous avait jamais expliqué cela ! »

Une portion du gâteau

Revenons sur ce que vous appelez la compétence. Quand vous dites « il faut en avoir la compétence », en parlant de la performance, est-ce que vous parlez de l'Église dans son ensemble ou de l'assemblée des fidèles ?

C'est quasiment la même chose : l'assemblée est la réalisation de l'Église dans son ensemble en un lieu particulier. Cette affirmation exprime la fameuse révolution copernicienne, pour reprendre l'expression d'Hervé Legrand, opérée par Vatican II, révolution d'ailleurs qui retrouvait la théologie ancienne de l'Église. Ladite « révolution » par rapport à l'époque médiévale et à l'époque moderne réside en ceci : on comprend une assemblée paroissiale, par exemple celle d'hier, ici à Deuil-La Barre, non pas simplement comme un morceau sociologique de l'Église, donc une « partie » de celle-ci, ce qu'elle est aussi évidemment du point de vue sociologique, mais, du point de vue qualitatif, comme une « portion » de cette même Église universelle. « Portion », c'est le terme que Vatican II emploie pour le diocèse, mais qui peut valoir par analogie pour chaque paroisse unie à l'évêque de son diocèse. Du coup, cela devient tout autre chose. Le volant de ma voiture est une « partie » de celle-ci ; avec lui seul, je ne peux rien faire. Tandis qu'une « portion », qu'elle soit de fromage ou de gâteau, me donne qualitativement tout le fromage ou tout le gâteau.

Ainsi en est-il d'une communauté paroissiale, notamment dans l'assemblée du dimanche : en elle se trouve toute l'Église « une, sainte, catholique et apostolique » ; pas tout entière évidemment sur le plan quantitatif (elle en est une simple partie), mais bien tout entière sur le plan qualitatif (elle en est une portion). Dès lors, une assemblée paroissiale du dimanche est bien l'Église présente dans un lieu particulier, ce qui suppose évidemment qu'elle soit en communion avec son évêque et les autres paroisses (c'est là d'ailleurs l'un des rôles majeurs du prêtre qui préside que de manifester et de cultiver cette communion). C'est la raison pour laquelle, on mentionne toujours dans la prière eucharistique le nom de l'évêque, ainsi que le nom du premier d'entre eux, l'évêque de Rome, le pape. Donc l'assemblée paroissiale qui célèbre le dimanche, c'est pour moi l'Église qui est à Deuil-La Barre, comme c'est l'Église qui est à Enghien ou à Montmorency.

En ce qui concerne la performance que vous décrivez, les protestants ont-ils la même approche ?

Je pense que si je leur disais quelque chose comme ce que je viens d'exprimer à propos du mouvement qui constitue la prière eucharistique, un certain nombre d'entre eux seraient d'accord. Mais le problème en ce domaine est moins d'ordre théologique (même s'il l'est aussi), que pratique. Célébrer l'eucharistie (ou la sainte Cène, qu'importe la dénomination) chaque « premier jour de la semaine », comme on l'a toujours fait depuis le début de l'Église parce que c'est le jour de la résurrection du Seigneur, et non pas seulement quatre fois par an, comme le font encore un certain nombre de communautés protestantes, cela change les choses. De même, manifester du respect pour le pain et le vin consacrés qui restent après la célébration au lieu de s'en débarrasser d'une manière ou d'une autre comme du pain « ordinaire ». Je ne souhaite pas l'uniformité : je n'ai aucune envie de demander à mes confrères pasteurs protestants de pratiquer l'adoration eucharistique (laquelle, en dehors de la messe elle-même, est d'ailleurs inconnue dans les Églises d'Orient qui croient pourtant aussi fort que nous dans la présence du Christ réalisée par le Saint-Esprit dans l'eucharistie), ni même de faire leur la doctrine de la transsubstantiation. Je souhaite simplement (mais dans ce « simplement », il y a de gros enjeux) que nous puissions nous rapprocher sur un certain nombre de pratiques. Indépendamment de l'amitié et de la communion dans la foi qui existe avec mes confrères protestants, je me sens frustré dans une sainte Cène où l'on n'a fait qu'évoquer vaguement ce que Jésus a fait la veille de sa mort et où l'on se contente d'une courte prière au Saint-Esprit avant de proposer immédiatement la communion. J'en ai fait l'expérience.

La mémoire de l'Église est une mémoire d'avenir

Pour des gens qui n'ont jamais entendu ces explications, les mots de « performance » et de « compétence » sont un peu compliqués. Peut-on entrer un peu plus dans le détail de la prière eucharistique ?

Ce qui m'importe en cette affaire, c'est de montrer de manière aussi simple que possible le mouvement qui constitue une prière eucharistique. Je me répète donc : le NOUS ecclésial qui a charge de rendre grâce à Dieu ne le peut que si c'est Dieu lui-même qui lui en donne la possibilité. C'est justement ce qu'il fait à travers l'Esprit-Saint qui est l'agent ou l'acteur par lequel Dieu fait don à l'Église du corps du Christ sous les trois modes que j'ai indiqués. J'attire à nouveau l'attention sur le fait que ce que j'ai appelé le don du « corps du Christ historique et maintenant glorieux » ne peut se comprendre que comme le point d'aboutissement de toute l'histoire d'Israël. Ladite « histoire du salut », depuis la création et Abraham, est comme synthétisée dans cet ultime don du Christ dans sa mort et sa résurrection. Je ne comprends donc bien ce don que sur le fond de cette histoire. Mais de cette histoire passée on fait mémoire en vue d'un présent et pour ouvrir un avenir.

Faire mémoire : est-ce que c'est du même ordre que les commémorations dont on est un peu saturé aujourd'hui ?

Oui et non. Au cœur de la prière eucharistique, se trouve ce qu'on appelle l'*anamnèse*. Ce terme un peu barbare est fait de deux mots : celui de *mnèsis* qui désigne en grec la mémoire (comme dans « mnémotechnique » ou « amnésique »), et le préfixe *ana* qui indique un mouvement vers le haut dans l'espace ou vers le haut dans le temps, donc en remontant vers le passé. L'expression la plus connue de cette anamnèse, souvent chantée par toute l'assemblée, c'est : « Nous proclamons ta mort [c'est le passé], nous célébrons ta résurrection [toujours actuelle], nous attendons ta venue dans la gloire [c'est le futur]. »

Ainsi, la mémoire du Christ inclut aussi l'avenir ! Cela étonne toujours les gens de dire que la mémoire de l'Église est une mémoire d'avenir, une mémoire du futur. Je me souviens, j'étais tout jeune professeur je crois, quand André Malraux avait employé l'expression de « mémoire d'avenir ». Nous trouvions cela bizarre. Aujourd'hui, c'est d'une évidence éblouissante. Si la mémoire n'est pas une mémoire d'avenir, si elle n'ouvre pas sur un possible futur, c'est une mémoire aliénante. Cela a été très bien développé par un théologien allemand, Jean-Baptiste Metz, qui a écrit là-dessus des pages à mon avis décisives. Il attire l'attention sur le fait qu'il y a deux types de mémoire, une morte et une vive (mais cela n'a rien à voir avec les mémoires de nos ordinateurs). La mémoire est morte quand elle ne fait que glorifier le passé en oubliant tous les aspects négatifs de ce passé, toutes les luttes qu'il a fallu entreprendre pour s'en sortir. Elle ne devient vive que dans la mesure où, justement, elle est aussi mémoire des souffrances, des luttes pour s'en sortir, de l'emprisonnement menaçant, des risques de mort, etc. Du même coup elle ouvre sur l'avenir. Nos actuelles et nombreuses « mémoires » (des guerres mondiales, de la Shoah, de l'esclavage, etc.) sont vivantes parce qu'elles sont un cri, tel celui du pape Paul VI à l'ONU repris bien souvent depuis : « Plus jamais ça ! » Toutes les familles d'immigrés, portugaises ou autres, le savent d'expérience : la mémoire des conditions de vie très dures, sur le plan politique, économique, culturel qu'elles ont connues durant leur enfance ou leur jeunesse est entretenue parce que c'est une mémoire de ce « plus jamais ça » pour lequel elles se sont sacrifiées en faveur de leurs enfants. C'est clair : le souvenir du passé fait bouger le présent et promet un avenir meilleur. Voilà ce que c'est, une mémoire vive !

La messe « de toujours »

C'est là que le traditionalisme religieux, nostalgique du passé, est condamné en soi...

Évidemment ! On baigne alors dans la léthargie d'un passé de rêve. Ah ! « la messe de toujours ! » C'est en fait, celle de saint Pie V, après le concile de Trente, au XVIe siècle ! En ce qui concerne sa forme (la langue latine, les multiples gestes, les vêtements du prêtre, etc.), elle n'avait pas grand-chose à voir avec ce que l'on connaissait dans les premiers siècles. Examinons par exemple le type de pain que l'on a pris pour l'eucharistie tout au long de l'histoire. Le pain que les disciples ont pris et mangé, s'il s'agissait bien d'un repas de type pascal, c'était du pain azyme, donc du pain sans levain, parce que, comme il est écrit dans le livre de l'Exode qui raconte la Pâque juive, la fuite d'Israël hors d'Égypte a dû être si rapide que la pâte pour le pain « n'eut pas le temps de lever ». Mais ce qui est étonnant, c'est qu'ensuite justement, on ne s'est pas contenté de pain azyme, on a pris du pain de ménage durant tout le premier millénaire. On est revenu au pain azyme en Occident vers le Xe-XIe siècle, pour des raisons pratiques et idéologiques : à l'époque carolingienne, à partir du IXe siècle, on a glorifié l'Ancien Testament, avec en particulier tous ses rites de pureté, on est donc revenu à du pain non friable. Puis l'accentuation mise sur la présence réelle (je vais en parler plus loin) a fait que l'on a craint que le pain ne s'effrite. On a alors trouvé que le pain azyme était beaucoup plus commode, et on a commencé à le mettre directement dans la bouche des fidèles, alors qu'auparavant on communiait évidemment dans la main, mais une main recouverte d'un voile pour les femmes à partir de l'époque carolingienne, toujours pour les mêmes raisons de pureté rituelle comme dans l'Ancien Testament. Mais pendant des siècles, c'était du pain ordinaire ! Sans doute, pas totalement ordinaire, quand même : saint Augustin raconte, dans une petite anecdote, comment un jour une femme a failli ne pas communier parce qu'elle avait reconnu le pain qu'elle avait fabriqué. Cela veut dire que ce pain, c'était bien du pain de ménage, mais on peut imaginer que les gens qui le confectionnaient pour l'Eucharistie y mettaient un certain soin, ce que l'on comprend facilement. Mais ce n'était pas du pain azyme.

À ce propos, que peut-on dire du pain bénit que l'on distribuait dans les églises il y a encore 50 ans ?

Cela a conforté l'habitude qu'avaient prise les gens de ne pas communier. Le pain bénit était une espèce de compensation à la communion, tout comme l'adoration au Moyen Âge a été une compensation à la communion : on ne communiait pas, donc on regardait. Et même on regardait tellement qu'on s'est posé la question : un homme pécheur (en état de péché mortel) qui regarde l'hostie au moment de l'élévation (laquelle commence au XIIe siècle) ne commet-il pas un sacrilège, tout comme le pécheur qui communie ? Les spécialistes d'histoire de la liturgie nous fournissent mille exemples de pratiques qui nous surprennent aujourd'hui. Je pense notamment aux 1 300 pages du livre célèbre de Josef Andreas Jungmann, un livre qui m'avait beaucoup marqué lors de mes études de liturgie : *Missarum solemnia. Explication génétique de la messe romaine* (1952-1956). Mais la bibliographie s'est beaucoup étoffée depuis. Les diverses cultures se sont sédimentées selon les époques dans les rituels liturgiques. Les historiens savent bien que l'histoire de la liturgie est une mine pour l'histoire de la culture et des mentalités.

L'aujourd'hui de la liturgie

La mémoire du Christ est mémoire d'avenir. Pouvez-vous nous expliquer comment elle s'exprime dans la prière eucharistique ?

Dans l'anamnèse, on fait mémoire du grand passage de la croix vers la résurrection, passage qui constitue comme l'acompte ou le gage du passage final dans le royaume de justice et d'amour enfin pleinement accompli (d'où le « nous attendons ta venue dans la gloire »). La mémoire eucharistique n'est pas réductible à un pieux souvenir. En cela, elle est directement l'héritière de la mémoire au sens biblique du terme (*zakar* en hébreu). Quand Israël fait mémoire, il devient en quelque sorte contemporain de l'évènement qu'il commémore. L'une des plus belles expressions de cela se trouve dans l'Exode : « Tu annonceras à ton fils ce jour-là : c'est pour cela que le Seigneur a agi en MA faveur à MA sortie d'Égypte » (Exode 13, 8). « Ce jour-là » désigne dans ce texte le jour le plus important de la fête de la Pâque, le septième et dernier. Et le « tu annonceras » pourrait se traduire en démarquant immédiatement l'hébreu : « tu *haggaderas* » : il s'agit en effet de la célèbre *hagaddah* pascale prévue dans le rituel juif de la Pâque. La sortie d'Égypte est donc vécue à chaque génération (« en MA faveur, à MA sortie d'Égypte ») dans la mémoire rituelle qu'en fait Israël. La *Mishna*[1] commente ce passage en disant : « À chaque génération, chacun doit se considérer comme étant lui-même sorti d'Égypte. » On le voit bien : la mémoire, ce n'est pas simplement un souvenir plus ou moins ému du passé, cela se réalise dans le présent, c'est chaque génération qui sort d'Égypte dans l'acte de mémoire rituelle qu'elle en fait. Et cela, est capital.

Comment dire le souvenir ?

Cela a en effet été l'une des grandes découvertes antérieures à Vatican II, ce qui a permis de mettre en relief lors de ce Concile l'importance, méconnue depuis le Moyen Âge, du mémorial ou de l'anamnèse. Ces deux derniers mots sont pratiquement équivalents pour nous. Cependant, mémorial évoque davantage la stèle funéraire, comme nos monuments aux morts : ainsi, on dresse des stèles dans le Jourdain comme mémorial du passage de celui-ci vers la Terre Promise sous Josué. En revanche, le terme grec d'anamnèse est plus dynamique, comme l'indique son étymologie que j'ai rappelée : il s'agit d'un acte vivant de commémoration. Quoi qu'il en soit, cet acte de mémoire commune, cette anamnèse nous rend contemporains de l'évènement qui est commémoré, il actualise en quelque sorte cet événement. C'est ce sens qu'on retrouve, par exemple, dans une oraison du jeudi saint : « Chaque fois que nous célébrons ce sacrifice en mémorial, c'est l'œuvre de notre rédemption qui s'accomplit. » C'est un langage très théologique évidemment, mais c'est important : cela a permis au concile de Trente, au

1. Commentaire juif du texte biblique, à partir du IVe siècle.

XVIe siècle, de souligner que ce que l'on appelle alors très couramment le « sacrifice de la messe » ne désigne pas un nouveau sacrifice qui s'ajouterait à celui du Christ, mais est la « perpétuation » du même sacrifice sous un autre mode, un mode « non sanglant » dit le texte.

Est-ce qu'on abolit le temps en rendant présent ce qui est passé ?

Je ne dirais pas abolition du temps : le temps demeure, mais en revivant par la commémoration l'événement passé, on refait spirituellement l'itinéraire de ceux qui nous ont précédés.

Il ne se répète pas, il s'actualise. Il est dans nos mémoires, dans nos cœurs…

C'est cela. À condition d'ajouter que cela influence le réel. Il en va de même de nos autres actualisations : la mémoire d'Auschwitz rend la Shoah si présente que cela nous change aujourd'hui. Nos énergies se sentent mobilisées parce que tout en nous proteste pour que cela n'arrive plus jamais. Je voyais récemment à la télévision une petite séquence qui montrait la visite de Simone Veil, ancienne déportée juive comme chacun sait, à Auschwitz cinquante ans après : j'en avais la chair de poule.

À genoux ou debout ?

À la messe, au moment de l'anamnèse, on voit assez souvent des chrétiens à genoux qui prient dans leur cœur. Il n'est pas question de les juger, mais d'après ce que vous dites, est-ce bien ce qui convient ?

Vous posez une bonne question. Mais je voudrais dire, comme vous, que je n'ai pas envie de juger les personnes qui font cela, par tradition sans doute, parce qu'on leur a toujours appris que, juste après la « consécration », il faut adorer le Christ présent. Les comportements rituels, c'est ce qu'il y a de plus difficile à changer, parce que le rite est toujours fait de tradition et d'habitude, qui peuvent d'ailleurs dériver facilement en routines. Mais enfin, l'anamnèse, c'est une acclamation, ce n'est pas une adoration. Une acclamation qui s'adresse au Christ vivant : « Gloire à toi qui étais mort », « Nous proclamons ta mort Seigneur Jésus », « Tu as connu la mort, tu es ressuscité ». Comme elle s'adresse toujours à lui en tant que vivant, il n'y a pas besoin de dire qu'il est présent ou de chanter un chant d'adoration pour manifester qu'on croit à sa présence. L'acclamer comme vivant, c'est beaucoup plus fort pour dire sa présence qu'un discours sur cette présence : pas besoin de le dire, puisqu'on le montre. Et dès lors, une anamnèse, cela se chante, et, comme c'est une acclamation, cela se chante debout, pas à genoux.

Il y a quelque temps, un prêtre du diocèse m'a interviewé pour un petit clip filmé sur les vocations de prêtre. Il m'a demandé à brûle-pourpoint si je pouvais raconter une anecdote qui m'a marqué dans ma vie de prêtre ; j'ai réfléchi trois secondes, et je me suis référé tout au dimanche précédent lors de la messe de 11 heures à Deuil-La Barre. Je lui ai dit : « Je vais sans doute te surprendre, parce qu'à ta question on attend plutôt comme réponse le récit d'une rencontre ou d'une réunion. Moi (mais c'est sans doute l'effet d'une déformation professionnelle !), je pense à ce qui s'est passé dimanche dans ma paroisse : toute l'assemblée, debout, a chanté l'anamnèse ("Gloire à toi qui étais mort, gloire à toi, Jésus...") sur l'air écossais bien connu, avec une telle force unanime que les voûtes de l'église en tremblaient presque. » Comment dire mieux que Jésus est vivant ? Qu'il est vivant au milieu de nous, au milieu de ce monde où l'Évangile a tellement à apporter ! Comment mieux dire que nous sommes fiers, humblement fiers, cela va de soi, d'être chrétiens et que notre foi a une pertinence forte dans la société dans laquelle nous vivons ? Oui, un moment comme cela fait partie de ces événements qui me tiennent debout dans la foi.

Mais alors, que fait-on de la tradition qui favorise un moment d'adoration à ce moment de la messe ?

Bonne question encore, qui me permet de rappeler premièrement qu'on n'évacue pas une tradition par décret et, deuxièmement, qu'il n'y a d'ailleurs pas lieu de l'évacuer, car elle a aussi sa part de vérité. Ce que j'ai voulu dire, c'est que ce n'est pas l'adoration comme telle qui convient à ce moment de la liturgie, mais l'acclamation. Et l'acclamation est sans doute la plus belle expression de la louange et, par là même, de l'adoration. C'est la raison pour laquelle on ne chante plus « Ô l'auguste sacrement » comme cela arrivait fréquemment avant le Concile quand j'étais enfant, ni même le pourtant très bel *Ave verum corpus natum*, ni l'*Adoro te, devote, latens deitas* (ce *latens deitas* : *« divinité cachée »* qui oriente plus vers un problème métaphysique que vers l'Évangile de la croix et de la résurrection…), mais on chante une acclamation d'anamnèse. L'introduction de cette acclamation à ce moment de la messe a beaucoup surpris les gens, dont moi-même d'ailleurs, aussitôt après la réforme de Vatican II, parce que cela changeait sensiblement la manière de comprendre l'Eucharistie et de la vivre. C'est pourquoi, ce n'est pas secondaire au niveau pastoral. Malheureusement, j'observe une espèce de retour en arrière.

« Nous t'offrons ce que tu nous as donné »

Mais revenons à l'anamnèse, cette fois-ci à la prière d'anamnèse que dit le prêtre juste après l'acclamation de l'assemblée : « Faisant ici mémoire de la mort et de la résurrection […], nous t'offrons […]. » Dans l'anamnèse, on trouve ce « nous t'offrons » dans toutes les traditions liturgiques : *offerimus* en latin, *prospheroumen* en grec ou un terme très proche. Quand il n'y est pas, c'est parce qu'on l'a déjà dit au début de la prière eucharistique, auquel cas on rappelle dans l'anamnèse qu'on l'a déjà fait, ainsi, par exemple, dans la prière alexandrine de saint Marc. Je viens de faire cette précision, un peu « savante », juste pour souligner qu'on a affaire à une forte tradition d'offrande dans cette prière. Or, il y a là quelque chose de paradoxal qui mérite que l'on s'y arrête : au moment où l'on reçoit au présent le même corps du Christ qu'autrefois – mais sous un mode différent, le mode sacramentel eucharistique –, on l'offre, on s'en défait. C'est quand même curieux, non, ce « nous t'offrons » à ce moment-là ?

C'est curieux, mais c'est logique dès lors qu'on se tient sur le registre non pas de la valeur, mais de la grâce ou de la gratuité. Sur ce dernier registre, « c'est en donnant qu'on reçoit », comme le dit la prière dite de saint François d'Assise reprise notamment par les Scouts. L'appropriation de la grâce se fait sous mode de désappropriation. Je ne reçois qu'en donnant. Un exemple très concret et parlant de la grâce dans la Bible est la manne. Celui qui voulait la garder pour lui, la conserver et la stocker, la voyait pourrir : « Les vers l'infestaient », nous dit le texte de l'Exode. On ne pouvait donc la recevoir qu'en ouvrant les mains au jour le jour.

Voilà qui rejoint quelque chose de fondamental sur le plan humain, quelque chose que chacun de nous comprend aisément. Dès que je suis dans une relation humaine, donc dans une relation où ce qui est en jeu, c'est la confiance que je fais à autrui, l'amitié ou l'amour que je lui porte, l'estime que je veux lui témoigner, je ne suis pas dans la valeur de ce qui, comme l'argent, est capitalisable, je suis dans la gratuité. Cela peut être pervers bien sûr. C'est le cas, par exemple, si je manifeste ma confiance à quelqu'un pour mieux le manipuler ensuite. Mais, normalement, le fait que je me sente reconnu, aimé, estimé me pousse à manifester à autrui davantage d'estime, davantage d'amitié, davantage de confiance. Si, au contraire, dans une sorte de crispation avaricieuse, comme on se crispe sur la valeur de l'argent qu'on veut capitaliser, je garde pour moi cette estime, cette amitié, cette confiance au lieu d'en donner davantage aux autres, alors tout pourrit, comme la manne. Le paradoxe que j'évoquais, selon lequel c'est en donnant qu'on reçoit, n'en est pas un, dès lors qu'on se situe sur le registre de la grâce.

Est-ce que cela signifie que pour bien recevoir, il faut offrir ?

Le jour où (j'étais tout jeune professeur) j'ai réalisé l'importance de recevoir le don gratuit et gracieux de Dieu en l'offrant a été crucial pour l'ensemble de ma réflexion théologique. Pour l'eucharistie, bien sûr, mais aussi pour bien d'autres disciplines théologiques, puisqu'on y a toujours affaire à un Dieu qui fait grâce. C'est sûrement cela qui a donné une force unique pour moi à la doxologie finale de la prière eucharistique : « Par lui, avec lui et en lui… » et au grand « Amen » de l'assemblée. Là, on atteint le sommet de la relation avec Dieu. Que de fois j'ai dit à mes paroissiens : j'aimerais que tout le monde puisse faire le même geste que moi, tellement c'est beau et fort… J'en ai la chair de poule même parfois. Parce que c'est la fin de la prière eucharistique, et qu'on réalise le programme de l'action de grâce. On le réalise en prenant ce que Dieu nous a donné, pain et vin. C'est déjà un don puisqu'on les prend, non pas simplement comme des choses de la nature, mais comme fruits de la création, donc fruits d'un don. De plus, ce don nous est fait sous mode eucharistique, puisque c'est le Christ qui nous est donné en sacrement. Le prêtre prend donc le pain et le vin, il les prend comme doublement donnés gratuitement par Dieu (don de la création et don du sacrement), il les élève en même temps qu'il élève la voix et tout cela s'accomplit dans l'immense acclamation de l'« Amen » de l'assemblée. Il va de soi que, au moins le dimanche, cet « Amen » ne peut pas être un petit refrain timide « en culotte courte », comme me disait un collègue, mais demande à être développé et à être chanté « à voix forte et à bras étendus », si je puis me permettre ce rappel d'une formule biblique bien connue. Chacun alors est au sommet de la reconnaissance. Chacun dit en quelque sorte à Dieu : « Je t'offre ce que tu m'as donné : ta propre vie. Merci, mon Dieu, merci ! » Voilà l'Eucharistie. C'est magnifique !

Vous nous dites que la grande conclusion de la prière eucharistique est le sommet de la célébration. Donc ce ne serait pas la consécration, comme on l'a longtemps dit ?

Oui, c'est bien cela que je veux dire. Mais il faut du temps pour transformer la longue habitude de croire que c'est au moment de ladite « consécration » que se trouve ce sommet. Je dis « longue habitude », car cela vient en effet des XIIe et XIIIe siècles : au XIIe, pour les raisons que j'expliquerai plus loin, on a tout centré sur la « présence » du Christ, une présence dont on ne doutait aucunement auparavant, mais sur laquelle on ne focalisait pas l'attention. Si bien qu'afin de bien manifester la réalité de cette présence, on a commencé au début du

XIIIe siècle (à Paris, sous l'archevêque Eudes de Sully) à pratiquer la « monstration » de l'hostie puis du calice. Du même coup, le récit de l'institution de l'eucharistie est devenu « la consécration », ce qui a fait interpréter le geste de « monstration » comme un geste d'« élévation ». Or, du point de vue symbolique, une élévation ne peut être qu'un sommet. Sommet atteint lorsque, par allégorie, on a mis cette élévation en rapport avec celle du Christ au ciel lors de l'ascension. Quand des prêtres cherchent à valoriser cette élévation en en faisant un long temps d'adoration, leur piété (mal éclairée, selon moi) déséquilibre la prière eucharistique. Car le sommet de cette prière, c'est bien l'élévation du pain et de la coupe au moment de la grande louange du chant du « par lui, avec lui et en lui... », avec l'Amen de toute l'assemblée.

Le sacrement, cela voile ou dévoile ?

Pouvez-vous nous expliquer la notion de « présence réelle » ?

Dans l'expression « présence réelle » je n'aime pas trop le terme « réel », parce que cela peut donner l'impression que le reste serait irréel. Je préfère employer l'expression « présence eucharistique », présence sous mode eucharistique. Ce qui vient après le Notre Père, à savoir le geste de paix, la fraction du pain et la communion, me paraît tout à fait essentiel pour comprendre ce dont il s'agit.

Mais je crois d'abord qu'il est important de rappeler un point d'histoire qui surprend les auditeurs à chaque fois qu'il m'est arrivé de le dire : pendant neuf siècles, on ne s'est posé aucune question là-dessus, aucune ; il n'y a pas eu d'hérésie à ce sujet, ce n'était pas une question. Bien sûr on communiait avec respect. Mais la question a commencé à se poser à la fin du IXe siècle, sous Charles le Chauve, entre deux moines de l'abbaye de Corbie : Ratramne et Paschase Radbert. Parce que, pour la première fois, la question a été posée par le roi Charles le Chauve lui-même à l'un des deux : « Dis-moi : est-ce que le Christ dans l'Eucharistie est présent *in mysterio* – en mystère – *an in veritate* – ou en vérité ? » On n'avait jamais pensé que c'était ou bien l'un ou bien l'autre. Pour saint Augustin puisque c'était « en mystère » (ce qui signifie, je le rappelle « en sacrement ») c'était en vérité. Il n'y avait pas de problème. Or, voilà que tout à coup, on commence à dissocier les deux : ou bien « mystère » (« sacrement ») ou bien « vérité ».

L'erreur de Charles le Chauve était-elle de jouer au théologien ?

Bien sûr ! Mais à l'époque, la théologie n'était pas une « discipline » bien définie au sens où on l'entend maintenant. Elle était plus ou moins mêlée à la culture, et donc tout le monde faisait de la théologie, un peu comme M. Jourdain faisait de la prose sans le savoir. Les rois en tout cas se mêlaient de cela. Et c'était d'autant plus normal qu'ils étaient des personnages sacrés, chargés de défendre la foi chrétienne. L'empereur Constantin, en 325, n'avait-il pas donné l'exemple en convoquant, même si c'était pour des raisons politiques d'unité de son empire, le grand concile de Nicée ? Ainsi donc, une première controverse eucharistique va naître, mais elle n'ira pas très loin. Elle ira en revanche beaucoup plus loin un siècle et demi plus tard, au XIe siècle, avec le fameux théologien Bérenger de Tours. Ce dernier en viendra à nier en effet la présence du Christ dans l'eucharistie, ou plutôt à l'imaginer comme toute « spirituelle ».

Ne l'imaginait-on pas à l'inverse comme toute « corporelle » autrefois ?

Je dirais plutôt : comme toute « physique », et c'est justement contre cela qu'a voulu protester Bérenger. Il avait des excuses : il combattait des représentations de cette présence qui étaient ultraréalistes, un peu comme si la réalité de cette présence ne pouvait être que « physique ». Le Christ était donc bien là, le voile du sacrement empêchait seulement de le voir. Mais alors, s'il est là de manière si réelle qu'il s'agit d'une présence quasi-physique, comment se fait-il que les espèces du pain et du vin ne soient pas modifiées ? Dix siècles plus tard, nous devinons que, posée dans ces termes, la question ne pouvait que conduire dans une impasse. En fait, les chrétiens de cette époque n'étaient pas plus bêtes que nous ; mais ils n'avaient pas les outils conceptuels, et notamment philosophiques, pour pouvoir penser ce qui était impliqué pour chacun lors de la communion eucharistique à la messe : « Le corps du Christ – *corpus Domini* – Amen. » En dehors de Bérenger (et je rappelle que la question n'avait jamais été posée comme telle auparavant, sauf à la fin du IXe siècle), personne ne mettait en doute que le Christ était présent, forcément présent, dans les espèces. Mais alors, se disait-on dans cette culture du Haut Moyen Âge, s'il y est présent, il adhère tellement aux espèces du pain et du vin que, normalement on devrait le voir, comme à travers du verre.

Ce n'est d'ailleurs sûrement pas un hasard si cette époque des Xe-XIe siècles est particulièrement riche en miracles eucharistiques (hosties qui saignent, le « bambino » Jésus apparaissant dans l'hostie, etc.). Les miracles, c'est comme le reste : ils ont leur histoire, ils sont tributaires de la culture de telle ou telle époque. Les statistiques d'apparition de la sainte Vierge sont au degré zéro à cette époque ; au XIXe siècle, c'est l'inverse : elles sont alors au plus haut, mais au degré zéro en ce qui concerne les miracles eucharistiques...

L'époque était également tributaire d'une théorie concernant la nature des sacrements qui a joué un rôle en cette affaire. Là où Augustin disait d'un sacrement qu'il était un *sacrum signum*, donc une réalité qui dévoile la grâce de Dieu, Isidore de Séville au VIIe siècle disait au contraire qu'il s'agissait d'un *sacrum secretum*, d'une réalité qui voile la grâce de Dieu. Or c'est cette théorie qui règne du VIIe jusqu'au début du XIIe siècle. Si donc un sacrement est fait pour « cacher », pour poser un voile (un *tegumentum*) sur ce qui est caché, on imagine que le sacrement de l'eucharistie est fait pour cacher le corps du Seigneur qui y est présent. Si bien qu'à cette époque, l'eucharistie est perçue comme l'effet d'un double miracle en quelque sorte : premièrement le fait que le pain et le vin deviennent corps et sang du Christ ; deuxièmement le fait que Dieu mette un voile dessus pour nous empêcher de le voir et ainsi mettre notre foi à l'épreuve. Mais cette manière ultraréaliste de comprendre les choses était lourde de conséquences, puisque beaucoup pensaient qu'en mordant l'hostie, ils broyaient le Christ et donc que sa passion continuait. Dans cette logique, on pouvait se demander si le fait de ne recevoir qu'une demi-hostie n'était pas pénalisant. Bref, l'objectif était bon : rendre compte de l'affirmation liturgique « le corps du Christ – Amen ! » ; mais on n'avait pas les moyens conceptuels adéquats pour le faire. Bérenger de Tours a sans doute été bien imprudent, mais il avait quand même, je le redis, des excuses.

Est-ce qu'on allait jusqu'à penser qu'il y avait des petits morceaux de la chair du Christ à l'intérieur du pain ?

Sans doute pas quand même, mais on ne devait pas en être très loin, tant les représentations ultraréalistes collaient le « physique » au « réel ».

Le sacrement serait-il substance ?

Comment est-on sorti de cette impasse ? L'affaire est sans doute très technique, mais elle est capitale pour beaucoup de gens. Pouvez-vous nous en dire un peu plus ?

L'impasse en effet était d'autant plus grande que même la profession de foi officielle que l'Église va imposer à notre Bérenger, en 1053, frôle elle-même l'ultraréalisme. Ce qui a débloqué les choses, c'est l'arrivée de la philosophie d'Aristote sur le marché intellectuel de l'Occident, notamment à Paris, à travers ses traducteurs et commentateurs arabes d'Espagne, Avicenne et surtout Averroès. La « grande théologie » qui naît au XIIe siècle, la théologie scolastique, va en bénéficier. Aristote va arriver en trois vagues successives, Thomas d'Aquin aura connu la troisième. Quelle est la grande nouveauté qu'apporte Aristote par rapport au problème théologique dont nous parlons ? C'est sa distinction entre la substance et les accidents. Pour faire simple, il suffit d'avoir compris que la substance n'est rien de ce que je peux voir, de ce que je peux toucher, de ce que je peux localiser, de ce que je peux goûter ; elle n'est ni un ceci, ni un cela. Tout cela, ce sont des accidents. Donc qu'est-ce que c'est que la substance ? C'est ce qui permet de dire que ceci dont je ne perçois pourtant que les accidents (la localisation, la minceur, la couleur blanche, la fragilité, etc.) peut être saisi ou appréhendé comme formant une unité, unité qui est d'un autre ordre que les accidents que je vois, et qui s'appelle une feuille de papier et non, par exemple, une lampe électrique. La substance, c'est donc comme le support (le « sujet d'inhésion », dit-on en termes savants) des accidents. L'étymologie le dit bien d'ailleurs : « sub-stance » signifie ce qui « se tient dessous » (c'est vrai aussi en grec : *hypo-keimenon*, à savoir « ce qui gît dessous »). Mais, et c'est cela la difficulté, ce n'est pourtant pas une sorte d'étendue qui « tiendrait » les accidents, car l'étendue est de l'ordre des accidents. La substance n'est donc pas représentable, et pourtant c'est le « fond » même de l'être.

Est-ce que la substance a un lien avec l'essence ?

C'est un peu du même ordre, mais c'est différent, parce que cela ne répond pas à la même question : l'« essence » fait couple avec l'« existence », tandis que la « substance » fait couple avec les « accidents ». Par rapport à l'eucharistie, ce que je viens de dire dans le sillage d'Aristote est important. Car si c'est bien par mode de substance et non par mode d'accident que le Christ est présent, c'est bien au niveau le plus profond de l'être qu'il l'est, ce qui élimine toute représentation d'un Christ qu'on broierait par la communion, qu'on diviserait ou multiplierait en donnant une demi-hostie ou deux hosties, d'un Christ qui serait enfermé dans le tabernacle, vous savez tous ces fantasmes qui nous viennent à l'esprit lorsqu'on est enfant (et pas seulement enfant, d'ailleurs). C'est cela, le coup de génie du terme de « transsubstantiation » qui fleurit à partir du XIIe siècle.

La fameuse hymne de saint Thomas, *Lauda Sion Salvatorem*, qu'on chantait lors de la fête du Corps du Christ – la Fête-Dieu – exprime cela très bien. Cette hymne est d'ailleurs une sorte de condensé de théologie pour inculquer au peuple chrétien la théorie de la transsubstantiation. Ce terme fera fortune chez tous les grands théologiens des XIIe et XIIIe siècles (Albert le Grand, Bonaventure, Thomas d'Aquin) avant que le concile de Trente ne le consacre comme étant un terme qui convient *aptissime*, terme qu'on peut traduire par un superlatif soit relatif (très approprié), soit absolu (le plus approprié, pour l'instant en tout cas). Donc c'est celui qui convient le mieux, mais cela sous-entend qu'il peut en exister d'autres. Je vous lis justement le *Lauda Sion* :

> Sa chair nourrit, son sang abreuve, mais le Christ tout entier demeure sous chacune des espèces. On le reçoit sans le briser, le rompre ni le diviser, il est reçu tout entier. Qu'un seul ou mille communient, il se donne à l'un comme aux autres, il nourrit sans disparaître. Si l'on divise les espèces, n'hésite pas, mais souviens-toi qu'il est présent dans un fragment aussi bien que dans le tout. Le signe seul est partagé, le Christ n'est en rien divisé. Ni sa taille ni son état n'ont en rien diminué.

Vous le voyez : c'est bien l'explicitation pour le peuple chrétien (et pour le clergé !) de ce qui de ce qui est en jeu dans la doctrine de la transsubstantiation.

Donc dire qu'il ne fallait surtout pas mordre l'hostie était une sorte de fantasme ?

Ce genre de fantasme, qui n'est pas si vieux, était justement lié à une mauvaise compréhension de la transsubstantiation. Car, je me répète, la substance n'est rien de ce que nous pouvons voir, toucher ou localiser. Elle n'est pas représentable, elle est même pure virtualité, nous dit saint Thomas. Je le cite de mémoire : « La substance est par rapport aux accidents comme la puissance est à l'acte », c'est-à-dire comme la virtualité est à sa réalisation concrète. Il n'existe pas de substance en l'air, sans accidents qui la déterminent comme étant un cheval, un arbre ou du pain ; pas plus d'ailleurs que les accidents ne peuvent exister sans ce support d'inhésion qu'on appelle « substance ».

Des accidents pleins d'embûches

Mais alors, comment, dans le pain consacré, les accidents, comme la blancheur ou le goût, peuvent-ils subsister, puisque la substance du pain qui leur correspond a été remplacée par la substance du corps du Christ ?

Justement, voilà la question. Quand j'étais enfant, on chantait souvent « Ô l'auguste sacrement », cantique dans lequel on avait notamment les couplets suivants, que je connais encore par cœur :

> Du pain, on voit la couleur, la rondeur, le goût, l'odeur. Mais sous ces faibles dehors, on a Son Sang et Son Corps [...]. Dans chaque hostie Il s'est mis à la façon des esprits. On ne le partage point, Il est tout en chaque point.

C'est du très mauvais saint Thomas ; d'une poétique affligeante en plus... Mais on essayait ainsi, comme je l'ai dit, d'inculquer la doctrine au peuple chrétien, et « en chantant », comme le disait Michel Sardou, cela rentrait sûrement mieux dans les esprits...

Le cantique en tout cas essaie de répondre à la question que vous venez de poser et qui a été celle de saint Thomas : comment, puisque la transsubstantiation veut dire qu'il y a conversion de toute la substance, les accidents peuvent-ils demeurer sans leur substance appropriée, puisque le pain n'est plus du pain et le vin plus du vin ? Saint Thomas fait d'abord une comparaison avec le bois qu'on met au feu : une fois brûlé, le bois est converti en cendre. Mais cette comparaison ne suffit pas car il reste forcément quelque chose du bois dans la cendre ; dans les termes de saint Thomas, il n'y a pas dans ce cas une conversion de *toute* la substance. Alors, il va chercher du côté de la création : là, c'est radical, puisque Dieu a tout créé à partir de rien *(ex nihilo)*. Mais si la création s'est faite à partir de rien, il n'y a pas eu de conversion d'une substance dans une autre, comme c'est le cas dans l'eucharistie.

Finalement, saint Thomas en restera là : la transsubstantiation est au croisement d'une conversion (comme le bois qui devient cendre) et d'une création (comme quelque chose de tout nouveau). Il avancera cependant encore dans la voie de la compréhension de ce qu'il sait bien pourtant être un mystère. Allez, j'ose vous le dire, parce que c'est quand même très intellectuel : il imaginera que Dieu, pour permettre aux accidents du pain et du vin de subsister, leur donne comme support (« sujet d'inhésion ») le premier des accidents dans la liste d'Aristote, à savoir la quantité (ou l'étendue).

N'est-ce pas un peu tiré par les cheveux ?

On peut être tenté de sourire de cette tentative désespérée, on aurait tort à mon avis. Il convient au contraire de saluer l'audace de saint Thomas qui pousse les ressources de la raison que Dieu lui a donnée aussi loin qu'il le peut. C'est l'honneur de la théologie chrétienne (et notamment de la théologie de cette époque, la théologie scolastique) d'avoir sollicité ces ressources pour montrer que si le « mystère » n'est de toute façon pas rationnel, il n'en est pas moins raisonnable. On a ici affaire à ce qu'on appelle une « aporie », c'est-à-dire un problème qu'on a le courage d'affronter, alors pourtant qu'on sait d'avance l'impossibilité de lui donner une réponse satisfaisante (par exemple, en philosophie, la temporalité ; en théologie, le péché originel ou le mystère du mal). Pourtant, on n'abdique pas. Et le fait de continuer à ruminer la question nous travaille, nous fait grandir, si bien que, après coup, on découvre que la réponse est largement dans le chemin que la question nous a fait parcourir. Elle nous a nourris, elle nous a fait mûrir.

La substance, avez-vous dit, est quelque chose de virtuel, elle n'existe que comme support d'un certain nombre d'« accidents ». Ne sommes-nous pas très loin des questions de la matière telle qu'on l'entend aujourd'hui ?

Oui, la substance en catégorie scolastique, enfin aristotélicienne, n'a rien à voir avec ce qu'on entend aujourd'hui en physique par substance. Il est important de le rappeler. Mais, une fois qu'on a compris ce que l'on entendait au Moyen Âge par « substance », on peut se dire que la transsubstantiation, c'est génial. Et on est plein de respect pour ces grands anciens qui ont déployé de tels efforts intellectuels.

Ne pas chosifier l'eucharistie

La notion de transsubstantiation a-t-elle permis de s'écarter de ce que vous avez appelé l'ultraréalisme ?

Oui : le concept de transsubstantiation est arrivé pour contrebalancer toute chosification de l'Eucharistie. Si je pense qu'on ne peut pas se contenter aujourd'hui de cette théorie, ce n'est sûrement pas parce qu'elle serait « chosificatrice ». Elle est libératrice au contraire, puisqu'elle défait les représentations infantilisantes de la présence du Christ dans l'eucharistie.

Les gens comprennent cela très mal. Est-ce la raison pour laquelle vous venez de dire qu'on ne peut pas s'en contenter aujourd'hui ?

Non, ce n'est pas, ou pas d'abord, pour cela. Dans ce cas-là, il suffit d'expliquer ce qu'on entendait par « substance » au Moyen Âge et pourquoi c'est intelligent et libérateur de comprendre que le Christ est présent par mode de substance et non pas d'accident. La raison pour laquelle on ne peut pas s'en contenter aujourd'hui, donc dans l'état actuel de la culture, est plus profonde. C'est que la théorie de la transsubstantiation ne permet pas de comprendre la présence du Christ dans l'eucharistie en termes de relation, puisque la relation appartient aux « accidents ». Dès lors, la « présence » du Christ, sans être « chosifiée » je l'ai dit, est quand même figée dans le fait d'être « là », dans une « substance ». Et, sans avoir aucunement la prétention, pas plus que saint Thomas, d'épuiser le mystère, je me dis qu'on doit pouvoir penser le mystère autrement, notamment en honorant cette dimension fondamentale de l'eucharistie qu'est la relation qu'implique pour nous aujourd'hui la notion de « présence ». Nous ne sommes pas plus intelligents ni meilleurs que les hommes du Moyen Âge, mais nous habitons un autre âge de la culture. C'est pourquoi nous avons à notre disposition, en raison justement de l'évolution de la culture, des outils qu'ils n'avaient pas et que, personnellement, je puise dans les deux grands courants de la philosophie contemporaine que sont la phénoménologie et l'herméneutique.

Le pain rompu pour…

Pour penser autrement, il faut (c'est la énième fois que je le dis) repartir de la *lex orandi*, la manière dont l'Église fait l'eucharistie dans la liturgie. Comment l'Église fait-elle ? Premièrement, je vois que cette présence du Christ dans l'eucharistie advient à un moment où l'on a commencé par constituer une assemblée, avant d'écouter des lectures de l'Écriture comme « Parole de Dieu », séquence qui a débouché sur une prière eucharistique. Je ne peux donc comprendre la présence du Christ qu'au sein de cette dynamique, et notamment de ce rapport si important pour moi, comme je m'en suis expliqué précédemment, entre la table de la Parole et la table de l'eucharistie. Il s'agit bien là, je le redis, d'une loi fondamentale de l'Église puisqu'on l'observe depuis le début, à commencer par Emmaüs en Luc 24 : pas de table eucharistique sans d'abord la table de la Parole de Dieu, ce qui veut dire que le sacrement, l'eucharistie, est le point d'aboutissement ou de cristallisation de cette Parole, en tant qu'elle est bien « parole », parole d'amour sauveur adressée à l'assemblée et à chacun, et non pas simple discours général, encore moins théorème. Bref : dans le sacrement, la parole qui nous a été annoncée se fait corps. C'est ma première observation.

Ensuite, et c'est ma deuxième observation, j'observe que cette présence eucharistique se réalise au sein d'une prière où est invoqué l'Esprit-Saint. Je vais donc pouvoir dire qu'il s'agit d'une présence spirituelle.

Mais n'est-ce pas un peu « protestant » ?

Pas du tout. C'est vrai qu'il existe une certaine pente protestante, plus ou moins prononcée selon les cas (les héritiers de Zwingli sont beaucoup plus radicaux que ceux de Luther), qui conduit à interpréter la présence du Christ dans l'eucharistie comme spirituelle, au sens plus ou moins vaporeux que je peux donner à ce mot si je dis que telle personne m'est présente au moment où je pense à elle. Or, ce n'est pas du tout ce que je veux dire : le « spirituel » dont je parle ne peut être opposé ici à « matériel » ou « corporel », puisque c'est du pain et du vin qui deviennent par l'Esprit corps et sang du Christ ; il ne peut pas non plus être opposé à « réel » puisqu'il s'agit bien d'une réelle présence du Christ au milieu de nous ; ni même à « institutionnel », puisqu'il n'y a rien de plus institutionnel qu'un sacrement (même une ordination d'évêque, de prêtre ou de diacre, se fait par imposition des mains avec demande de l'Esprit-Saint), et que l'Église elle-même, y compris dans son institution, est le premier fruit du Saint-Esprit, si j'ai bien compris le récit de la Pentecôte. L'Esprit-Saint n'est pas anti-institution ; simplement, il vient bousculer l'institution, parce que, comme toute institution, l'Église est menacée de ne vivre que pour s'auto-entretenir. L'Esprit est le principe instituant qui vient donc constamment bousculer l'institué.

Parce que réalisée par le Saint-Esprit, donc « spirituelle » en ce sens, la présence du Christ dans l'eucharistie appelle une compréhension spirituelle. C'est donc la comprendre comme quelque chose que je ne peux pas utiliser à mon profit, que je ne peux pas manipuler comme un objet-valeur qui serait à ma disposition (dans le langage de saint Paul, il s'agirait alors d'une compréhension « charnelle »). Mais c'est aussi la comprendre comme n'étant pas donnée pour elle-même, mais en vue d'autre chose : en vue du corps ecclésial. Contemporain de saint Thomas d'Aquin, saint Bonaventure, que personne ne peut soupçonner de minimiser la réalité de la présence du Christ dans le pain et le vin consacrés, n'écrivait-il pas (là encore, je cite de mémoire) que par la communion, c'est moins nous qui assimilons le corps du Christ que nous qui sommes projetés dans son corps mystique qui est l'Église. En tout cas, comment pourrais-je penser la présence du Christ sans me dire que dans toutes les prières eucharistiques celle-ci se réalise moyennant une épiclèse demandant la sanctification du pain et du vin par l'Esprit-Saint, suivie du récit de l'institution, lequel débouche sur l'anamnèse et aboutit à une seconde épiclèse selon laquelle la communion au corps eucharistique du Christ se fait pour que nous devenions son corps ecclésial ? Je cite simplement notre 2e prière :

> Humblement, nous te demandons qu'en ayant part au corps et au sang du Christ, nous soyons rassemblés par l'Esprit-Saint en un seul corps.

Telle est donc bien la finalité de l'eucharistie : la présence du Christ s'y réalise non pas pour elle-même, un point c'est tout, mais en vue de l'unité et de la croissance de l'Église, c'est-à-dire en vue du rassemblement des hommes par-delà toutes leurs différences. Simplement, le traumatisme créé dans la mémoire collective de l'Église par l'hérésie de Bérenger dont j'ai parlé a conduit à une telle réaction qu'on a failli en oublier cette finalité. « Failli » seulement : saint Thomas, par exemple, n'avait pas oublié que la « grâce finale » de l'eucharistie, c'est la charité entre les membres du corps du Christ. Mais, comme l'a bien montré naguère le père de Lubac dans son maître ouvrage sur ce sujet (*Corpus mysticum : l'Eucharistie et l'Église au Moyen Âge*, 1944), cette finalité qui était comme « intrinsèque » à la compréhension de l'eucharistie est alors devenue une conséquence en quelque sorte « extrinsèque ». Bref, je résume : le corps du Christ n'est pas là pour lui-même, il est là en vue de la communion et en vue de la réalisation de la communion ou de l'unité entre les membres de l'Église. Impossible donc de le comprendre en dehors du champ de la « relation ».

Vous nous avez donné deux observations pour penser la présence : la dynamique des deux tables et l'action de l'Esprit-Saint dans la prière eucharistique. Mais vous ne nous avez encore rien dit des paroles mêmes de la consécration.

C'est justement ma troisième observation : au cœur de la prière eucharistique se trouve le récit de la dernière Cène, qu'on appelle généralement le « récit de l'institution » (sous-entendu : institution de l'eucharistie). Ce récit est fait d'abord de paroles, deux paroles en « pour » : « mon corps POUR vous,

[…] mon sang POUR vous ». Je note au passage que la seule prière eucharistique qui existait au Moyen Âge, et cela jusqu'à Vatican II, était le Canon Romain, lequel ne connaît pas cette parole en « pour » sur le pain ; on disait simplement : *Hoc est enim corpus meum* (ceci est mon corps), sans ajouter *quod pro vobis traditur* (livré pour vous). Cela a probablement favorisé une représentation de la présence du Christ fixée sur la seule « substance », donc sans la relation qu'indique le « pour vous » et qui est quand même, à nos yeux aujourd'hui, constitutive de la présence comme présence de quelqu'un à quelqu'un.

Être présent ou être là ?

N'y avait-il pas quand même la parole « pour la multitude », et aussi les gestes de Jésus ?

Oui, vous avez raison. Il y a toujours eu la parole sur la coupe. Et, de toute façon, le geste dit le « pour vous » même si la parole ne le dit pas expressément. Car le geste, c'est évident, est aussi une parole, une parole incorporée, pourrait-on dire. Parfois même, le geste exprime davantage que les paroles, C'est clairement le cas dans le geste de prendre, rompre et donner : « Il prit le pain, le rompit et le leur donna. » À quoi, il faut encore ajouter aux paroles et aux gestes de don, un autre élément. Il s'agit du matériau lui-même : c'est du pain, pas du bois ou de la pierre. Du point de vue philosophique, surtout en phénoménologie contemporaine, le pain ne peut pas être considéré comme une simple réalité physico-chimique. Le pain, c'est une nourriture pour l'être humain. Il est, par nature même, destiné à la convivialité, au partage. Le mot pain en français, comme dans le proverbe bien connu : « Tu gagneras ton pain à la sueur de ton front », a une signification symbolique : il rassemble en lui (par « métonymie », dit-on en langage savant) tout ce dont l'être humain a besoin pour subsister : la nourriture, mais aussi les vêtements, un logement, etc. Comme nourriture, le pain représente le repas autour de la même table. Il n'est pas fait pour être mangé tout seul, même s'il nous arrive à tous parfois de consommer un sandwich en voiture parce qu'on n'a pas le temps de faire autrement. Mais c'est l'exception qui confirme la règle selon laquelle le pain comme nourriture de base, et le vin comme boisson de fête, sont faits pour être partagés. Et cela, par nature même, par essence. La relation est constitutive de l'essence même du pain. La relation est donc essentielle dans cette affaire de présence du Christ dans l'eucharistie.

« Présence », justement : voilà encore un terme qui demande d'être médité. Il est fréquent aujourd'hui mais ce n'était pas le cas au Moyen Âge. Saint Thomas emploie peu le terme de *praesentia.* Ce n'est pas non plus le langage habituel du concile de Trente lorsqu'il parle de la transsubstantiation (en 1551). Comme chez saint Thomas, les termes employés sont les verbes d'existence : le corps et le sang du Christ « sont » ou « sont contenus » ou « existent » dans le pain et le vin consacrés. La notion moderne de « présence », qui suppose une réalité dynamique parce que relationnelle, n'appartient pas, ou pas vraiment, au monde culturel de cette époque. Or en philosophie contemporaine, la présence est un concept non pas cosmologique, mais anthropologique : la table ne m'est présente que si je l'anthropomorphise, un peu comme notre poète Lamartine nous le rappelle dans son « Objets inanimés, avez-vous donc une âme ? »

Spontanément pourtant, on se représente la présence comme le simple fait d'être là...

C'est justement cette représentation « spontanée », comme vous dites, qui nous piège et qu'il faut déconstruire. Je ne suis jamais autant présent à moi-même que lorsque j'ai le sentiment que je m'échappe à moi-même, que je suis un mystère pour moi ; je ne suis jamais autant présent à autrui que dans la mesure où j'éprouve le sentiment que cet autrui m'échappe. Toute la philosophie est alimentée par la question « Qui suis-je ? » ou « Qui es-tu ? ». C'est clair de la relation amoureuse ou amicale. La présence n'est pas quelque chose de figé. Elle est dynamique. En philosophie contemporaine, on parle d'elle en disant qu'elle est « venue-en-présence ». Voilà qui est capital pour penser la présence eucharistique : ce n'est pas simplement le fait d'être là. C'est par exemple la raison pour laquelle, dans ma manière de pratiquer une exposition du Saint-Sacrement pour un temps d'adoration, c'est une grande hostie rompue en deux que j'expose, et que j'expose dans une coupelle plutôt que dans un ostensoir : il s'agit en effet de donner à voir que c'est à manger, et pas que c'est simplement à voir. L'expression de la relation de don est fondamentale. Je l'ai rappelé tout à l'heure : si eucharistie il y a, ce n'est pas pour que le Christ soit « là », c'est pour qu'il soit assimilé dans la communion et que, à travers elle, l'Esprit nous construise comme corps d'humanité du Christ dans le monde.

On n'enferme pas le Christ

La question de la présentation d'une hostie rompue donne à penser. Peut-être parce que, dans bien des cas, le rite de la fraction du pain pendant la messe passe inaperçu...

Et c'est bien dommage. Je voudrais juste développer un peu cela. Le pain, celui de nos hosties, est une réalité compacte, qui se présente comme quelque chose de fermé, de clos. De ce simple fait, il y a danger de croire que le Christ serait en quelque sorte enfermé, donc assigné à demeure, dans ce pain. Auquel cas, nous régresserions en deçà de notre Ancien Testament. En effet, pour Israël, Dieu était bien présent quelque part : dans le Temple de Jérusalem ; plus précisément dans le Saint des Saints ; plus précisément encore sur l'Arche d'Alliance qui se trouvait dans ce Saint des Saints. Or, cette Arche d'Alliance était recouverte par le propitiatoire où l'on versait le sang des victimes, et ce couvercle était délimité par deux Chérubins *(Keroubim)* aux ailes jointes. Cet espace de la présence de Dieu était certes bien délimité, mais, à la différence, du pain, il était ouvert. Voilà qui, du point de vue phénoménologique, mérite d'être médité.

Vous nous avez même dit qu'il était prêt à « ficher le camp »...

Oui, selon le prophète Ézéchiel, si le peuple voulait manipuler sa présence, comme on le faisait avec les deux païens,

Dieu le menaçait de « ficher le camp » et de rejoindre les exilés de Babylone. On n'assigne pas Dieu à demeure. Le problème de l'eucharistie, si l'on en reste au pain comme tel dans sa figure entière et non fractionnée, est dans l'impression que le Christ y reste enfermé. D'ailleurs, beaucoup de manières de parler favorisent ce genre de fantasme : « le Christ est là », il est « caché sous les espèces du pain et du vin » ; ou, en langage un peu plus savant : il est présent « dans la substance » du pain, donc il est « dessous » les accidents, auquel cas, on se représente la substance comme une étendue, donc comme un accident. À chaque fois, on oublie la relation. On oublie qu'il s'agit de pain, qu'il est rompu et donné, qu'il est là « pour vous », « pour la multitude ». Ce n'est pas la même chose de dire : « Il est présent dans le sacrement » (*a fortiori* « sous le sacrement ») et « il est présent en sacrement », donc « sacramentellement ». Comme la philosophie, la théologie est souvent affaire de prépositions.

D'où l'importance de la fraction du pain. À condition qu'elle ne passe pas inaperçue. Pour moi, la grande figure sacramentelle de la présence réelle du Christ dans l'eucharistie, c'est le pain en tant que rompu ou en tant qu'il est destiné à l'être. Rompu *pour*. En le rompant, le prêtre libère de l'espace dans ce pain, il crée du vide. Pas un vide métaphysique, mais un vide pour autrui, un vide pour la relation, plus précisément pour l'unité de tous : « Un seul pain, un seul corps », écrivait saint Paul (1 Corinthiens 10). C'est de ce vide-là, en tant qu'il est du vide de relation, du vide de communion, c'est de ce vide-là que cela parle au mieux : la présence du Christ est présence de *don*. En tout cas, c'est dans cette dynamique-là que je comprends cette présence. Et que je m'en émerveille…

Est-ce que cela ne rejoint le geste de paix ?

Tout à fait ! Le rite de la fraction du pain dont je viens de parler est encadré, après le Notre Père, par deux gestes qu'il vaut la peine de méditer : le geste de paix et celui de la communion. Tous les trois forment ce que l'on peut considérer comme une unique figure théologique et spirituelle. Je m'explique. Chacun des trois gestes est à double face : il nous tourne à la fois vers le Christ et vers autrui, mais chacun le fait différemment. Dans le geste de paix, c'est le rapport aux autres qui est premier ; le rapport au Christ existe aussi bien sûr, puisque c'est « dans la charité du Christ », comme le dit le prêtre, qu'on se donne la paix, mais il est second. Dans le geste de communion, c'est l'inverse : c'est le rapport au Christ qui est premier, puisque c'est le Christ, et pas les autres, pas l'Église, que nous recevons dans la communion ; mais comment communier de manière féconde au corps eucharistique du Christ si l'on n'est pas d'abord en communion avec son corps ecclésial, comme l'indique le geste de paix que l'on vient de faire ? Entre les deux, le geste du pain rompu met en quelque sorte les deux rapports sur un pied d'égalité : c'est le Christ qui se donne, mais il le fait comme on partage un pain : pour la communion entre tous. Je rejoins ici pleinement saint Augustin et le fameux « soyez ce que vous voyez et recevez ce que vous êtes » qu'il a exprimé un jour dans une homélie. Je précise juste un peu ce qu'il a alors voulu dire (et qu'il a dit dans termes assez semblables dans d'autres homélies) : « Soyez ecclésialement ce corps que vous voyez eucharistiquement, et recevez eucharistiquement ce corps que vous formez ecclésialement. » Dans nos églises, il nous arrive d'ailleurs de le chanter : « Devenez ce que vous recevez. »

Cette manière théologique de comprendre l'eucharistie me paraît un « dépassement » de saint Thomas et de la transsubstantiation, qui est nécessaire aujourd'hui. Dépassement compris non pas au sens intellectuel, comme si nous étions plus intelligents aujourd'hui. Non, il ne s'agit pas de cela : je vous ai assez dit combien la doctrine de la transsubstantiation est intellectuellement grandiose. Ce dépassement est rendu possible par l'état de la culture et les outils de pensée que celui-ci nous donne, outils qui n'étaient pas disponibles autrefois. Nous ne sommes plus au Moyen Âge, ni même au XIXe siècle. L'espace d'« audibilité » des mêmes mots n'est plus le même. Ne nous en plaignons pas : une culture, cela bouge, cela bouge même beaucoup, même si c'est à la vitesse des glaciers (encore qu'aujourd'hui, avec le réchauffement climatique, les glaciers fondent vite...). Ainsi en est-il de la culture actuelle : elle bouge, et même si profondément qu'on en parle comme d'une mutation. D'où l'urgence, à mon sens, de penser autrement la présence eucharistique, comme le reste d'ailleurs. C'est en tout cas, ce que je viens d'essayer de faire rapidement.

Ce faisant, d'ailleurs, j'espère bien ne faire qu'expliciter la grande tradition liturgique de l'Église. Celle de la prière eucharistique notamment, où il nous est dit (si besoin, relisez chacune de nos prières eucharistiques actuelles) que le Christ ne vient en présence qu'en vue de l'accomplissement de ce sacrement dans le don existentiel en faveur d'autrui de ceux qui le reçoivent.

Ruminer le scandale

On est bien loin du film « Le Défroqué »...

Dans les années cinquante, est sorti ce film, avec Pierre Fresnay, où un prêtre, qui avait bu un bon coup, entre dans une boulangerie et au nom de son « pouvoir sacerdotal », prétend consacrer le pain de toute la boulangerie. Or, tenez-vous bien ! On s'est posé la question à l'époque : « Est-ce que, quand même, cela n'aurait pas pu être une vraie eucharistie ? » Je crois que la réponse était (heureusement !) négative. Mais le simple fait qu'on se soit posé un seul instant ce genre de question est quand même affligeant, non ?

Mais cela avait perturbé bien des catholiques !

Cela montre jusqu'où peuvent aller les dérives par rapport à l'eucharistie. C'est pour cela que la foi dans la présence réelle du Christ dans l'eucharistie, foi que je partage pleinement, a quelque chose de dangereux sous cet aspect : l'imaginaire s'y met forcément, avec ses multiples fantasmes. Quand on est enfant, c'est encore plus redoutable : on peut facilement fantasmer sur Jésus qui est dans le tabernacle ou sur l'hostie qu'il ne faut pas (qu'il ne fallait pas) mordre, etc. Alors qu'au contraire, il faut manger, ruminer, mordre, comme le montre si bien le discours du pain de vie. Dans ce discours (Jean 6), saint Jean emploie même une fois un verbe grec qui n'est pas celui du manger ordinaire (le verbe *phagein*), mais, en référence avec les aliments de la Pâque qu'il fallait ruminer avec soin, le verbe *(trogein)* qui signifie mâcher, ruminer, presque mordre… Parce qu'il faut ruminer, remâcher le scandale à la fois « doux et amer », comme dit le prophète Ézéchiel à propos du Livre de la Parole que Dieu lui donne à manger, de ce qui sera compris par les chrétiens comme le scandale d'un Dieu crucifié pour la vie du monde. Ce scandale est difficile à avaler, il faut s'y faire. Justement, la communion eucharistique est-elle autre chose que l'expérience symbolique ou sacramentelle de la lente rumination de ce scandale, de telle sorte qu'il nourrisse notre vie jusqu'à nous passer dans le corps ?

Que penser alors des processions du Saint-Sacrement ?

De telles manifestations, qui ne sont pas antérieures au Moyen Âge (à partir du XIIIe siècle, date où a été instaurée ce que nous appelons la Fête-Dieu), sont évidemment légitimes. Mais jusqu'à quel point convient-il d'en proposer aujourd'hui ? Personnellement, je fais plutôt dans la réserve à ce sujet (la « Sainte Réserve », pourrais-je dire). Notamment en tout cas, en ce qui concerne les processions dans les rues. Parfaitement compréhensibles autrefois, celles-ci frôlent aujourd'hui l'indécence. Je demande un peu de pudeur à ce sujet. Par ailleurs, elles ne sont pas sans possibles conséquences négatives, dans la mesure où elles égratignent et sans doute même blessent le principe de la séparation de l'Église et de l'État – bienheureux principe qui permet de vivre en paix. À propos de pudeur, j'aimerais d'ailleurs qu'on en fasse preuve également dans certains chants actuels : non, nous ne sommes pas chargés de devenir des « ostensoirs du Sauveur », comme le dit un récent cantique… En revanche « serviteurs du Sauveur », je veux bien. Je trouve même que c'est plein de sens. On croise alors, comme dans saint Jean, l'eucharistie avec le lavement des pieds.

10
LE SAINT-ESPRIT, DIEU AU PLUS LOIN ET AU PLUS PROCHE

Vous vous êtes beaucoup référé à la lex orandi *de l'Église. Ainsi une des premières formules liturgiques était « Baptisez-les au nom du Père, du Fils et du Saint-Esprit ». Vous nous avez expliqué que cette foi au Dieu unique, Père, Fils et Esprit a été explicitement formulée aux conciles de Nicée et Constantinople. Après nous avoir longuement parlé de Jésus-Christ et de la Trinité, pourriez-vous revenir sur la place de l'Esprit-Saint dans ce Dieu de relation ?*

Paradoxe de l'Esprit : l'instituant bouscule l'institué

Le Saint-Esprit, chaque fois qu'on l'évoque dans une réunion, les gens disent : « oh, le Saint-Esprit c'est difficile parce qu'on ne sait pas comment se le représenter, "cela" file entre les doigts. » C'est justement cela qui est intéressant : il nous file entre les doigts. Et en même temps, il fait le contraire de ce qui file entre les doigts, puisqu'il fait l'institution Église. Quel paradoxe ! Car il ne faut quand même pas l'oublier : c'est le Saint-Esprit qui fait l'Église à la Pentecôte, et c'est lui qui fait ce qu'il y a de plus institutionnel dans l'institution : les sacrements et les ministres ordonnés. Le Saint-Esprit est donc ce qu'il y a de plus libre, comme le vent qui « souffle où il veut » (c'est en effet le même mot en grec = *pneuma*, comme dans nos *pneumatiques* de voiture ou, si nous sommes malades des poumons, notre *pneumologue*) ; c'est aussi, nous venons de le voir, ce qu'il y a de plus institutionnel, donc de plus contraignant. Il me semble que ce paradoxe entre le plus libre et le plus institutionnel est intéressant pour parler de lui.

Or, la tendance, très fréquemment observée chez les chrétiens est d'opposer l'Esprit-Saint à l'institution. Cela se comprend parce que, justement, les deux sont en tension. Le principe instituant (l'Esprit-Saint) vient sans cesse bousculer l'institué (l'Église). Le pape François, dans ses propos et dans ses actes, illustre bien cette tension. L'institution, il la connaît, il la gère en l'accueillant comme une grâce de Dieu. Mais en même temps, il en sait tout le poids : elle a beau être un « don de Dieu », ce don, comme le dit la formule humoristique, n'apparaît pas toujours comme un « cadeau »… Il lutte donc de toutes ses forces contre le piège qu'elle tend : le piège de se fossiliser, de se contempler elle-même, alors que justement l'Esprit-Saint vient constamment lui demander de se défaire d'elle-même et lui rappeler que, si elle est là, cette Église, c'est pour autre chose qu'elle-même.

N'est-ce pas dans la nature de l'institution de chercher à se préserver, précisément parce que toute construction veut survivre ?

Oui, c'est exactement cela. Le piège dont je viens de parler est inévitable, du simple fait que l'Église est une institution. Or l'Esprit-Saint est celui qui à la fois fait cette institution et en même temps la bouscule. C'est ce que j'ai dit il y a un instant : le principe instituant vient bousculer ce qu'il institue.

Dieu au plus près, omniprésent dans les sacrements

L'Église veut se survivre, mais ne faut-il pas qu'elle garde constamment en mémoire que c'est l'Esprit-Saint qui donne la vie ?

Certes, sinon l'Église se fige et l'histoire nous montre qu'il s'agit là d'une tentation permanente. C'est la raison pour laquelle l'Église a connu de manière récurrente des mouvements de *revival*, de renouveau. Les cisterciens de saint Bernard, les ordres « mendiants » (dominicains et franciscains) ont émergé comme des mouvements de réveil par rapport au monachisme bénédictin qui, comme à Cluny aux xe et xie siècles, était devenu une véritable puissance économique et politique ; aux xive et xve, la *devotio moderna*, un peu comme le renouveau charismatique récemment, s'est levée contre un affadissement assez général de l'Église, en attendant cet autre mouvement de retour à la Parole de Dieu que fut la Réforme de Luther. Bref, quand l'Église ne se laisse pas bousculer, elle est en danger, elle se fige.

Ce qui peut aussi interroger les chrétiens, c'est la nature divine de l'Esprit-Saint. On comprend bien qu'il y a le Père et le Fils, mais le Saint-Esprit pose problème : pourquoi dire qu'il est Dieu ?

Je vais y venir. Et c'est justement pour y venir que je voudrais faire un petit détour, à nouveau, par les sacrements. Car le concile Vatican II a redécouvert le rôle de l'Esprit-Saint en eux. Or qu'y a-t-il de plus contraint que les sacrements ? Pour parler dans le langage de la danse sur glace, le Saint-Esprit, qui inspire des « figures libres », est ici du côté des « figures imposées ». C'est justement ce rapport paradoxal qui me paraît éclairer au mieux la réponse à votre question : « Pourquoi dire qu'il est Dieu ? »

Il me semble important d'abord de noter le rôle de l'Esprit dans les ordinations d'évêques, prêtres ou diacres. Bien avant Vatican II, en 1947, Pie XII avait restauré en ce sens le rite principal de ce sacrement. Car depuis le Moyen Âge[1], on considérait que le rite principal de l'ordination des prêtres se trouvait dans l'acte par lequel l'évêque faisait toucher aux ordinands le calice et la patène en leur disant à chacun : « Reçois le pouvoir d'offrir le Saint Sacrifice de la messe. » Mais ce n'était sûrement pas la tradition ancienne, laquelle considérait que le moment central de l'ordination était celui de l'imposition des mains par l'évêque, accompagnée d'une prière d'épiclèse, c'est-à-dire d'une demande de l'Esprit-Saint sur les ordinands. Pie XII a restauré cette pratique ancienne. Et Vatican II n'a

1. Plus précisément depuis le Pontifical romano-germanique du xe siècle, un livre contenant les prières pour les célébrations présidées par un évêque.

fait ensuite qu'accentuer ce rôle de l'Esprit-Saint comme acteur majeur dans les sacrements : ordination, baptême (pas de baptême sans épiclèse sur l'eau), eucharistie avec la double épiclèse de la prière eucharistique (épiclèse de consécration d'abord sur le pain et le vin, puis épiclèse de communion sur l'assemblée). Et cela vaut pour les Églises d'Orient autant et même plus encore que pour notre Église latine d'Occident.

Y a-t-il d'autres « figures imposées » ?

Oui, mais nous l'avions largement oublié en Occident, le pardon des péchés dans le sacrement de la réconciliation a toujours supposé, dans l'Église ancienne, aussi bien latine que grecque, une demande du Saint-Esprit, conformément aux paroles de Jésus ressuscité : « Jésus souffla sur eux et leur dit : recevez le Saint-Esprit ; ceux à qui vous remettrez les péchés, ils leur seront remis » (Jean 20, 22-23). Ici encore, le même Esprit-Saint, qui est libre comme le vent, est du côté de l'institution : il intègre dans l'Église par le baptême ; il y réintègre par le sacrement de la réconciliation quand on a été infidèle à son baptême. Or, j'ai lu autrefois ce qu'écrivait saint Thomas d'Aquin à propos du sacrement de pénitence : il n'y a pas d'autre allusion à l'action du Saint-Esprit que la référence au passage de saint Jean que je viens de citer. Et Thomas, pas plus que ses contemporains, n'en tire la moindre conséquence théologique : tout est centré sur le rôle du Christ que représente le prêtre. Le père Congar a employé à ce sujet le terme savant de « christomonisme » pour caractériser la théologie latine médiévale, puis moderne : le rôle du Saint-Esprit y est comme absorbé dans celui du seul Christ. Autrement dit, la liberté de l'Esprit est constamment canalisée par l'institution. On peut d'ailleurs mettre cela en rapport avec le *filioque* dont j'ai parlé à propos de la Trinité : l'Esprit, procédant « aussi » du Fils, est sous la dépendance en quelque sorte du Christ.

Cet « oubli » du Saint-Esprit dans les sacrements était peut-être encore plus évident dans le cas du mariage : aucune référence à lui, même dans la bénédiction nuptiale. On peut peut-être voir le signe le plus éclatant de la redécouverte du rôle sacramentel de l'Esprit par les Occidentaux latins, dans le fait que la bénédiction nuptiale suit désormais immédiatement l'échange des consentements au lieu d'en être séparée comme dans l'ancien rituel. Cette bénédiction se fait par imposition des mains du prêtre sur le nouveau couple avec, au moins dans deux des six formules proposées dans le rituel, une invocation du Saint-Esprit qui a tout d'une épiclèse proprement dite.

Mais qu'est-ce que cela change concrètement que l'on ait remis en valeur le rôle de l'Esprit ? Que la grâce vienne de lui ou du Christ, quelle conséquence ?

Voilà une excellente question. Car tout cela n'aurait aucun intérêt si cela ne faisait bouger de manière sensible la compréhension théologique et spirituelle des sacrements. Je reviens sur le dernier exemple dont je viens de parler, le sacrement de mariage. Que l'Esprit-Saint soit invoqué sur les époux signifie, pour le dire le plus simplement du monde, que la conjugalité, y compris bien sûr dans sa dimension sexuelle, peut ainsi être considérée comme un chemin hautement spirituel, et non plus comme un chemin au rabais par rapport au célibat consacré, ainsi qu'on l'a dit depuis de siècles. Certes, en tant que « signe » du Royaume et de la disponibilité à laquelle celui-ci appelle, le mariage n'a pas le même poids que le célibat consacré. En revanche, ainsi que le déclare clairement le pape François, il est à mettre sur le même pied que ce dernier en tant que chemin de sainteté. Il s'agit donc d'une véritable « vocation ». Cela n'est quand même pas un simple détail.

On pourrait même à ce sujet parler, comme on le dit souvent aujourd'hui, d'un « changement de paradigme ». Par exemple, à la question classique au Moyen Âge : « Pourquoi le sacrement de mariage est-il toujours mis en queue dans la liste des sept (baptême, confirmation, eucharistie, pénitence, onction des malades, ordre, mariage) ? », Thomas d'Aquin répond, et tous ses contemporains auraient répondu pareillement : parce que c'est le sacrement qui comporte « le moins de spiritualité ». Évidemment, si on avait intégré à l'époque une invocation de l'Esprit-Saint ou au moins une référence à lui dans la bénédiction nuptiale, il n'aurait sans doute pas dit cela. Mais on ne refait pas l'histoire.

Permettez-moi d'arrêter ici ce détour sur l'Esprit dans les sacrements. Il me paraissait important, parce qu'il montre de manière exemplaire la force du paradoxe que j'ai déjà annoncé : l'Esprit fait l'institution qu'il déborde et même conteste pourtant constamment !

Dieu au plus loin, trois fois Saint

Est-ce pour cela qu'il est difficile de parler du Saint-Esprit ?

Oui, la difficulté est liée, me semble-t-il, à ce paradoxe. Peut-être le verra-t-on encore mieux si j'élargis la perspective. Car ce paradoxe est vrai à tous les niveaux, à trois niveaux plus précisément :

- Dans le rapport entre Dieu et nous les hommes (les sacrements, dont je viens de parler, appartiennent à ce niveau).
- Dans le rapport entre les hommes.
- Dans le rapport interne entre Dieu Père et Dieu Fils, entre Dieu et Dieu si j'ose dire.

Je m'arrêterai davantage sur le premier. À ce premier niveau (celui du rapport entre Dieu et l'homme), je remarque d'abord que, selon la révélation biblique, l'Esprit, à la différence du Père et du Fils, n'a pas de figure humaine. La symbolique de l'Esprit-Saint n'est pas anthropologique, mais cosmologique. Ces grands symboles, vous les connaissez. C'est d'abord tout ce qui est de l'ordre du vent ou du souffle : vent de tempête ou murmure d'une brise légère, souffle qui permet à l'être humain de respirer, donc de vivre. Il y a aussi, et cela est moins connu, l'espace entre ciel et terre (le *ré* des Égyptiens, devenu la *ruah* des Hébreux). Sans cet espace, l'être humain étouffe, il est à court de *ruah*, à bout de souffle, comme étranglé, il ne peut plus respirer, il meurt. L'Esprit crée la distance, il met du jeu dans le rapport à Dieu. Voilà qui me semble important, notamment par rapport à ceux qui se proclament tellement chrétiens qu'ils vivent dans l'immédiateté d'un rapport étouffant à Dieu. Et puis, il y a encore la symbolique du feu, celle, bien connue, de la Pentecôte. Et encore la symbolique de l'eau, citée notamment dans saint Jean au chapitre 8, qui est aussi du cosmique qui file entre les doigts. Ou encore, celle de la colombe, symbolique de jonction entre le ciel et la terre. L'Esprit-Saint déchire les cieux au moment du baptême de Jésus et vient, en descendant comme un oiseau, se poser sur lui. Bref, évoquer l'Esprit-Saint du point de vue biblique, c'est avoir affaire à des symboles cosmiques et pas du tout anthropologiques.

On perçoit immédiatement que l'ensemble de ces symboles ont un trait qu'ils partagent tous, une « isotopie » commune : le feu, l'air, le souffle, l'espace, l'eau, tout cela file entre les doigts, ce n'est pas appropriable, ce n'est pas maîtrisable. Et cela dit évidemment quelque chose de ce qu'est Dieu. L'Esprit-Saint, nous dit Dieu comme étant au plus loin. Il nous dit que Dieu est Dieu et non pas homme. En langage biblique, il nous dit que Dieu est « saint », et même trois fois saint (« Saint, Saint, Saint ») ; raison pour laquelle on qualifie l'Esprit de « Saint », justement. Car lorsque dans la Bible on qualifie Dieu de « Saint », on veut dire que Dieu est hors du monde, qu'il est autre, qu'il est le « Tout Autre ».

Le Saint-Esprit est-il Dieu ?

Mais alors qu'est-ce qui a conduit l'Église à dire que l'Esprit-Saint est Dieu ?

Dire de l'Esprit qu'il est pleinement Dieu, selon la foi de l'Église, c'est dire que Dieu n'est pas appropriable, que Dieu n'est pas maîtrisable, que Dieu n'est pas gérable. C'est tellement vrai qu'aux symboliques cosmiques dont je viens de parler (l'espace, le feu, le vent, le souffle, l'eau) se joint le fait qu'en grec, qui est quand même la langue déterminante pour nous du point de vue théologique, c'est un neutre et non pas un masculin. Je sais bien qu'en hébreu, *Ruah* est féminin. Évidemment, les psychanalystes se sont réjouis de voir qu'en Dieu il pouvait y avoir aussi une « position » féminine. Mais ce qui a été déterminant pour nous, ce n'est pas la féminité de l'hébreu, c'est la neutralité du grec. Cette neutralité va bien avec la symbolique cosmique. On a envie de dire que l'Esprit n'est pas quelqu'un, mais quelque chose, j'exagère évidemment. Il est comme l'« anonyme » de Dieu.

Dans quelles circonstances la divinité du Saint Esprit a-t-elle été affirmée ?

Alors que le concile de Nicée, en 325, était centré sur le Verbe de Dieu, le Fils de Dieu qui est consubstantiel au Père, le concile de Constantinople, en 381, est le concile qui s'est le plus centré sur le Saint-Esprit, afin de répondre à des chrétiens qui niaient sa pleine divinité. Cette réponse est à la fois prudente et claire. Prudente, en ce que les divers qualificatifs divins qui sont appliqués à l'Esprit sont au neutre, et non au masculin : au lieu de dire de l'Esprit qu'il est « le Seigneur » (en grec : le masculin *ho Kurios* était déjà appliqué au Christ), on dit qu'il est le « seigneurial » (un neutre : *to Kurion*). De même, comme nous le disons encore aujourd'hui en récitant le symbole de Nicée-Constantinople (notre grand Credo) : il est le *suntronon*, celui qui « trône avec », il est le *sunbasileuon*, celui qui « règne avec », etc. Prudente donc, cette réponse n'en est pas moins fort claire : le Saint-Esprit est égal au Père et au Fils. « Avec le Père et le Fils, il reçoit même adoration et même gloire », disons-nous dans ce même Credo.

L'Esprit-Saint : moins ce dont on parle que ce qui fait parler

Est-ce qu'on parle beaucoup de l'Esprit-Saint dans la Bible ?

En ce qui concerne toujours le rapport entre Dieu et nous, le paradoxe de l'Esprit se retrouve dans le statut de la Bible. Car, selon le dogme de l'Église, l'Esprit est le principe d'inspiration de l'Écriture comme Parole de Dieu : « Il a parlé par les prophètes. » Si donc il a inspiré les textes bibliques comme « Parole de Dieu », cela veut dire qu'il s'y trouve partout présent. Pourtant (et voilà de nouveau le paradoxe), à côté de la place qu'occupent, dans la Bible, Dieu le Père, ainsi que Jésus le Fils, l'Esprit occupe vraiment la portion congrue dans les textes. Il en est question dans la lettre de saint Paul aux Romains, un petit peu dans saint Jean, on trouve quelques allusions dans les synoptiques, mais il n'y a vraiment pas grand-chose. On peut donc dire que, d'une certaine manière, l'Esprit est partout dans la Bible puisqu'il en est le principe d'inspiration et que pourtant il n'est (presque) nulle part. Qu'est-ce que cela veut dire ? Cela veut dire que l'Esprit est moins un objet *dont* on parle que le principe qui fait parler, qui fait parler de manière appropriée ou ajustée, *sur* Dieu et *À* Dieu.

Quand je dis qu'il fait parler *À* Dieu, je fais évidemment allusion à la prière. C'est quand même fantastique que saint Paul ait pu écrire ces deux choses : « Personne ne peut dire Abba, Père, si ce n'est dans l'Esprit-Saint » et « Personne ne peut dire Jésus est Seigneur, si ce n'est dans l'Esprit-Saint ». L'Esprit-Saint, nous dit Paul, est celui qui nous permet d'avoir une prière « droite » (le mot qui me vient est celui de « rectitude »), c'est-à-dire une prière filiale, pour reprendre le vocabulaire des théologiens du Moyen Âge ; une prière droite par opposition à la prière qu'ils disaient « servile », prière d'esclave, prière qui veut manipuler Dieu, qui cherche à s'emparer des pouvoirs divins pour obtenir plus facilement tel avantage ou éviter telle catastrophe. C'est la raison pour laquelle dans l'histoire de la liturgie, il n'y a pratiquement pas de prière *À* l'Esprit-Saint : on prie le Père *par* le Fils *dans* l'Esprit. Bien sûr, il existe aussi quelques prières adressées à l'Esprit-Saint comme le *Veni Sancte Spiritus*, ou le *Veni creator Spiritus* de la Pentecôte, mais ce sont plutôt des exceptions. La règle qu'atteste la tradition de l'Église, c'est de prier dans l'Esprit-Saint, plutôt que de prier l'Esprit lui-même. Il arrive également qu'on prie Jésus directement, ou plutôt le « Seigneur Jésus » : on n'oublie pas qu'il s'agit du Christ ressuscité auquel on s'adresse alors, comme Étienne au moment de son martyre : « Seigneur Jésus, reçois mon esprit. » Mais, je le répète, la prière de l'Église la plus classique, c'est vraiment de s'adresser au Père et de le faire *par* Jésus, le Fils, le tout *dans* l'Esprit-Saint.

Est-ce que ce n'est pas contradictoire avec la prière de l'épiclèse ?

Pas du tout, car dans cette prière on s'adresse au Père pour qu'il envoie l'Esprit-Saint, on ne s'adresse pas à l'Esprit-Saint lui-même. Cela confirme l'idée que je viens de développer : l'Esprit-Saint, est moins objet à saisir que dynamisme insaisissable ; il dénonce toute instrumentalisation de Dieu. L'Esprit, c'est Dieu inappropriable, donc Dieu « au plus loin » ; et pourtant, c'est en même temps Dieu approprié, et même tellement approprié qu'il fait de nous son « temple », donc Dieu « au plus proche ». Au plus proche, en effet : c'est lui qui « inspire » l'Écriture, faisant de la lettre même, jusque dans son caractère culturellement très marqué, le support incontournable de la « Parole de Dieu » ; c'est lui qui fait les sacrements comme sources du plus hautement spirituel, la grâce de Dieu ; c'est lui qui fait l'Église jusque dans sa dimension institutionnelle et magistérielle : « L'Esprit-Saint et nous-mêmes avons décidé ce qui suit », lisons-nous déjà dans les Actes des Apôtres.

Le corps humain, parabole de Dieu

Comment la Bible formule-t-elle cette proximité de l'Esprit-Saint ?

Cette proximité de l'Esprit se manifeste dès le début de la Bible : Dieu donne vie à l'être humain (« Adam ») dont il vient de former le corps avec de la glaise en y insufflant son haleine. La Genèse emploie le mot hébreu *Neshamah*, qui signifie le souffle ou l'haleine. Ce terme sera traduit en grec par celui de *psuchè* (d'où vient « psychisme »), mais la *Neshamah* de la Genèse devient aussi parfois *Ruah* (l'Esprit), comme dans le psaume 104. On est donc là entre *Neshamah* et *Ruah*. Quoi qu'il en soit, c'est le souffle de Dieu lui-même qui rend vivant l'être humain selon le récit de la création. Déplaçons-nous maintenant à l'autre bout de l'histoire humaine, à la résurrection finale. Nous observons alors que c'est encore l'Esprit qui souffle sur les os de la vallée de Josaphat pour les ranimer, selon Ézéchiel 37 où l'on peut lire une première ébauche de ce que l'on appellera plus tard la « résurrection ». Ainsi, d'un bout à l'autre de l'histoire, l'Esprit est-il caractérisé comme principe de vie dans l'homme.

« Il a parlé par les prophètes » : les livres des prophètes contiennent-ils plus de références à l'Esprit-Saint ?

Avec les prophètes, la perspective est la même, mais sur un autre plan. C'est aussi l'Esprit-Saint qui les imprègne comme l'huile imprègne la peau (« L'Esprit de Dieu m'a consacré par l'onction », dit le prophète Isaïe d'après l'Exil), jusqu'à faire de leur corps une sorte de parabole vivante de Dieu. Le prophète Osée, avec sa volage épouse Gomer, devient ainsi une parabole du rapport entre Dieu et son peuple, un Dieu toujours fidèle qui ne cesse de se mettre à la recherche de son infidèle épouse afin de la ramener à lui. On pourrait multiplier les passages de la Bible en ce sens. J'aime beaucoup le passage où saint Paul, mettant comme un point d'orgue sur cette longue tradition biblique, écrit aux Corinthiens (je paraphrase le début du chapitre 3 de sa seconde lettre aux Corinthiens) : « Qu'est-ce qui légitime mon ministère auprès de vous, quelle est ma lettre d'accréditation ? Cette lettre, c'est vous-mêmes ! Vous êtes vous-mêmes la lettre du Christ. Car cette lettre est écrite non pas avec de l'encre mais avec l'Esprit du Dieu vivant, non pas sur des tables de pierre comme la Torah, mais sur des tables de chair, sur vos cœurs. » Ainsi, l'Esprit fait du corps des personnes, du témoignage de vie que donnent les chrétiens de Corinthe, la preuve vivante de la vérité de l'Évangile qu'annonce Paul. Oui, tel est bien le rôle de l'Esprit : il écrit la Parole de Dieu dans le témoignage de vie des chrétiens. Je trouve cela très parlant ; peut-être d'ailleurs encore plus aujourd'hui qu'autrefois, dans la mesure où, dans la culture actuelle, la crédibilité de la foi chrétienne est de plus en plus dépendante de « récits de vie », comme il est devenu à la mode de le dire, ou de témoignages de vie, tels ceux de Mère Térésa, de l'abbé Pierre ou du pape François.

Ce n'est pas seulement sur le plan des personnes que cette action de l'Esprit est mise en relief, c'est aussi sur le plan de l'Église, du corps Église. Tout le monde connaît le célèbre « vous êtes le corps du Christ » de saint Paul, image qu'il ne craint pas d'exploiter en direction des membres de ce corps, membres qui n'ont pas tous la même fonction, mais dont chacun, y compris le moins noble (celui dont, dit-il, on prend le plus de soin), est précieux pour le bon fonctionnement de l'ensemble. De même son « vous êtes le temple du Dieu vivant ». Or, qu'y a-t-il de plus institutionnel qu'un temple officiel ? Le temple que forment les chrétiens n'en est pas moins hautement « spirituel ».

Mais le plus parlant dans la direction que j'explore, c'est quand même le corps eucharistique. Dans la prière eucharistique, on demande à l'Esprit de faire du pain et du vin le corps du Christ afin que nous, en y communiant, devenions le corps ecclésial du même Christ. Ainsi, l'Esprit-Saint, qui nous dit sans cesse l'altérité de Dieu, sa non-mondanéité, son caractère surprenant, immaîtrisable, est en même temps celui qui vient porter Dieu au plus proche en faisant du pain et du vin le corps et le sang du Christ. Quel paradoxe qui vient comme couronner les diverses expressions que j'en ai déjà données : à travers l'Écriture comme Parole de Dieu ; à travers les sacrements comme médiations du plus hautement spirituel dans le plus institutionnel ; à travers l'Église comme temple spirituel de la présence de Dieu dans le monde. C'est cela pour moi l'Esprit-Saint.

Par vos citations d'Osée ou de saint Paul, on voit que l'Esprit-Saint ne cherche pas à faire des gens des « petits saints », tous coulés dans le même moule.

Non, l'Esprit ne se substitue pas à ce que j'appelle le corps ; le corps demeure et il est ce qu'il est, avec ses résistances et ses pesanteurs. Mais il est investi autrement.

« L'Esprit n'est trouvé que si la lettre n'est pas esquivée »

Cela donne toute sa force au fait qu'être humain, c'est notre condition et elle n'est pas condamnable en soi. Comme le disent plusieurs auteurs, notre tâche, c'est de nous humaniser.

C'est très important, ce que vous dites, je n'y avais pas pensé à ce point-là. Au fond, l'Esprit-Saint nous dit qu'on va au ciel en gardant les pieds bien sur terre. Il respecte l'institution, il respecte le corps, il ne vient pas le remplacer, l'évaporer en quelque sorte, il faut donc faire avec. Et pas simplement comme un mal dont on aimerait se débarrasser, à la manière du dualisme des philosophes grecs, où le plus spirituel de l'être humain (« l'âme ») se conçoit comme prisonnière du « corps », conçu lui-même comme une enveloppe charnelle dont on se « dépouille » enfin au moment de la mort. Non, comme je l'ai déjà dit, et je crois que cette formule est pertinente au point où nous en sommes : en christianisme, le plus spirituel advient dans le plus corporel. C'est un peu dans ce sens que Paul Beauchamp a écrit cette formule que j'aime beaucoup (c'est du Beauchamp tout pur) à propos de la Bible dans *Parler d'Écritures Saintes* : « L'Esprit n'est trouvé que si la lettre n'est point esquivée. » C'est magnifique, et cela rejoint cette autre formule de lui que j'ai citée précédemment : « Dieu parle homme aux hommes ; il ne parle pas seulement d'amour, il parle amour. » On ne doit pas passer à côté de la lettre, on lit le texte tel qu'il est, sans donner dans la facilité d'une lecture toute « spirituelle », dans le style du « libre examen » où chacun interprète selon ses propres sentiments du moment. Cette tentation est particulièrement forte aujourd'hui, et pas seulement du côté des Évangéliques. Elle est là, la lettre, l'institution qui nous précède. Comme le corps, elle résiste, et heureusement. Au fond, l'Esprit-Saint nous remet les pieds sur terre. À nouveau, quel paradoxe ! Dieu ne se substitue pas à nous, Dieu fait avec ce que nous sommes et justement, pour reprendre Beauchamp, la charité de Dieu c'est justement de nous prendre tels que nous sommes et pas de vouloir nous bousculer, pour aller plus vite.

Dans le christianisme, l'homme est pris en considération, avec amour et respect, dans ses qualités et selon ses particularités. Ne peut-on voir là le respect de la création : Dieu a créé et il respecte ce qu'il a créé ?

Absolument ! Pourtant, cela ne s'arrête pas là : le « péché » a corrompu la création, ce « péché originel », dont j'aimerais bien que nous puissions parler par la suite, tant ce qui s'y dit est plein de sens, à condition évidemment de bien le comprendre.

De ce fait, un immense combat humain et spirituel va s'engager entre la lumière et les ténèbres (vocabulaire de Jean) ou la chair et l'esprit (vocabulaire de Paul). La chair n'est évidemment pas à prendre ici simplement au niveau de la sexualité, mais désigne l'incoercible tendance humaine à tout ramener à soi, à se prendre pour le centre du monde, bref à se faire « dieu » à la place de Dieu.

Communion n'est pas fusion

Vous nous avez longuement parlé du rôle de l'Esprit-Saint dans le rapport entre Dieu et les hommes. Qu'en est-il de son rôle dans les rapports entre les hommes ?

À ce niveau encore, nous retrouvons le même type de paradoxe : non plus, comme jusqu'à présent, le paradoxe d'un Dieu qui est à la fois au plus loin et au plus proche, mais le paradoxe d'un Dieu qui crée de la communion entre les humains en promouvant leurs différences. Je pense à ce propos au récit de la Pentecôte dans son opposition au récit de la tour de Babel.

Le récit de Babel est l'expression mythique d'un désir humain profond : celui de vivre en paix en faisant l'unité. Seulement, cette unité, selon ce mythe, est une unité uniforme, une « mêmeté », aurait dit Paul Ricœur : même lieu, même langue, mêmes mots, même œuvre. Or, cette œuvre est celle, nous dit le texte de Genèse 11, d'une tour dont le sommet touche le ciel. La symbolique est aussi claire que forte : c'est Dieu lui-même, dans sa différence avec l'homme, qui est ici visé, c'est à Dieu même que l'homme veut porter atteinte.

C'est l'homme qui veut se faire « dieu » ?

Oui ! La toute-puissance humaine, une toute-puissance que les psychanalystes qualifieraient volontiers d'« hyper-phallique », vient se substituer à la toute-puissance divine. Or quand il n'y a plus de Dieu, c'est l'homme qui se fait dieu. Quand on ne s'agenouille plus devant Dieu, on est prêt à s'agenouiller devant n'importe quoi, comme on le voit bien aujourd'hui, même si cela ne date pas d'aujourd'hui. L'abolition de la différence de Dieu va de pair, dans notre mythe, avec l'abolition de la différence entre les hommes. Chacun est sommé de s'ajuster au discours officiel : même langue, mêmes mots, même œuvre prométhéenne. On est en régime totalitaire : « Je ne veux voir qu'une tête ! » Tant et si bien que la malédiction de Dieu qui se fâche, détruit la tour et brouille les langues est en fait une bénédiction, comme l'indique le très beau livre de François Marty intitulé *La Bénédiction de Babel* sur la communication et le langage.

Qu'il s'agisse de bénédiction, c'est en effet ce que montre le récit de la Pentecôte dans les Actes des Apôtres, récit que l'on peut considérer comme le récit anti-Babel, ainsi que le donne à entendre le fait que Babel est lu comme première lecture à la messe de la Vigile de Pentecôte. Je signale d'ailleurs au passage qu'il m'est arrivé de proposer aux paroissiens une double première lecture lors de la Pentecôte, le récit des Actes étant précédé de celui de Babel. Car l'Esprit de Pentecôte est celui qui, à l'inverse de Babel, réalise une unité entre les représentants de « toutes les nations qui sont sous le ciel », mais de manière opposée à l'uniformité de Babel. Car unité, et même communion, il y a bien en effet : tous entendent la même parole de Dieu. Mais il s'agit d'une communion différenciée : chacun entend cette Parole dans sa propre langue. Je trouve cela si beau que j'y vois la raison d'être et le programme de l'Église. Au niveau d'une paroisse, comme celle dont je suis le curé, il y a là un programme bien concret : réaliser la communion avec des personnes de culture et de tempérament si différents, et vivre cela comme participation au projet de Dieu pour le monde entier. Je pourrais continuer longtemps à développer cette perspective qui me paraît fondamentale pour l'Église. D'autant plus fondamentale qu'elle a un impact politique, culturel et social pour l'ensemble de l'humanité. Tout cela, je le rappelle, est axé sur le même paradoxe de l'Esprit : celui qui, au lieu d'abolir les différences, les promeut pour former une unité.

Selon le troisième niveau que vous nous avez annoncé, en Dieu même, que devient ce paradoxe ?

C'est la même chose à ce troisième niveau, entre Dieu Père et Fils. Olivier Clément, le grand théologien orthodoxe laïc, a écrit de l'Esprit-Saint : « Il est ce mystérieux troisième qui accomplit la différence sans la moindre séparation. » Il crée la plus riche des communions en creusant, pourrait-on dire, la différence.

Fait-il ainsi le lien entre le Père et le Fils tout en défaisant le lien ?

Non, en posant la différence, il ne défait rien du tout. Je m'en suis déjà expliqué précédemment, mais c'est à la fois tellement important et si peu évident que je le redis bien volontiers. Un peu comme vous et moi : rien de plus différent d'un JE qu'un TU. TU, c'est l'autre dans sa différence insubstituable, mais l'autre est toujours « mon autre semblable ». Je m'explique : JE ne dis TU qu'à quelqu'un qui n'est pas moi, mais que je sollicite du même coup de me répondre en reprenant le même JE que moi. La différence ici va de pair avec la similitude. Raison pour laquelle c'est dans les moments d'immense proximité, ceux éprouvés dans l'amour, l'amitié, la confiance, la compassion, que chacun de nous fait l'expérience, déchirante quand il s'agit de souffrance ou de mort, de l'insurmontable altérité de l'autre. « J'aurai beau t'accompagner jusqu'au bout et jusqu'à l'épuisement de mes capacités, tu mourras quand même seul(e). » Il me semble que comprendre le rôle de l'Esprit par analogie avec la réalité anthropologique que je viens de rappeler, est riche de sens.

Par ailleurs, je n'oublie pas que l'Esprit, en grec, est un nom neutre. Neutre : ce terme d'origine latine signifie qu'il est « ni l'un ni l'autre » *(ne-uter)* du Père et du Fils, manière de dire encore que l'unité des deux va de pair avec leur différence. Mais nous sentons bien que, arrivés à ce point, nous sommes dans le domaine du non représentable. Ici, il faut en effet renoncer à nos représentations, mais ce renoncement est difficile. Il est pourtant essentiel. L'important est que ce que je viens de suggérer ouvre un espace plein de sens à notre foi en Dieu Trinité, et nous donne ainsi à vivre.

L'Esprit nous remet les pieds sur terre

Comment faire pour que l'Esprit, même s'il n'a pas de représentation humaine, même si on utilise des symboles cosmiques pour en parler, soit vu à « égalité » avec le Père et le Fils ?

Pour dire que Père, Fils et Esprit ne sont pas de simples fonctions différentes d'une même essence divine mais ont une personnalité propre, on n'a rien trouvé de mieux, dans les premiers siècles, que d'employer le terme grec de *prosopon*, ou le terme latin de *persona*, termes qui, ainsi que je l'ai dit à propos de la Trinité, désignaient le masque de théâtre ou, si l'on veut, le « personnage » de théâtre dans son individualité singulière. C'est cette individualité irréductiblement originale qui est devenue ce que nous entendons par le terme de « personne », avec ce que ce terme connote aujourd'hui comme autonomie et comme dignité à respecter. Quoi qu'il en soit, il est important, comme vous le rappelez, de lutter contre une sorte d'évaporation de l'Esprit, évaporation que les actuelles tendances nommées *New Age* ne font qu'accentuer. Il faut donc le dire clairement : l'Esprit-Saint est une personne. C'est pourquoi, lorsque la prière est adressée à lui, même si, comme je l'ai déjà dit, elle reste assez marginale dans la tradition liturgique de l'Église, on la formule en TU.

Au bout du compte, vous devinez probablement pourquoi j'aime bien parler de l'Esprit-Saint. Il nous dit l'absolue spiritualité de Dieu, mais il nous la dit, non pas, comme certaines exaltations de groupes chrétiens tout au long de l'histoire pourraient le faire penser, en nous faisant gamberger dans les nuages (si j'ose cette expression), donc en nous arrachant à la terre, mais en nous y ramenant au contraire. L'Esprit, cet Esprit qui fait l'Église jusque dans sa dimension la plus institutionnelle, nous remet les pieds sur terre. Telle est sa tension constitutive.

11

LA RÉSURRECTION, « L'IMMORTALITÉ DE L'ÂME » EN BEAUCOUP MIEUX

La résurrection : voilà bien une composante de la foi chrétienne qui pose question à beaucoup. Certains chrétiens préfèrent même l'idée de réincarnation... Comment ressusciterons-nous ? Que reste-t-il de notre corps après la mort ?

Le « ce-sans-quoi » de la foi

C'est vrai, la résurrection, cela pose plein de questions. On peut donc être tenté de la reléguer au second plan. Or, je voudrais rappeler que ce n'est pas simplement, comme on dit, un article de foi ; ce n'est même pas le plus important des articles de foi ; c'est le « ce sans quoi » il n'y aurait pas la foi chrétienne. « Si Christ n'est pas ressuscité, vaine est notre foi », écrit saint Paul aux Corinthiens. On a donc affaire au fondement même de la foi. Avant de dire « Je crois À la résurrection », l'Église dit « Je crois EN Jésus ressuscité » ; « Je crois PARCE QUE la résurrection de Jésus a été attestée, je crois PARCE QUE Jésus est ressuscité ». Ce n'est pas du tout secondaire.

Mais une fois qu'on en a dit l'importance théorique, reste à s'interroger sur le pourquoi de cette importance. Quel en est donc l'enjeu ? Pourquoi, par exemple, ne pas se contenter de ce que les philosophes grecs, à la suite de Socrate, nommaient l'immortalité de l'âme, idée qui semble plus aisément appropriable que celle de « résurrection de la chair » ?

Dieu a un faible pour les faibles

Je comprends cette affaire de la manière suivante. Mon point de départ se trouve au terme de la révélation biblique, tout à la fin de ce gros livre qu'est la Bible, dans la première lettre de saint Jean. Nous sommes à la fin du Ier siècle. Quelque part du côté d'Éphèse, sur l'actuelle côte turque, la communauté johannique, après avoir longuement ruminé l'ensemble de la révélation biblique depuis Abraham, en la mettant en rapport avec la mort et la résurrection de Jésus, en vient à laisser émerger cette formule : « Dieu est amour. » Formule archi-simple, à la portée d'un enfant de CP : sujet, verbe, attribut. Mais si c'est si simple, pourquoi ne l'avait-on pas dit auparavant ? Pourquoi n'y avait-on pas pensé ? Ma réponse est immédiate et claire : parce que ce n'était pas pensable. Et pourquoi n'était-ce pas pensable ? Parce que les hommes se sont toujours fait de celui ou de ceux qu'ils nommaient « dieu(x) » une représentation qui n'est autre, comme le disent les psys aujourd'hui, que la projection de leurs désirs les plus primaires : un dieu justicier et vengeur ; un dieu qui est forcément pour nous qui sommes forcément les bons, et contre les autres qui sont forcément les méchants ; un dieu qui rejoint au fond celui de notre enfance, quand nous jouions au gendarme et au voleur dans la cour de récré. C'est vrai même pour les philosophes grecs qui avaient pourtant sérieusement affiné et spiritualisé la conception de la divinité. Le grand dieu des Grecs ou des Romains, Zeus ou Jupiter, n'avait rien à voir avec l'amour. Les hommes cherchaient seulement à se le concilier autant qu'ils le pouvaient en évitant de transgresser, même involontairement, tel ou tel tabou et en lui offrant des sacrifices pour apaiser son courroux. C'est justement cette représentation d'une Toute-Puissance toujours menaçante que la Bible défait peu à peu. Mais que de temps il y a fallu… Que de temps il nous faut à nous aussi pour consentir (et consentir sans ressentiment, aurait dit Nietzsche) à pareille conversion.

En effet, le temps long de la Bible représente pour moi (et c'est très exactement là que je vois la Bible comme une « révélation » au sens fort de ce terme) le temps qu'il faut à chacun, aujourd'hui comme hier, pour une telle conversion. Pensez donc : il s'agit de se défaire de cette représentation d'omnipotence pour acquiescer à un Dieu qui a un faible pour les faibles : Abel *versus* Caïn, Jacob *versus* Esaü, Israël *versus* l'Égypte ; dans l'Évangile : le fils prodigue *versus* le fils aîné qui a tout bien fait ; la brebis perdue *versus* les quatre-vingt-dix-neuf brebis rentrées sagement au bercail ; les ouvriers de la dernière heure *versus* ceux de la première, lesquels sont forcément jaloux de voir qu'ils ne sont pas mieux rémunérés que ceux qui n'ont travaillé qu'une heure… Marie, dans son *Magnificat,* point d'orgue de la lente révélation de Dieu à travers le destin du petit peuple d'Israël, l'a bien chanté : « Il renverse les puissants de leur trône et élève les humbles. » C'est cela qui permet de comprendre pourquoi Dieu a donné raison au grand Vaincu de la croix en le ressuscitant d'entre les morts. Il lui a donné raison parce qu'il a vécu jusqu'au bout sa parole : « Pas de plus grand amour que de donner sa vie pour ceux qu'on aime. » Il lui a donné raison d'avoir aimé à en perdre la vie.

Je crois que je serai vivant en Dieu

Si nous vous suivons bien, vous partez de la fin ?

Oui, mon point de départ, c'est le point d'arrivée de la révélation biblique : « Dieu est amour. » S'il en est ainsi, cet amour de Dieu pour nous ne peut s'arrêter au moment de la mort, un peu comme si Dieu refermait alors ce qui n'aurait été qu'une parenthèse. Donc, par-delà la mort, cela perdure. Mais comment ? Il est clair que ni vous ni moi ne pouvons nous représenter comment cela continue. Les philosophes grecs parlaient d'immortalité de l'âme. La Bible, elle, de manière d'ailleurs assez tardive (après l'Exil seulement), parle de résurrection. En fait, la visée est la même dans les deux cas : la mort n'est pas la fin de tout. C'est la manière de comprendre qui est différente. Mais il faut bien voir que cette différence de compréhension est porteuse d'un enjeu existentiel fort différent, sur le plan collectif aussi bien que sur le plan individuel. Cet enjeu est loin d'être réductible à une simple idée. De manière un peu provocante, je dirais que la résurrection exprime la même chose que l'immortalité de l'âme, mais en beaucoup mieux.

Il faut évidemment que je m'explique ! « Je crois à la résurrection de la chair », disons-nous dans le Credo. Il est capital de préciser que ce terme de « chair » ne désigne pas, du point de vue biblique, les cellules biologiques, mais l'être humain dans sa totalité. On comprend tout de suite que la formule biblique « toute chair verra le salut de Dieu » signifie « tout être humain ». De même, les mots de saint Paul dans sa seconde lettre aux Corinthiens « à notre arrivée en Macédoine, notre chair ne connut pas d'apaisement », signifient : « Je ne connus pas d'apaisement. » Dans le même sens, il faut bien entendre la parole de Jésus à Gethsémani : « L'esprit est ardent mais la chair est faible. » L'anthropologie juive n'est pas l'anthropologie grecque : la « chair » désigne tout l'être humain en tant que marqué par la faiblesse et voué à la mort (ce n'est donc pas assimilable à la sexualité), là où l'« esprit » désigne ce même être humain en tant que tourné vers Dieu. Par conséquent, dire « je crois à la résurrection de la chair », c'est dire « je crois que je serai vivant en Dieu ».

Je signale au passage que ce que je viens d'énoncer à propos de la « chair » vaut pareillement pour le « corps ». Quand Jésus dit « Ceci est mon corps », il ne se réfère pas à son corps physique comme tel, à ses cellules biologiques, mais à sa personne, exactement comme s'il disait : « C'est moi, c'est ma vie que je vous donne. » Et quand il ajoute « mon sang », il ajoute la dimension du martyre : « C'est ma vie donnée en martyre jusqu'au sang. » C'est très simple, mais il est important de le dire et de le redire.

Le corps : une entrave pour l'âme ?

Ne sommes-nous pas toujours influencés par le dualisme grec qui fait du corps une prison pour l'âme ?

L'être humain est chair, ou corps, mais corps animé par l'esprit ou le souffle de Dieu, dit la Bible. Là encore, cette animation rejoint l'idée de l'âme chez les Grecs. Mais dans le monde grec, l'être humain est composé d'une âme et d'un corps, le corps étant finalement comme une sorte de prison pour l'âme, puisqu'il fait obstacle à l'épanouissement spirituel de l'homme, il l'entrave, il en est comme la prison ou le tombeau (jeu de mots en grec sur *sôma/sèma* = corps/tombeau) ; si bien que la mort est le moment où l'âme peut enfin se libérer : elle s'envole en quelque sorte, c'est ainsi du moins que je me représentais plus ou moins les choses quand j'étais enfant. Du défunt, il ne reste donc plus que le corps, la « dépouille », comme aiment à le dire encore fréquemment les journalistes, eux qui pourtant se veulent à la pointe du progrès. Quel mépris pour la personne dans ce langage. Et quel étonnement que ce langage médiatique soit aujourd'hui si aisément reçu, dans une culture qui exalte tellement le corps, l'« être-bien-dans-sa-peau ». Cela vient justement du dualisme grec dont nous sommes les héritiers. Pour les Grecs, l'être humain est une âme dans un corps, le corps étant une entrave pour l'âme, alors que pour les Juifs, l'être humain est un corps animé. N'est-ce pas pour cela qu'au cours des obsèques, on encense le corps du défunt pour l'honorer ?

L'âme « forme substantielle » du corps

On a cependant beaucoup parlé d'âme en théologie chrétienne, donc d'un concept non biblique. Comment faut-il le comprendre ?

Il en a bien été ainsi en effet. C'est dû à ce que l'Église a inculturé l'Évangile dans le monde grec ; elle en a donc adopté le langage et les schèmes de pensée. Cette inculturation est importante, et pas seulement pour le christianisme lui-même, lequel a constitué un facteur déterminant dans la constitution du socle culturel sur lequel est fondée notre société occidentale dans ses dimensions politiques, éthiques, scientifiques ou techniques. Or ce socle n'est-il pas au croisement du Juif et du Grec, des prophètes bibliques et de la rationalité hellénistique ? Mais il ne faut pas être victime des représentations dualistes du monde grec. Par conséquent, je ne me scandalise pas de ce qu'un certain nombre d'oraisons liturgiques, pour les funérailles notamment, ont évoqué tout naturellement l'âme immortelle, très fréquemment autrefois, plus rarement aujourd'hui. Mais on peut évidemment préférer un autre langage liturgique et théologique.

Beaucoup de chrétiens imaginent l'âme comme une sorte de forme. Peut-on penser que le corps se dissout mais que l'âme reste et reconstitue la personne ?

Vous venez d'employer le mot de « forme ». Or il s'agit là d'un terme philosophique important dans la philosophie d'Aristote et, par suite, dans la théologie de saint Thomas et de ses contemporains scolastiques. Si je résume l'affaire – mais c'est un peu savant, évidemment – je dirai que, pour eux, la « forme » est ce qui permet à la « matière » d'exister concrètement, sinon ladite « matière » reste virtuelle, elle n'existe pas « en acte ». On parlait même de « forme substantielle » et on appliquait cela à l'âme dans son rapport au corps. Encore une fois, c'est un peu savant, mais cela vaut bien quelques phrases, à mon avis. Car cela veut dire que, pour saint Thomas et ses contemporains du Moyen Âge, l'homme n'est pas compris comme l'union de deux substances qui seraient simplement associées, l'âme et le corps, mais comme une seule réalité dans laquelle l'âme est la « forme substantielle » du corps, donc ce qui lui permet d'exister comme un individu singulier. On n'est plus dans le dualisme de Platon.

Il n'en demeure pas moins que le langage liturgique, qui est de nature plus métaphorique que conceptuelle, en priant fréquemment pour « le salut de l'âme » de Pierre ou de Jeannette (*a fortiori*, « pour les âmes du purgatoire », ce qui est une expression assez exécrable dans notre culture), tend forcément à entretenir dans le peuple chrétien des représentations primaires d'ordre dualiste. Il n'est donc pas indifférent que l'on soit attentif aujourd'hui à ce problème sur le plan pastoral autant que théologique. Il y va de la crédibilité de l'Évangile dans notre culture.

« J'ai » un corps et « je suis » corps

Vous nous parlez de l'Antiquité et du Moyen Âge, mais quels sont les apports des philosophies contemporaines dans ce domaine ?

Nous sommes culturellement habités aujourd'hui par une anthropologie assez différente de celle des siècles précédents. Le « dépassement » de la métaphysique classique et l'émergence des courants phénoménologique et herméneutique, en sont l'expression la plus forte[1]. À titre d'exemple, François Marty, dans son ouvrage que j'ai déjà cité, *La Bénédiction de Babel,* définit l'être humain comme un « corps signifiant » ; il aurait pu dire aussi un « corps parlant ». Qu'on le veuille ou non, on a affaire à autre chose qu'à l'anthropologie médiévale. Penser l'être humain comme corps signifiant ou parlant, c'est le saisir comme corps habité, habité par un langage, par une culture, par un désir. Cela est vrai, nous a fait comprendre la psychanalyse (et notamment, sur ce point précis, Mélanie Klein), dès le ventre maternel, lequel n'est pas seulement une matrice physiologique, mais bien aussi une matrice de désir et de culture : une mère africaine dans une société traditionnelle ne porte pas l'enfant à naître de la même manière qu'une mère parisienne de haut niveau culturel, et celle-ci ne le porte pas non plus de la même manière que les mères vendéennes, paysannes et chrétiennes, de mon enfance. De même, le désir individuel de chaque mère investit lui aussi (peut-être faut-il dire « in-forme » au sens de « donne forme » personnelle) différemment l'enfant.

Mais le grand miracle, si j'ose dire, c'est lorsque se produit le passage : passage du ventre rassurant à l'extérieur redoutable. Il s'agit bien d'une « venue au monde ». On coupe alors le cordon et on suture l'ombilic. La trace de l'origine est certes indélébile, mais elle est fermée, marquant ainsi l'impossibilité de revenir dans le ventre maternel. Que de deuils il faudra faire par la suite pour que cet interdit primordial soit pleinement assumé. Mais comment faire pour vivre, alors que le rapport

1. Ces deux derniers courants sont d'ailleurs fortement associés chez quelqu'un comme Paul Ricœur.

initial à la mère est désormais barré ? La solution, elle est dans les « trous du corps », comme le disait le psychanalyste Denis Vasse. Grâce à eux en effet (yeux, oreilles, bouche), le bébé va pouvoir communiquer avec sa mère, son père, son entourage, mais c'est à distance qu'il devra communiquer et non plus être dans la fusion. On appelle cela aujourd'hui la symbolisation, c'est-à-dire l'articulation entre deux réalités (la mère et l'enfant en l'occurrence), qui ont chacune leur autonomie (la *symbolè* en grec désigne par exemple l'articulation du coude, du genou). C'est le langage qui va permettre cette bonne articulation, cette bonne communication dans la distance : le langage verbal, bien sûr, qui s'élabore peu à peu, mais aussi le quasi-langage du corps, quasi-langage, parce que tout ce qui se dit à travers les regards, les mimiques, les gestes, les sourires ou les pleurs est susceptible d'être interprété en langage verbal. Ainsi, ce sont les relations avec son entourage qui vont permettre au bébé de s'humaniser, donc d'assumer sa vie de manière autonome.

Nous retrouvons alors le corps, ce « corps signifiant » ou « parlant » qu'est l'être humain. Car tout ce que je viens d'exprimer sur l'émergence du sujet humain (« sujet » est équivalent à « personne », mais a l'avantage d'être moins immédiatement affecté de connotations morales ou religieuses) signifie ceci : la constitution la plus hautement spirituelle de l'être humain se fait grâce à la relation, grâce à la communication, grâce au langage, grâce à la culture, appelez cela comme vous voulez, c'est-à-dire grâce au CORPS. C'est cela, le « corps », en tant qu'il est bien corps de l'être humain, donc « corps signifiant », pour la phénoménologie contemporaine. Il n'est évidemment pas réductible à un simple objet, ou même à un simple instrument à la disposition de l'« âme ». Ce corps est bien certes organisme – pas de regard signifiant sans les yeux – mais organisme en tant que médiation de relation, de communication, de langage. Quand je dis « médiation », je veux dire, comme Paul Ricœur, « milieu dans lequel » s'élabore le devenir homme. Il s'agit donc de ce que le même Ricœur appelle « le corps mien » ce corps qui est moi et dont je peux dire à la fois « j'ai un corps » – et donc je me résigne à mourir –, et « je suis corps », – et je proteste contre le scandale de la mort. J'ai un corps comme organisme, je suis corps comme corps parlant.

Le plus spirituel dans le plus corporel

L'expérience de la maternité est une chose singulière : la mère peut avoir besoin d'un certain temps avant de pouvoir appeler l'enfant par son nom, car au début, ce n'est pas encore autre chose qu'elle-même. Cette chose qui vivait à l'intérieur d'elle, avec laquelle elle entretenait une relation spéciale, tout à coup, elle la « met au monde » et le monde s'en empare et l'appelle par son nom !

J'aime beaucoup votre manière d'exprimer votre expérience de maternité. Le fait de nommer est très important : c'est un TU que l'on nomme, un autre que soi ; et quand cet autre vient de soi, cela prend les dimensions affectives très fortes que vous venez de dire. La maternité est une épreuve de séparation, qui appelle aussitôt une relation, parce que l'épreuve en question est autant et même davantage d'ordre symbolique que d'ordre physique. En tout cas, c'est la relation, le langage ou le quasi-langage comme je l'ai dit, qui fait l'être humain. Et cela, qui peut être hautement spirituel, s'effectue inévitablement par le corps : les adresses, les sourires, les gestes. Dois-je ajouter que ce que je viens de dire en ce qui concerne la petite enfance vaut tout au long de la vie. J'ai déjà évoqué, en parlant de l'eucharistie, « le pain de la parole » : sans reconnaissance dans le regard, l'écoute, les mots de quelqu'un, le sujet humain est mort en tant qu'humain.

Et la résurrection ?

Tout cela passe par le corps et a quelque chose à voir avec ce que nous appelons la résurrection. Si, comme je l'ai fait, on saisit l'être humain comme corps animé ou corps signifiant ou corps parlant, on comprend, comme j'aime à le dire jusque dans une homélie d'obsèques, que ce qu'il y a de plus hautement spirituel en moi ne s'est pas construit autrement qu'à travers le corps, c'est-à-dire à travers des regards, des caresses, des paroles de confiance, de reconnaissance, parfois aussi de reproche, à travers des services rendus. Le plus hautement spirituel, c'est ce JE que je suis et qui est appelé à vivre en Dieu par-delà la mort s'il est bien vrai que « Dieu est amour », ce JE qui est aussi unique au monde et aussi insubstituable que la rose du Petit Prince. Finalement le plus hautement spirituel se construit dans le plus corporel. Parce qu'il se construit dans la relation.

Du même coup, ce JE qui est appelé à vivre en Dieu par-delà la mort – s'il est bien vrai, je le répète, que « Dieu est amour », révélation qui a trouvé son point d'aboutissement dans la résurrection de Celui qui a donné sa vie pour tous jusqu'au sang versé en « sacrifice » – est celui même qui a été progressivement édifié par le corps dans sa plus haute identité spirituelle. La notion biblique de résurrection – de la chair ou des corps –, rejoint la même intuition que celle de l'immortalité de l'âme : la vie humaine ne s'achève pas avec la mort ; celle-ci n'est pas le trou final. La visée est donc bien la même, mais « résurrection » le dit de manière beaucoup plus riche : pour les Grecs, le JE est d'autant plus riche en humanité qu'il réussit à se « dépouiller » de son corps au bénéfice de son « âme » ; pour la Bible, c'est l'inverse : sa richesse en humanité lui vient de tout ce qui a été tissé au long de sa vie à travers son corps, c'est-à-dire ses relations.

Mais là, est-ce que vous ne donnez pas du combustible à ceux qui disent : « finalement, nos relations, notre corps parlant, il est le résultat d'un fonctionnement biologique de tous nos neurones qui interagissent entre eux, et finalement quand ce corps physique est mort, il n'y a plus rien, parce que ces relations étaient dans cette biologie du corps » ?

On n'est pas obligé de donner dans le matérialisme, même plutôt « soft », dont vous vous faites l'écho et qui est aujourd'hui en effet assez à la mode. Ce disant, je ne conteste aucunement les apports des neurosciences, cela m'émerveille plutôt. Les actuelles recherches sur la structure et le fonctionnement du cerveau déplacent quelque chose dans notre manière de comprendre l'être humain, et cela a un impact culturel déjà sensible. Mais enfin, pour faire écho aux très fines remarques que faisait Paul Ricœur à son interlocuteur « matérialiste » Jean-Pierre Changeux (c'est dans son ouvrage *La nature et la règle*), le fait que je ne puisse pas prendre mon verre sans ma main ou penser sans mon cerveau ne m'amène pas à dire pour autant « ma main prend mon verre » ou « mon cerveau pense », mais bien « JE prends mon verre », « JE pense ». Tout est là, dans cette différence de langage.

L'objection dont vous vous faites l'écho n'affecte donc pas, selon moi en tout cas, mes propos précédents sur la résurrection. Je me permets de le redire : si Dieu est amour, la vie ne s'arrête pas au moment de la mort. Donc JE suis appelé à vivre en Dieu. Et ce JE est ce qui est advenu de chacun dans sa plus haute constitution spirituelle à travers le corps.

Le même mais tout autrement : du grain à l'épi

Finalement y a-t-il une façon de représenter la résurrection ?

Comment se représenter ce JE ressuscité ? Une telle représentation, parce qu'elle déborde radicalement notre expérience humaine, ne peut qu'être approchée à travers des images. Mais, comme les symboles, les images « donnent à penser » disait Ricœur. Précisément, l'image qu'emploie saint Paul à ce sujet dans sa première lettre aux Corinthiens me semble très parlante : c'est celle du grain de blé qui doit tomber en terre pour porter du fruit. Une telle comparaison dit quelque chose d'essentiel : entre le grain dissout en terre et ce qui sort de lui (tige verte, puis épi), il n'y a aucune ressemblance et pourtant c'est bien la même chose. C'est le même mais tout autrement. Ainsi en va-t-il analogiquement pour nous-mêmes : par-delà la mort, je suis appelé à être ce que je suis, le même, mais tout autrement ; et cet « autrement » n'est pas représentable. Pas plus que Jésus ressuscité n'était représentable. Certes, les disciples attestent tous qu'ils l'ont vu, ou plutôt qu'il « s'est fait voir » à eux ; ils l'ont reconnu comme étant bien « le même », que celui qui avait été crucifié au nom de Dieu, raison pour laquelle il se fait reconnaître non pas à son visage comme il en va normalement de la reconnaissance de toute personne, mais aux marques de sa mort, les plaies de ses mains et de ses pieds ; mais ce même était tellement autrement que les témoignages s'épuisent en quelque sorte à nous le décrire : il traverse les murs, il disparaît sitôt que reconnu, ici il se laisse toucher et là on ne peut le toucher, ici il est à Jérusalem et là il est en Galilée, etc.

Au bout du compte, la difficulté pour moi ne porte pas sur la résurrection elle-même, mais sur Dieu. Est-il vrai que Dieu, en ressuscitant Jésus, lui a donné raison d'avoir aimé jusqu'au sang versé ? Est-il vrai, par conséquent, que Dieu est amour ? Que, en dépit souvent des apparences, il est fidèle à sa Parole, à sa promesse ? Si cela est vrai, alors JE suis appelé à vivre en lui par-delà ma mort. Et le terme de « résurrection » pour dire cette vie en Dieu non seulement ne crée pas une difficulté supplémentaire par rapport à l'immortalité de l'âme, mais dit cette vie de manière plus riche et plus juste. Mais on a totalement quitté à ce sujet les représentations infantilisantes qui habitent trop de gens encore aujourd'hui. Beaucoup en effet continuent de prendre à la lettre les images (ce ne sont que des images) de la résurrection, telle qu'elle est décrite dans la grandiose vision du prophète Ézéchiel : les os qui se raboutent, la peau et les cheveux qui repoussent, etc. Autant les peintres et les musiciens ont pu trouver là une heureuse source d'inspiration, autant les croyants doivent se garder de confondre le réel avec ces représentations.

Aimer assez la vie pour croire à la résurrection

La foi à la résurrection est en tout cas parfaitement cohérente avec l'ensemble de la révélation biblique de Dieu, un Dieu qui veut notre bonheur en nous faisant partager sa vie. Mais il me faut quand même rappeler que la résurrection, du point de vue de la théologie chrétienne, n'est pas un dû de la part de Dieu, mais un don gratuit qu'il nous fait. J'aime beaucoup à ce sujet ce qu'avait écrit le grand théologien luthérien allemand Dietrich Bonhoeffer, alors que, en prison pour s'être opposé au nazisme hitlérien, il redoutait la mort. Je vous lis la phrase tirée de *Résistance et soumission*, elle est magnifique :

> Ce n'est qu'en aimant assez la vie et la terre pour que tout semble fini lorsqu'elles sont perdues qu'on a le droit de croire à la résurrection des morts et à un monde nouveau.

Cette formule n'est pas simple ! D'abord, parce qu'il y a beaucoup de gens qui ne réussissent pas à aimer leur vie. Ensuite, parce que si c'est Dieu qui nous a créés, ne nous « doit-il » pas aussi la résurrection pour aller jusqu'au bout de sa « création » ?

En effet, si je conçois mon existence comme créée par Dieu, donc donnée par lui, votre observation est juste : la résurrection est un « dû » de la part de Dieu, mais un dû dépendant d'un don primordial de sa part, celui de ma propre existence... Mais Bonhoeffer a autre chose en tête quand il écrit sa phrase : ses chances de survie sont minces. C'est dans ce contexte dramatique que, ayant le sentiment d'aimer cette existence qu'il va probablement devoir perdre, il se rappelle la promesse de Dieu : un Dieu dont il a appris à travers la Bible qu'il est fidèle à sa Parole. Alors, sa formule me paraît doublement intéressante. D'abord, parce qu'elle souligne que la résurrection est comme l'ultime aboutissement du don qu'il nous fait de notre propre existence. Ensuite, parce qu'elle prend le contre-pied immédiat du célèbre « opium du peuple » de Marx à propos de la religion qui viendrait compenser illusoirement les malheurs de la vie présente, puisqu'elle s'appuie au contraire sur l'amour de cette vie.

Nous mourrons moins bêtes mais nous mourrons quand même

On comprend que la résurrection s'identifie à la vie éternelle. Cependant est-ce la vie en Dieu tout de suite dès la mort ou bien faut-il attendre le jugement final de tous les hommes, selon la parabole du jugement dernier ?

Il y aurait beaucoup à dire à ce sujet, puisque cela touche au rapport entre ce qu'on appelle le jugement particulier, au terme de notre histoire personnelle, et le jugement général, au terme de l'histoire humaine. Sommes-nous ressuscités dès notre mort ou notre résurrection doit-elle « attendre » la fin du monde ? La question est inévitable, mais elle est dangereuse, parce qu'elle redouble les représentations infantilisantes que j'ai déjà dénoncées. Alors, soyons prudents. Mais prudents ne signifie pas muets.

On connaît le bon mot de Pierre Dac : « L'éternité, c'est long, surtout vers la fin ! » Un tel humour nous rappelle immédiatement qu'il n'y a pas de temps dans l'éternité ; ou que celle-ci n'est pas du temps qui s'étirerait à l'infini. Alors comment résoudre au mieux le problème ? D'un côté, on peut dire que, une fois mort, on entre dans la vie éternelle, puisque la vie humaine est unique et qu'il n'y a pas de session de rattrapage, si l'on peut dire, encore moins de cycle d'innombrables vies, comme dans le bouddhisme ou l'hindouisme où il s'agit après moult réincarnations *(samsara)* d'échapper à la loi du *karma* pour accéder au *nirvana*, une vie sans souffrance. En même temps, la résurrection n'est achevée que si elle l'est pour tous. Je m'explique un peu sur ce point.

À nouveau, l'humour dit bien les choses : « Le ciel est une grandeur en croissance. » La formule du grand Karl Rahner touche juste. Elle souligne l'importance de la dimension de solidarité entre les humains. Chacun n'existe que dans la relation, ai-je développé précédemment, nul n'est une île. Le bonheur éternel ne peut se concevoir au niveau simplement individuel. C'est le même rapport, mais inversé, que celui qui est en jeu dans le « péché originel » sur lequel je reviendrai : de même qu'il existe une solidarité héritée par tous depuis le premier Homme (« Adam »), de même la vie en Dieu ne peut se concevoir sans relation à autrui. C'est déjà vrai sur le plan humain, mais ce l'est plus encore en ce qui concerne la Vie avec une majuscule : en Dieu, on ne peut être heureux tout seul. La notion de jugement à la fin des temps, ce jugement de toute l'humanité dont l'admirable mise en scène de Matthieu nous dit qu'il se fera sur l'amour (« j'avais faim, et vous m'avez donné à manger »), signifie cette dimension collective et solidaire du bonheur en Dieu. Il y a là une vérité profonde.

Finalement, je dirais que l'on a moins affaire à deux jugements séparés (l'éternité est hors temps, je le rappelle) qu'à deux faces du même jugement ou d'une même résurrection, la première (individuelle) ne pouvant se concevoir sans son rapport à la seconde (collective). Cela en tout cas me suffit pour montrer la profonde cohérence de la foi. Je l'ai déjà dit :

la foi n'est certes pas rationnelle, mais elle n'en est pas moins raisonnable, très raisonnable même. Si raisonnable qu'elle peut aussi apporter du grain à moudre à la raison critique, comme le suggère ce que je viens de développer.

J'espère en tout cas que les lecteurs de ces quelques réflexions théologiques sur la résurrection pourront vérifier pour eux-mêmes la justesse de la formule (encore humoristique !) d'une désopilante émission d'Arte régulièrement conclue par la formule : « Comme ça, vous mourrez moins bêtes, mais bon, vous mourrez quand même ! »

12
AVANT LE PÉCHÉ, LE PARDON

Vous nous avez longuement parlé de la miséricorde de Dieu, par laquelle s'exprime sa toute-puissance, tel le doigt pointé par Jésus vers Matthieu dans le tableau du Caravage, et vous nous disiez que c'est le pardon qui révèle le péché. Avant de préciser ce lien entre miséricorde et péché, est-ce qu'on peut s'arrêter un peu sur la notion de péché ?

Ce que l'on appelle proprement « péché » ne se comprend justement qu'à partir du pardon. Voilà, selon moi, quelque chose de vraiment important sur le plan aussi bien théologique que spirituel. Seulement, il faut bien saisir que c'est de « péché » que je parle, et pas simplement de faute morale. Voilà une distinction fondamentale que bien peu de chrétiens ont appris à faire. Je voudrais donc m'y arrêter.

Passer du magique à l'éthique

Il est important de distinguer trois plans : le magique (comme dit Paul Ricœur), l'éthique (ou le moral) et le théologique (ou mieux ici : le théologal).

Si j'en reste au niveau magique, est faute toute transgression, même involontaire, d'un interdit ou d'un tabou. La faute est liée à une force qui peut vous être totalement extérieure, sans que le moindre acte de volonté y soit pour quelque chose. Cette faute vient donc vous salir, comme une tache sur la peau qu'il faudrait laver ou effacer. Cela n'est pas sans rappeler le « Beurk ! C'est caca » de la maman au petit enfant que nous avons été. Nous sommes ici au niveau de la symbolique la plus primaire du mal, celle qui nous est aussi la plus extérieure.

Passer du magique à l'éthique, c'est croiser cette extériorité du mal avec un certain degré d'intériorité, donc de consentement et de responsabilité. L'extériorité demeure puisque l'on s'y sent poussé comme par une force plus ou moins puissante qui peut aller jusqu'à donner le sentiment qu'elle est irrépressible. Le mal ne m'est pas tombé dessus comme une fatalité contre laquelle je ne pouvais rien. Pourtant son origine n'est pas non plus en moi seulement : il s'est imposé à moi en quelque sorte comme une « puissance », mais je n'étais pas obligé d'y consentir. Cela fait penser au mythe de la Genèse : le mal était déjà là, sous la figure du serpent, mais Adam et Ève n'étaient pas obligés de se laisser séduire. Ce que l'on appelle depuis saint Augustin le « péché originel » est comme la matrice de tout péché personnel.

Ceci dit, la faute morale est plus ou moins grave. Comment évaluer cette gravité ? Sur le plan pénal, la sentence est « numérique » : vous êtes déclaré coupable ou non coupable, c'est 0 ou 1. Sur le plan éthique, c'est plus complexe : on est dans l'« analogique » ; on est plus ou moins coupable, et il demeure toujours une zone d'indétermination à ce sujet. La théologie morale la plus classique n'en a pas moins reconnu trois critères majeurs, trois critères que trop de gens, à mon étonnement je dois dire, semblent ignorer aujourd'hui.

- Il y a d'abord l'importance de la *matière* : « Qui vole un œuf vole un bœuf », dit le proverbe ; la faute est évidemment plus lourde dans le second cas.
- Il y a ensuite la *connaissance* que l'on en a : l'ignorance excuse ; encore faudra-t-il s'interroger sur cette ignorance, laquelle peut avoir été plus ou moins entretenue, et même cultivée (tout peut être perverti, diraient aujourd'hui les psychanalystes). Les traités de théologie morale étaient remplis autrefois de subtiles distinctions à ce sujet, selon que l'ignorance est censée être volontaire (elle aggrave dans ce cas) ou involontaire (elle excuse alors).
- Enfin, il y a le degré de *consentement* : homicide involontaire et homicide volontaire, ce n'est pas du tout pareil au niveau pénal ; de même, sur le plan moral.

Alors est-ce qu'on peut vraiment évaluer la gravité d'une faute ?

Évidemment, il faut le redire, l'évaluation de la gravité d'une faute morale est toujours approximative. On peut toujours se demander jusqu'à quel point la liberté responsable a été engagée. Nous sommes devenus d'autant plus sensibles à cette question que nous sommes des post-freudiens : la référence à l'« inconscient » fait partie de l'air culturel que chacun respire aujourd'hui. En tout cas, nous sommes beaucoup plus conscients qu'autrefois de l'importance du contexte culturel et social en ce domaine. C'est ce qui fait, par exemple, que ce que l'on appelait autrefois la « cohabitation juvénile » avant mariage, et qui était alors considérée comme une faute grave par l'Église, ne peut plus (je dis bien : « ne PEUT plus ») faire l'objet du même jugement moral aujourd'hui : plus de 90 % de ceux que je prépare au mariage à l'église vivent en couple depuis des années. De même, notre jugement sur l'homosexualité a profondément changé en l'espace de quelques décennies.

Je crois utile de préciser ici qu'on ne tombe pas pour autant dans un simple relativisme. Mon ancien collègue de la Catho, Xavier Thévenot, insistait beaucoup sur le rapport entre l'universel, le particulier et le singulier. L'universel, c'est la Loi, le Principe ; le particulier, c'est le contexte historique (culturel, social) dans lequel la Loi est appelée à être appliquée ; le singulier, c'est la situation personnelle de chacun, en fonction de son histoire, de son éducation, de sa situation professionnelle ou familiale. La détermination de la faute morale et de son importance demande à être évaluée en fonction de ces trois critères. Il y a la loi universelle, celle qui dit, par exemple : « Tu ne tueras pas. » Mais il y a aussi la particularité culturelle : celle, par exemple, des Esquimaux pour lesquels laisser mourir la grand-mère sur la banquise, parce que devenue trop âgée et se jugeant elle-même « rassasiée de jours », comme aurait dit la Bible, est chose tragique sans doute, mais normale et acceptée depuis toujours par ladite grand-mère. Juger cette coutume comme faute grave car opposée au principe « tu ne tueras pas » serait évidemment une grossière erreur, ce qui ne veut pas dire qu'il faudrait pour autant la justifier. Enfin, la prise en compte de la singularité de chaque histoire personnelle est lourde de conséquences : la détresse insurmontable dans laquelle se trouvait telle femme (trois enfants, appartement exigu, chômage, etc.) ayant demandé un avortement peut amoindrir considérablement sa culpabilité.

La faute, atteinte à l'humanité

Tout cela est évidemment très éclairant. Mais finalement, qu'est-ce qui fait qu'on range dans la même catégorie de « faute » des choses aussi diverses que le mensonge, l'injustice ou le viol ?

Oui, au fond, quel est le trait fondamental qui les relie ? Qu'est-ce que c'est donc qu'une faute morale ? Je dirais qu'est faute morale

1. tout acte
2. par lequel, en me repliant sur moi-même,
3. je porte atteinte à l'humanité d'autrui
4. et ainsi, du même coup, à ma propre humanité.

Je développe ces quatre points

1. Tout acte. Ce peut être non seulement une action extérieure comme telle, mais aussi bien une pensée, un désir ou une abstention. Dans le « Je confesse à Dieu », cette prière qui nous vient du Moyen Âge et que nous connaissons par cœur, nous disons : « J'ai péché en pensée, en parole, par action et par omission. » Tout est dit, même l'omission, laquelle est l'acte de ne pas agir, comme le prêtre et le lévite dans la parabole du Bon Samaritain.
2. Cette action procède toujours d'un repli sur soi, d'une recourbure sur soi, d'un désir de se « gonfler », un peu comme la grenouille qui voulait se faire plus grosse que le bœuf. La Fontaine nous a dit ce qu'il en est advenu. La faute est toujours liée, au fond, de quelque manière et à quelque degré, au désir de se mettre au centre. Le péché d'Adam, ce péché que nous ratifions tous par nos actes personnels, est exemplaire, ici encore : « Vous serez comme des dieux », insinue le serpent, poussant ainsi l'Homme

(« Adam ») à occuper la place centrale, celle qui revient à Dieu seul.

3. Or, et c'est le troisième critère, ce repli sur soi porte atteinte à l'humanité d'autrui. Voilà sans doute le critère majeur de la faute morale : la blessure faite à autrui dans son humanité même. Ce peut être une blessure physique, mais le plus souvent, il s'agit de quelque chose de plus subtil : je veux être au centre, donc je cherche à diminuer les autres ; par mon attitude (en paroles, en gestes, en actions ou en omission), je porte ainsi atteinte à leur humanité, puisque jc les empêche de développer leur potentiel de vie.
4. Mais dès lors, et c'est le quatrième critère, en portant ainsi atteinte à l'humanité d'autrui, je porte atteinte à ma propre humanité. L'image du repli sur soi le fait comprendre : l'égoïsme (qu'il ne faut pas confondre avec l'égocentrisme, car il faut un ego solide pour pouvoir résister : pas de vie humaine possible sans un honnête narcissisme, m'a dit un jour un psy) provoque une espèce d'asphyxie : on rentre dans sa coquille, on se durcit, on finit par se scléroser. Cela rappelle « le cœur de pierre » de la Bible par opposition au « cœur de chair ». Dès lors, en blessant autrui dans son humanité, je me blesse moi-même. En se crispant sur soi, on se perd. C'est au contraire « en donnant qu'on reçoit », comme le dit la célèbre prière dite de saint François d'Assise. Ce sont des choses très simples que je vous dis là. Mais le plus simple est parfois le plus oublié.

De la faute au péché

Est-ce que cela n'évoque pas ce que vous disiez précédemment sur l'Esprit-Saint ? Quand vous parlez d'asphyxie, de manque d'espace, de repli sur soi, l'Esprit évoque à l'inverse l'inspiration, la respiration...

Oui, sûrement : si l'Esprit-Saint est bien ce « plus intime à moi que moi-même » dont parle saint Augustin *(Deus intimior intimo meo)*, ce n'est pas pour nous replier sur nous-mêmes, mais pour nous ouvrir au contraire : nous ouvrir au Père, nous ouvrir aux autres. Mon point d'insistance, en ce qui concerne la faute morale, porte sur le rapport à autrui blessé dans son humanité, ce qui rejaillit négativement sur ma propre humanité. Or, du point de vue biblique et théologique, le bonheur de Dieu c'est de voir l'être humain grandir en humanité, ce qui inclut l'ouverture à la grâce de Dieu. Vous connaissez la fameuse formule de saint Irénée : « La gloire de Dieu c'est l'homme vivant, et la vie de l'homme, c'est la vision de Dieu. » C'est là que la notion de péché, par différence avec celle de faute morale, touche quelque chose de très important. J'aimerais m'y arrêter un moment.

Très souvent, on entend dire : « Le péché, on ne sait plus ce que c'est. » Mais le savait-on avant ? On savait nommer les péchés, car on avait une liste qui nous était enseignée au catéchisme et que l'on retrouvait, plus ou moins renouvelée, dans les « examens de conscience ». Loin de moi de mépriser ce genre de choses : nous en avons toujours besoin, même si l'on en préfère des versions sérieusement « relookées », à la manière de feu le cardinal Martini. Mais enfin, ce « on ne sait plus » dit bien que l'ancien listing des péchés ne permet plus de faire face aux évolutions culturelles, sociales et spirituelles en cours.

Il faut donc aller à l'essentiel. Je le dis avec une formule un peu technique, mais finalement très simple : le péché est matériellement la même chose que la faute morale, mais il en est formellement très différent et c'est cela qui change tout. Je m'explique. La distinction matériel/formel est une distinction aristotélicienne que les théologiens du Moyen Âge, les scolastiques, ont beaucoup employée et qui est précieuse. Matériellement, le « champ » du péché est le même que celui de la faute morale. On peut donc appliquer au péché les quatre critères de la faute : tout acte par lequel, en me repliant sur moi-même, je porte atteinte à l'humanité d'autrui et ainsi à ma propre humanité. En revanche, l'angle de vue (c'est cela, le point de vue « formel ») est différent : le « contre autrui » va être compris et vécu comme « contre Dieu » : « contre toi, et toi seul, j'ai péché », disons-nous avec le psaume 51 (ou 50). Voilà qui change tout. Mais pourquoi donc, peut-on ici se demander ? Cela change tout en raison de ce qu'est Dieu selon l'Évangile : d'une part, un Dieu « humain » dans sa divinité même (« qui donc est Dieu qu'on peut si fort blesser en blessant l'homme ? », chantons-nous parfois dans nos églises) ; d'autre part, un Dieu qui s'est révélé comme Dieu de grâce et de miséricorde.

Le pardon révèle le péché

N'est-il pas un peu difficile de comprendre ce que le passage de la faute contre autrui au péché contre Dieu change réellement pour l'auteur de l'acte ?

Si le Dieu qu'on blesse, c'est bien le Dieu de grâce et de miséricorde, cela retourne la situation parce que cela veut dire que, comme dans la parabole du fils prodigue, ce sont les bras ouverts de Dieu qui nous révèlent notre péché. Cette parabole du fils prodigue, tout le monde la connaît. L'une des caractéristiques de ce récit, c'est que tout y est au superlatif, tout y est l'expression d'un débordement d'amour : le père qui court au-devant de son fils comme si c'était lui, le père, qui était coupable ; le père qui n'attend même pas la confession du repenti pour le couvrir de baisers et le restaurer dans sa dignité de fils en lui remettant l'anneau et les sandales, le père qui fait la fête en faisant tuer un veau, et pas n'importe lequel, s'il vous plaît : le plus beau, « le veau gras ». Cette parabole de la miséricorde nous révèle vraiment ce que d'autres ont dit bien avant moi : le pardon, c'est le par-delà du don. Le prodigue avait certes conscience de sa faute et de sa gravité ; mais c'est le pardon qui lui révèle sa faute comme péché.

Mais attention, ici encore. Ce que je viens de dire serait perverti dès lors qu'un tel amour deviendrait un argument hyper culpabilisant, dans le genre (hélas entendu autrefois) : « Tu fais de la peine à Jésus ! » Non ! La parabole n'invite sûrement pas à une telle infantilisation, qui n'a pas manqué de faire des dégâts. Elle invite au contraire à la prise de conscience que le Dieu de l'Évangile, loin d'être le dieu jaloux de l'homme qu'insinue le serpent de la Genèse, lui fait au contraire confiance. Tellement confiance qu'il lui remet sa fortune et que, alors que la gestion en a été calamiteuse, il déploie sa « toute-puissance » en courant au-devant de l'indigne pour lui ouvrir ses bras. C'est devant la grâce et la miséricorde de Dieu qu'on se reconnaît pécheur. Il y a là, pour moi une très grande révélation. La faute morale contre autrui est reconnue en vérité comme péché contre Dieu dans le moment où elle est perçue comme pardonnée, ou du moins destinée à l'être.

Ainsi, la grâce est première. C'est ce qui permet de comprendre que l'Église ne croit pas au péché, elle croit au pardon des péchés. Voilà pourquoi saint Augustin a pu écrire cette formule aussi brève que dense : *confessio peccati, confessio laudis*, la confession des péchés est une confession de louange ! Confession de louange parce que confession d'un Dieu dont la toute-puissance n'a rien à voir avec l'omnipotence jupitérienne : comme l'a répété souvent le pape François, faisant d'ailleurs écho à l'oraison du 26e dimanche ordinaire (« Dieu qui donnes la preuve suprême de ta puissance lorsque tu patientes et prends pitié »), la toute-puissance de Dieu se révèle dans sa miséricorde (je renvoie au pardon « 70 fois 7 fois » de Jésus). Ce que je vous dis là n'a rien de bien nouveau. Mais il faut le dire et le redire, tant cela est vite oublié. Vite oublié, pourquoi ? Parce que reviennent constamment à la charge nos réflexes primaires qui projettent sur Dieu nos désirs de toute-puissance orgueilleuse. De nouveau, nous en revenons, dans notre rapport à Dieu, à la célèbre dialectique hégélienne du maître et de l'esclave, et nous reconstruisons inconsciemment un Dieu-idole, un Dieu à notre image, le Dieu « jaloux » de l'homme qu'évoque le serpent de la Genèse à Adam.

Vous sentez bien que, au point où nous en sommes, nous ne sommes plus dans une discussion théologique abstraite : tout cela touche à notre vie spirituelle la plus concrète. Pas de vie spirituelle proprement chrétienne sans se reconnaître humblement pécheur devant Dieu. Mais, j'insiste également sur ce point lié au précédent, cela n'a rien à voir avec cet « opium » qu'est l'idée selon laquelle on ne devient croyant qu'en s'écrasant en quelque sorte devant Dieu. Car je parle du Dieu de la révélation biblique, ce Dieu qui, ultimement en Jésus, s'est révélé comme étant l'Amour même. Et cela change tout : si « Dieu est amour », je ne me reconnais pécheur devant lui que si je reconnais qu'il me tend la main pour me relever.

Voulez-vous dire que l'Église reconnaît le pardon mais pas le péché ?

Si, elle reconnaît le péché, mais elle le reconnaît dans le pardon. C'est le pardon qui est premier, c'est le pardon qui fait découvrir ce qu'est le péché, en tant que le péché, je le répète, c'est la faute morale contre autrui et contre soi-même, reconnue comme contre Dieu !

Mais dans le livre de Samuel, on voit que chez David, qui a très mal agi à un moment donné, la faute morale est bien présente. Pourtant on ne la reconnaît pas comme péché et on ne parle pas encore de pardon...

Non, mais c'est quand même dans le pardon qui va lui être donné que David, selon le psaume 51 (ou 50) qui réinterprète cette histoire, va reconnaître sa grave faute morale contre Urie (il a envoyé Urie se faire tuer au combat pour lui « piquer » sa femme Bethsabée) comme péché contre Dieu (« contre toi, et toi seul, j'ai péché »). Le fameux « Seigneur, ouvre mes lèvres, et ma bouche publiera ta louange » que nous disons chaque matin pour commencer l'Office divin est tiré de ce psaume : David, obsédé par sa faute (« ma faute est toujours devant moi ») supplie Dieu de la lui faire avouer ; la confession de son péché est bien cette « confession de louange » dont je parlais tout à l'heure avec saint Augustin. Et cette confession débouche sur le pardon accordé au prix d'un sacrifice : non pas (ce point est évidemment capital dans l'évolution des représentations bibliques de Dieu) un sacrifice d'animaux, mais le sacrifice tout spirituel de l'humble confession de son péché (« le sacrifice qui plaît à Dieu, c'est un esprit brisé »).

Pierre plutôt que Judas

Dans l'Évangile, il y a aussi des figures de grands pécheurs...

Oui, je viens d'évoquer David, mais dans le Nouveau Testament, il y a aussi Pierre et Judas. Pierre pleure à cause du regard que Jésus porte sur lui, regard qu'il faut interpréter non pas comme un regard de condamnation, mais comme celui qui à la fois dit la faute et ouvre un avenir. Ce regard permet ainsi à Pierre de passer, selon une distinction classique, elle aussi trop souvent oubliée, du remords au repentir. Le remords, cela mord et même cela « remord », parce que cela enferme dans le passé. On ne se pardonne pas à soi-même d'avoir failli. Dès lors, cela vous mine de l'intérieur, c'est mortifère. Le remords, c'est Judas dans l'Évangile, Judas qui, culpabilisant à mort, se juge impardonnable et va se pendre. Le remords se transforme en repentir devant le pardon offert. La tradition théologique et spirituelle a souvent opposé à ce sujet la figure de Pierre à celle de Judas. La faute de Pierre était sans doute aussi grave que celle de Judas, mais le premier a su accueillir le pardon à travers le regard de Jésus (ce regard qui provoque les larmes de Pierre ; je pense aussi au triple « m'aimes-tu ? » du IVe évangile qu'Augustin et d'autres ont opposé à la triple trahison dans les récits de la passion), là où Judas est resté enfermé dans son sentiment d'impardonnable.

Assumer la faillibilité

Mais ce n'est pas si simple d'exprimer son repentir !

Le repentir suppose évidemment l'humilité : « Je reconnais que j'ai failli », « je confesse que j'ai péché ». La reconnaissance de la faute est indispensable : ne pas assumer sa faute rend impardonnable. Par ailleurs, selon la symbolique primaire évoquée précédemment, la faute comme tache sur la peau demande à être lavée ou effacée : nous ne pourrons jamais nous défaire de cette représentation ; elle dit d'ailleurs quelque chose de juste : de sales, nous sommes devenus propres. Mais on ne peut pas, pour autant, s'en tenir là : sur le plan éthique déjà, mais plus encore sur le plan théologal (celui du rapport à Dieu), cet « effacement » demande à être compris et vécu comme « dépassement ». Pardonner, ce n'est pas détruire ou nier ce qui fut, c'est le reconnaître au contraire afin de pouvoir dire au coupable : tu vaux mieux que le mal que tu m'as fait. Ainsi en va-t-il du point de vue chrétien : l'amour dépasse le passé.

C'est ici que la confession des péchés à Dieu, notamment à travers le prêtre dans le sacrement de réconciliation, trouve son sens. On y « avoue » sa faute. Oui, j'aime assez ce mot « aveu », qui dit la difficulté intérieure de la nomination verbale des péchés. Et le faire en JE, à la première personne du singulier, et non pas en ON (ce « on » de l'« inauthentique » et du « banal », selon Heidegger, qui désigne tout le monde en général, donc personne en particulier), c'est faire acte de liberté : j'assume le mal que j'ai fait (« c'est ma faute ») au lieu de m'en défaire en l'attribuant à la société qui…, à mes parents qui…, à mes collègues qui… Malheureusement, de nombreux chrétiens aujourd'hui soupçonnent cette confession de favoriser une mauvaise culpabilisation. On peut le comprendre pour ceux de notre génération : ils ont parfois vécu la confession comme une sorte de corvée à laquelle il leur fallait bien se soumettre.

Mais enfin, on ne peut pas en rester là. Le *mea culpa* du « Je confesse à Dieu » est tout autre chose que « Je ne vaux rien, je ne vaux rien, je vaux moins que rien ». Du point de vue anthropologique, c'est une expérience très forte que de dire en JE des choses secrètes et plutôt humiliantes à quelqu'un qui n'est pourtant qu'un homme, étant entendu que, à travers le prêtre, c'est à Dieu lui-même comme Dieu de pardon que l'on s'adresse. Voilà bien un point que je ne cesse de répéter dans chaque célébration pénitentielle, avant la démarche de confession personnelle : à travers le prêtre, c'est à Dieu que vous vous adressez. Dès lors, pas besoin de chercher à faire une liste exhaustive de vos péchés : Dieu le sait, et Dieu n'est pas un psychanalyste, auquel il vous faut tout dire sous peine de perdre votre temps. Pas besoin non plus de vous étendre en longues confidences : le prêtre n'est pas ici un ami. Que reste-t-il alors ? La prière ! Oui, exprimez verbalement à Dieu vos péchés, de manière à la fois humble et brève, sous forme de prière. La confession sacramentelle peut vraiment devenir alors une expérience joyeuse et libératrice.

Un prêtre faisant état des difficultés de son travail de curé nous disait : « On rencontre en confession des gens qui n'arrivent pas à comprendre qu'ils sont pardonnés ! Et donc ils reviennent tous les jours avec le même discours, le même récit de leurs fautes, et ils n'en sortent pas ».

La culpabilité mortifère, la voilà bien celle que les notions freudiennes d'« inconscient » et de « surmoi » ont essayé d'élucider. C'est d'abord au psychanalyste que ces personnes devraient s'adresser. Mais comme prêtre je me dis que Dieu, à travers moi, les accueille jusque dans leur incapacité structurelle à gérer leur culpabilité.

C'est la faute à Adam ou c'est ma faute ?

Assumer sa responsabilité et dire « c'est ma faute », d'accord ! Mais pourtant, on nous a dit autrefois qu'on était tous victimes du péché originel. Alors, n'est-ce pas aussi la faute d'Adam ?

C'est un peu la faute des deux : Adam et nous-mêmes. Mais il faut que je m'explique. Le récit de la Genèse à ce sujet est très éclairant. D'abord, je rappelle qu'il s'agit d'un mythe, c'est-à-dire d'un récit d'origine, forcément sans témoin puisque hors histoire pour pouvoir devenir un récit exemplaire applicable à toutes les générations de l'histoire. Exemplaire, il l'est en effet, puisqu'il reflète notre expérience du mal à tous, et plus précisément celle du mal-faire. En quoi donc reflète-t-il cette expérience ? En ceci : du mal que nous faisons, nous nous sentons à la fois responsables et simultanément pas pleinement responsables parce qu'il nous semble que nous y avons été poussés par une force extérieure plus ou moins puissante. Tout le problème est là : dans l'articulation entre intériorité (« c'est ma faute ») et extériorité (« je ne le voulais pas vraiment, on m'y a poussé »). Ce « on » anonyme est représenté en Genèse 3 par le serpent : il est déjà là avant l'Homme, poussant Adam et Ève à manger de l'arbre interdit pour devenir « comme des dieux ». Pourtant, notre récit souligne aussi la responsabilité intérieure de l'Homme qui consent à l'insinuation du serpent, rompant par conséquent avec tous les mythes païens, mésopotamiens ou grecs, qui font de l'être humain la pure victime d'une Nécessité (l'*Anagkè* des Grecs) ou d'une Fatalité (le *Fatum* des Latins). Au fond, notre mythe répond à l'éternelle question humaine : comment se fait-il que nous faisions le mal, alors que c'est le bien que nous cherchons ? Et il répond par le très beau récit dont je viens de parler.

Je note d'ailleurs que dans la Lettre aux Romains, saint Paul nous dit la même chose, mais dans un genre littéraire qui n'est plus celui du mythe mais celui de la réflexion théologique. Il en appelle à son expérience. Je lis la fin du chapitre 7 :

> Moi qui voudrais faire le bien, je constate, en moi, cette loi : ce qui est à ma portée, c'est le mal. Au plus profond de moi-même, je prends plaisir à la Loi de Dieu. Mais, dans les membres de mon corps, je découvre une autre loi, qui combat contre la loi que suit ma raison et me rend prisonnier de la loi du péché présente dans mon corps. Malheureux homme que je suis ! Qui donc me délivrera de ce corps qui m'entraîne à la mort ?

Paul traduit ici par « Loi » (ailleurs par « Puissance ») ce que la Genèse figurait avec le serpent et que l'on retrouve dans les évangiles avec le diable ou Satan.

Donc on ne trouve pas dans les évangiles de mention du « péché originel » ?

Pas directement en effet. La plus grande difficulté ne se trouve pas dans ce que je viens de dire avec la Genèse et Paul. Elle est dans ce que l'on en a déduit, notamment avec saint Augustin, à savoir que ce que nous héritons d'Adam mérite bien de s'appeler péché : « péché originel ». Les Pères grecs ne pensaient pas ainsi, en particulier le contemporain d'Augustin, saint Jean Chrysostome à Constantinople. La difficulté devient aussitôt énorme : comment peut-on appeler péché ce dont nous ne sommes pas responsables parce que ce n'est pas un acte de notre part, mais un état qui nous est transmis comme un héritage ? Si on le nomme ainsi, comme l'a fait Augustin le tout premier, cela induit nécessairement que nous sommes de quelque manière coupables ; coupables « en Adam ». Sinon, et c'est la position des Pères grecs, ce n'est pas coupables que nous sommes, mais victimes, victimes du péché dont Adam est le responsable. Cette seconde position semble en effet bien plus sage. La position d'Augustin, que suivra bientôt dogmatiquement l'Église, est plutôt désespérée. Selon les mots de Paul Ricœur dans sa remarquable « Approche philosophique du péché originel[1] », c'est un « concept monstrueux » que crée Augustin en osant parler de « péché originel », puisqu'il introduit du volontaire avec le mot de péché, dans de l'involontaire puisqu'il s'agit d'un état hérité.

La tentative d'Augustin ne pouvait donc pas aboutir : il ne peut y avoir de solution satisfaisante à la question de l'origine du mal, Augustin en avait d'ailleurs conscience. Mais en essayant de dépasser la position plutôt commode qui fait de nous simplement des victimes du péché d'Adam, Augustin a fait pressentir que la question est plus complexe. C'est pourquoi Ricœur salue avec respect son audace. En osant appeler « péché » ce dont nous héritons et qui n'est pas pourtant pas le fruit d'un acte personnel, mais un état que partagent tous les humains depuis l'origine, Augustin contribue à « défataliser » le mal en quelque sorte. Il le défatalise en mettant en jeu quelque chose de notre propre responsabilité. Mais il faut alors aussitôt ajouter (ce point est capital à mes yeux) que l'état d'inclination au mal dans lequel nous naissons ne peut s'appeler à proprement parler péché – péché originel – qu'en vertu de son rapport avec les péchés personnels que nous commettons inévitablement par la suite. C'est dans l'acte du péché personnel que la notion de péché originel se réalise pleinement. Ce qui veut dire que cette même notion n'a de valeur qu'analogique chez le bébé par rapport à l'adulte, raison pour laquelle on ne peut vouer à l'enfer les enfants morts sans baptême.

1. Dans *Le Conflit des interprétations* (Paris, Éd. du Seuil, 1969), p. 265-282.

Religion et culpabilité

Pourriez-vous nous dire un mot de la position de nos frères protestants : croient-ils, comme nous les catholiques, au péché originel ?

Oui nos frères protestants y croient. Et même plus que nous, d'un certain point de vue. Je veux dire que, selon le dogme du concile de Trente, le péché originel n'a pas totalement corrompu l'être humain : celui-ci reste capable de s'ouvrir à la grâce de Dieu. Selon la doctrine luthérienne et calvinienne en revanche, la corruption est totale, si bien que la grâce du Christ, sa « justice », ne peut pas venir se greffer sur quoi que ce soit dans la nature humaine : elle vient simplement recouvrir notre péché comme d'un manteau afin de nous rendre agréables à Dieu. J'ajoute que ces deux positions traditionnelles sont aujourd'hui largement dépassées : la très importante *Déclaration commune* de 1999 élaborée entre la Fédération luthérienne mondiale et l'Église catholique sur « la doctrine de la justification » fait évidemment date sur ce sujet, même si elle s'en tient à un « consensus différencié », ce qui signifie que les accents demeurent différents. Je regrette simplement qu'elle n'ait pas eu l'écho qu'on aurait pu en attendre.

Est-ce qu'il n'y a pas chez les protestants une insistance particulière sur la culpabilité ? Font-ils leur ce que vous avez dit du pardon qui précède le péché ?

En ce qui concerne la culpabilité, je me souviens que, selon M. Gagey, chrétien et psychanalyste freudien, dans son ouvrage *Freud et le christianisme* (1982), toute religion est un système de gestion de la culpabilité. Donc, ce rapport à la culpabilité déborde largement le clivage entre catholicisme et protestantisme. De même, la mise en avant du péché pardonné. C'est un bien qui nous est commun. Les protestants ne pratiquent plus guère la confession des fidèles au pasteur, me semble-t-il, contre d'ailleurs le désir de Luther, lequel y trouvait de grands bienfaits, et même, pour une part, de Calvin qui la recommandait. Sans doute n'en serait-il pas ainsi s'ils l'avaient reconnue comme sacrement. Mais, malgré les hésitations de Luther, cela leur était difficile du fait que, *sola scriptura* oblige, ils ne trouvaient pas de commandement explicite du Christ à ce sujet dans la Bible. Je me sentirais pourtant très à l'aise pour dire à un pasteur protestant, notamment luthérien, quelque chose comme ceci : à partir du moment où quelqu'un vient demander pardon à Dieu en confessant ses péchés au pasteur que vous êtes, et que, en tant que représentant de Dieu, vous lui dites une parole de pardon, nous sommes théologiquement très proches l'un de l'autre. Même si cette parole est assez différente de l'absolution des catholiques : ce peut être sous forme de prière, comme c'était le cas avant le XIIIe siècle ou encore aujourd'hui dans les Églises orientales ; ou bien, selon votre propre tradition, sous forme de rappel de la promesse de Dieu envers ceux qui lui confessent sincèrement leurs péchés. Comme catholique, je ne vous demande pas de reconnaître cela comme un sacrement, ce n'est pas votre tradition. Mais nous pourrions être d'accord sur le fait que nous sommes dans la sacramentalité. Même chose, selon moi toujours, pour le mariage : vous célébrez comme pasteur, dans un temple, l'union d'un homme et d'une femme qui, après avoir écouté la Parole de Dieu et prié, s'engagent devant Dieu dans un projet de vie stable pour toute leur existence. Vous n'appelez pas cela un sacrement, je peux le comprendre sans difficulté ; d'ailleurs l'unité que cherche le Mouvement œcuménique ne le demande pas à mon avis. En revanche, pourquoi ne pas reconnaître que l'on est ici, comme précédemment, dans le champ ou dans la sphère du « sacramentel », ce que j'appelle la « sacramentalité » ?

Je reviens maintenant à la culpabilité. On est devant un paradoxe : malgré les recommandations de Luther, et même de Calvin, les protestants ne connaissent plus guère la pratique de la confession au pasteur, mais la culpabilité n'en est pas plus simple à gérer. Un culte protestant commence par la confession des péchés, et ce moment atteint une intensité bien plus forte que le simple « Je confesse à Dieu » des catholiques. Ayant perdu l'assurance du pardon de Dieu à travers l'absolution du prêtre, les protestants doivent s'accrocher à leur foi subjective en la Parole de Dieu et dans la promesse de pardon qu'elle contient pour ceux qui reviennent à lui avec un cœur sincère. Mais qui peut être assuré d'avoir assez de foi-confiance en Dieu pour accueillir sa Parole ? D'être assez contrit pour que sa promesse de pardon puisse se réaliser ? Bien sûr, du côté catholique, on a connu aussi ce que l'historien Jean Delumeau a, appelé « la pastorale de la peur ». Des chrétiens angoissés existent dans toutes les Églises, et notre propre confession sacramentelle a connu bien des dérives, y compris du côté des prêtres confesseurs. Mais il me semble que, pour les raisons que je viens d'évoquer, la tradition protestante, bien au-delà du puritanisme, a cultivé la culpabilité plus que la tradition catholique.

Quant à la confession chez nous, les catholiques, je n'hésite pas à me répéter : puisque c'est à Dieu que l'on s'adresse à travers le prêtre, cette confession n'a pas besoin d'être bien longue, encore moins exhaustive ; Dieu sait nos péchés avant que nous les lui disions, inutile donc de lui en faire la liste. Inutile également de s'attarder longuement sur le mode de la confidence au prêtre : c'est à Dieu que l'on s'adresse à travers lui, non à un ami, encore moins à un « copain » ! Que reste-t-il alors ? Je le disais tout à l'heure, il reste l'humble prière faite à Dieu à travers celui qui le représente, et une prière qui peut être très courte : « Père, pardonne-moi, parce que je… » Je rappelle toujours à ce sujet que, pour saint Thomas, les deux premières qualités de la confession sont la brièveté et l'humilité.

Mais quand même, on a parfois besoin d'un entretien plus long avec le prêtre…

Bien sûr. Je ne parlais que de la confession sacramentelle elle-même. Mais il faut la distinguer de l'entretien spirituel, dont tous en effet nous avons besoin pour faire le point et qui demande un temps de dialogue suffisant avec le prêtre. Ou d'ailleurs avec un non-prêtre, car cet « accompagnement spirituel », comme on dit, peut parfaitement être réalisé par des laïcs : il existe une longue tradition monastique en ce sens, en Orient notamment, mais pas seulement ; et aujourd'hui, je me réjouis de constater que des religieuses ou des laïcs non religieux sont formés pour cet accompagnement, et le font bien souvent avec beaucoup de compétence et de discernement. S'ils ne peuvent évidemment pas donner l'absolution, leur mission, car c'est une vraie « mission » au sens fort du terme, n'en est pas moins importante aujourd'hui : combien de laïcs officiellement chargés d'une mission ecclésiale éprouvent le besoin de faire le point sur leur vie spirituelle ? Comment ne pas s'en réjouir ? Mais tout chrétien a droit à cet accompagnement. Que l'on « profite » donc de la confession sacramentelle pour cela, je le comprends aisément. Simplement, il faut bien distinguer les deux choses, ce qui permet, par exemple, de vivre des célébrations pénitentielles communautaires qui ne soient pas siphonnées en quelque sorte par un temps de confession trop long de chacun, ce qui, à mon grand regret, a considérablement nui à ces célébrations, devenues trop rares désormais dans les paroisses. Il aurait pourtant suffi que soient bien distingués les deux plans, sans chercher à faire jouer à l'un le rôle de l'autre.

Un choix difficile : damnation ou confession ?

Revenons sur la confession elle-même. On a beaucoup insisté autrefois sur la gravité qu'il y aurait à oublier des péchés ou, pire encore, à en cacher. Pour éviter ce risque, on pouvait donc être porté à en rajouter. Et surtout, dire ses péchés à Dieu, d'accord, mais c'est quand même à travers le prêtre que cela doit passer ; le plus redoutable autrefois, c'était que le prêtre pouvait poser des questions pour connaître le détail...

Et surtout dans le domaine de la sexualité… C'est clair, le pape François parle à ce sujet d'abus de conscience. Il y a eu bien des dérives en ce domaine, et pas seulement dans le monde catholique. Les historiens nous ont raconté mille anecdotes à ce sujet, mais développer cela nous entraînerait trop loin. Pour répondre à la difficulté que vous soulevez, revenons, en amont, au fait historique majeur que fut le passage à ce qu'on appelle la confession « privée », telle que nous la connaissons. Cela s'est fait progressivement aux XIe-XIIe siècles. On a alors reconnu que l'essentiel de la pénitence à faire pour réparer le mal causé par le péché, réparation que l'on commençait à appeler « satisfaction » (« faire assez », donc « compenser », « réparer »), se trouvait DANS la confession elle-même, DANS l'aveu. Puisque « la confession orale est la plus grande partie de la satisfaction », comme on commence à le dire un peu avant le XIIe siècle, ce qui reste à accomplir ensuite devient bien léger : nous avons connu autrefois la « pénitence » à faire sous forme d'un *Pater* et de trois *Ave*. En revanche, l'aveu lui-même, pour être « réparateur », devait être pénible. Avant cette période, donc au Haut Moyen Âge entre le VIIe et le XIe siècle, régnait le système de la pénitence dite « tarifée », laquelle durait des mois et même des années ; généralement, il s'agissait de jeûne au pain et à l'eau. Mais ce type de pénitence s'était perverti : ne pouvant pas supporter d'être presque constamment soumis au jeûne pénitentiel, ceux qui le pouvaient (car il fallait être suffisamment fortuné !) faisaient dire des messes « pénitentielles » qui leur rachetaient chacune tant de jours ou de mois de pénitence, ou bien même payaient des personnes pour faire pénitence à leur place. Cette perversion a été l'une des causes du passage au système de la pénitence « privée » que nous connaissons, où l'important est moins le tarif pénitentiel réparateur que la confession elle-même. Encore faut-il, je l'ai dit, que cette confession, soit réparatrice, donc pénible.

Les « manuels des confesseurs » (qui succèdent aux « pénitentiels » de l'époque précédente, livres où étaient indiqués les « tarifs » de pénitence pour chaque type de péché) sont remplis d'indications pour aider les prêtres à poser les questions permettant aux pénitents d'aller fouiller jusque dans les replis les plus secrets de leur conscience afin de fournir les précisions permettant de déterminer la gravité de la faute : le nombre de fois, les circonstances de temps (carême ou pas), de lieu (dans une église ou ailleurs), de personnes (un clerc ou un laïc), le degré de consentement, etc. Si bien que, comme l'écrit saint Thomas d'Aquin dans la *Somme de théologie*, la confession individuelle « à son propre curé » (comme le demande le concile de Latran IV de 1215), était devenue une épreuve tellement pénible que « beaucoup de chrétiens préféreraient mourir sans confession plutôt que de se confesser à tel prêtre déterminé. C'est pourquoi, les prêtres qui sont trop préoccupés de connaître par la confession les consciences de leurs sujets tendent un lacet de damnation à beaucoup [...] et par conséquent à eux-mêmes », ajoute-t-il. En tout cas, on comprend pourquoi la « confession », qui n'est pourtant que l'une des quatre parties de la pénitence, avec la contrition, l'absolution et la satisfaction, a fini pas désigner à elle seule tout l'ensemble du processus : on allait « à confesse ».

Bien vivre sa confession

Précisément, quelles étaient les règles établies à ce concile de Latran ?

La règle établie au IVe concile de Latran était que tout chrétien devait se confesser au moins une fois l'an à son propre curé durant le temps pascal. Je précise que seuls les péchés appelés « mortels » étaient soumis à cette obligation. Mais à l'époque, il allait presque de soi qu'un chrétien « moyen » commettait un ou plusieurs péchés mortels chaque année, ce qui n'était pas du tout le cas durant le système de la « pénitence publique » jusqu'au VIe siècle. Cela montre que le « péché » (comme le « miracle ») a une histoire. Il fallait donc se confesser au moins une fois l'an ou, mieux, « aussi souvent que besoin » (sous-entendu après un péché « mortel »). Cette règle se transformera par la suite, chez les chrétiens plus exigeants, en « aussi souvent que possible », donc indépendamment des péchés mortels, simplement pour devenir meilleur chrétien. C'est finalement cette règle que j'ai connue durant mon enfance. Les enfants allaient « à confesse » par classe (on était dans une école catholique) une fois par mois. Dans les bons collèges, il en allait généralement de même pour les jeunes. Je ne suis pas sûr que la plupart en aient conservé le meilleur souvenir… Les adultes de ma paroisse vendéenne avaient bien intégré cette conduite, qui caractérisait alors les « bons chrétiens ». Ma mère, comme un certain nombre de femmes, se confessait tous les mois au curé, le matin à l'église avant une messe de semaine. Comme beaucoup d'hommes, mon père traînait plutôt les pieds à ce sujet et se contentait, si l'on peut dire, d'une confession avant les grandes fêtes (Noël, Pâques…). J'entends encore ma mère lui rappeler qu'il aurait « peut-être besoin de passer à la lessiveuse ». Quoi qu'il en soit, ce passage de la confession « aussi souvent que de besoin » à la confession « aussi souvent que possible », ce qu'on a appelé alors la « confession fréquente », a sûrement donné de bons fruits de sainteté. À l'époque moderne, c'est même devenu un critère important pour une éventuelle canonisation : « se confessait-il/elle souvent ? » Mais, au regard de l'ensemble de la tradition ecclésiale, on ne peut ériger ce modèle, qui correspond à un certain état historique de la culture et de la société, en absolu. Raison pour laquelle, on sent fortement aujourd'hui que quelque chose de différent se cherche.

Toujours à propos de cette confession fréquente, pour nos parents, c'était très lié à l'eucharistie : pour communier un dimanche, il fallait que la veille au soir on se confesse. Certains allaient jusqu'à imaginer qu'on ne pouvait « utiliser » sa confession qu'une seule fois...

« Utiliser sa confession », c'est joli ça. Cela dépasse quand même tout ce que j'ai pu entendre autrefois. Dommage que Pierre Desproges n'ait pas connu cette histoire : il en aurait sûrement alimenté l'une de ses « Chroniques de la haine ordinaire ». On pourrait sûrement raconter mille anecdotes de ce type. Personnellement, et vous aussi, j'en suis sûr, je n'ai pas le moindre mépris pour ces comportements : ils relevaient de la « normalité » d'une époque, comme tout le reste dans les conduites profanes, les hiérarchies, les « évidences » culturelles, les « bien comme il faut » de ma tante couturière. Je n'ai aucune difficulté à me dire que le Saint Esprit a soufflé aussi sur cette époque et que la sainteté y a fleuri. Comme jeune prêtre, j'ai pratiqué les confessions des veilles de grande fête, confessions caractérisées par une longue file d'attente dans l'église à côté du confessionnal : si beaucoup de pénitents se confessaient par devoir et de manière machinale en débitant une liste de péchés, on avait aussi le bonheur d'accueillir des personnes d'une haute tenue humaine et chrétienne. Cela ne m'empêche pas non plus de penser que la mutation culturelle que nous connaissons nous demande aujourd'hui de chercher autre chose.

Ne sommes-nous pas dès lors aujourd'hui à l'opposé de ladite « confession fréquente » ?

C'est vrai. Je rappellerai cependant bien volontiers que la confession individuelle, c'est bien. À condition qu'on la pratique dans l'esprit que j'ai rappelé précédemment. Quand elle se fait démarche humble de prière, elle peut se faire en une minute. On peut aussi, bien sûr, profiter de ce moment pour faire le point. Par ailleurs, je ne peux personnellement que pousser à participer à des célébrations pénitentielles : elles permettent une écoute de la Parole de Dieu bien meilleure que dans la confession individuelle, et elle se déroule dans un climat communautaire qui permet de vivre une expérience forte et pleine de sens pour la culture actuelle de la relation avec le Dieu dont la joie est de pardonner. Cela demande évidemment que la célébration soit bien faite, ce qui n'est pas toujours le cas : trop de bavardages, trop de chants, trop de moralisation ; cela peut même être ressenti comme insupportable aujourd'hui. Une célébration pénitentielle bien faite, cela veut dire pour moi une célébration constamment priante, grâce à quelques chants bien adaptés, grâce à des temps de silence suffisamment longs, grâce à une belle procession où chaque pas est habité comme un pas vers le Dieu « riche en grâce et en miséricorde », grâce à une confession nécessairement brève au prêtre afin que l'ensemble ne dure pas plus d'une heure.

Quoi qu'il en soit, la qualité d'une vie chrétienne et la vitalité de l'Église ne peuvent plus s'évaluer aujourd'hui à l'aune de la confession fréquente. Je ne parle pas pour les moines et moniales, bien sûr. Par ailleurs, tout aujourd'hui (mobilité, besoin d'expériences fortes, vacances, tourisme) favorise que l'on privilégie pour les mises au point sur la vie chrétienne, avec ou sans confession sacramentelle, les « temps favorables » (on prend son temps) et les « lieux favorables » (pèlerinage, retraite spirituelle, monastère). Cela me paraît particulièrement vrai à une époque où beaucoup de chrétiens, qui étaient des « paroissiens », sont devenus aujourd'hui, selon la sociologue Danièle Hervieu-Léger, des « pèlerins ». Les paroisses en tout cas, n'ont plus la maîtrise des propositions pénitentielles. N'est-ce pas plutôt heureux ?

La grâce fleurit sans pourquoi

Comment analysez-vous les expressions qui étaient souvent utilisées encore dans notre jeunesse : être en état de grâce, perdre la grâce ?

Le problème, c'est qu'on traite ici la grâce comme un objet qu'on gagne ou qu'on perd, donc comme une valeur. On oscille alors constamment entre 0 et 1. Or, la grâce, comme je m'en suis déjà expliqué, nous situe dans l'analogique, et même dans l'hyper analogique, puisqu'elle n'est pas de l'ordre de la valeur. Elle est gratuite (nécessitée par rien) et gracieuse (par-dessus tout marché ou marchandage). Je l'ai comparée précédemment à la manne au désert : il est interdit d'en faire provision comme on remplit son réfrigérateur de nourriture ou comme on capitalise de l'argent à la banque ; c'est seulement au jour le jour, avec ce que cette attitude demande de confiance et de patience, qu'on peut la recueillir. Si tu veux la stocker pour assurer ton avenir, tu perds tout, cela pourrit, les vers infectent tout, comme il est dit dans le livre de l'Exode. Bref, la grâce, n'est pas un « objet-valeur » !

Qui veut faire l'ange fait la bête

Alors, « être en état de grâce », « avoir la grâce », « gagner des grâces », toutes ces expressions, si courantes autrefois, demandent à être réévaluées. En tout cas, c'est bien autour de ce genre de problème qu'a tourné ma propre recherche théologique à propos des sacrements. J'y ai été inexorablement poussé par le fait qu'il n'y a rien de plus institutionnel, rien de plus objectif, rien de plus matériel que les sacrements : il faut me bouger avec les pieds pour aller à la messe, j'y participe dans une église pas toujours très confortable, entouré de personnes que j'apprécie plus ou moins, suivant un canevas rituel toujours identique, et je vis cela comme la « médiation », c'est-à-dire le milieu dans lequel s'effectue la communication la plus spirituelle avec Dieu : sa grâce ! Quel paradoxe ! Ce paradoxe m'a justement beaucoup donné à penser. Je pourrais presque résumer toute cette affaire dans la formule célèbre de Pascal : « Qui veut faire l'ange fait la bête. » Car être chrétien, selon moi, c'est accepter finalement que le plus hautement spirituel de la relation à Dieu nous passe à travers le corps. Voilà qui remet les pieds sur terre, et qui m'a poussé à la formule sérieusement humoristique : « On devient chrétien par les pieds. » La théologie fondamentale des sacrements que j'ai essayé d'élaborer est tout entière là : comme chrétien, on n'a la tête au ciel qu'en gardant bien les pieds sur la terre.

13
QUELLE THÉOLOGIE ET QUELLE PASTORALE ?

Vous nous avez décrit une partie de votre parcours, notamment celle où vous exerciez comme professeur à l'Institut catholique. Nous avons ensemble revisité les principaux points de la foi chrétienne à la lumière de la culture actuelle. Vous pensiez notamment à des personnes qui sont un peu sorties de l'Église ou qui sont à la marge. Pourriez-vous maintenant nous parler de la suite de votre parcours, en particulier de ses aspects théologiques et pastoraux ?

Ne pas s'endormir sur des *Sommes*

La théologie aujourd'hui ne peut plus être la théologie encyclopédique d'autrefois. Par « autrefois », je pense bien sûr d'abord à celle dans laquelle j'ai baigné au cours de mes propres études à la Faculté d'Angers : la théologie scolastique du Moyen Âge, l'âge d'or des *Sommes de théologie* où l'on faisait le tour de toutes les questions avec le souci de montrer la cohérence de chacune d'entre elles avec tout l'ensemble : christologie, ecclésiologie, morale, etc. En ce qui me concerne, le fait d'avoir parcouru sérieusement la *Somme de théologie* de saint Thomas, et pas seulement la sienne d'ailleurs, m'a grandement aidé. Sans doute nous paraissait-elle, dans les années soixante, trop abstraite, trop « hypothético-déductive », insuffisamment existentielle, donc parfois plutôt ennuyeuse. En revanche, sa rigueur logique, son rejet de toute redondance, sa finesse d'analyse ont sûrement compté pour beaucoup dans ma propre formation. En outre, on y a à peu près posé toutes les questions alors « posables », sans pour autant tomber dans de la pure « théo-logique », comme il est arrivé avec le nominalisme du siècle suivant (style : « le Christ aurait-il pu s'incarner dans un âne ? »). Cependant, quoi qu'il en soit de ses immenses mérites, ce type de théologie ne peut plus correspondre à la culture actuelle. Quoi qu'en disent des esprits chagrins, on ne peut plus procéder ainsi aujourd'hui, ni avoir le même objectif. Cela est vrai, me semble-t-il, de tout ce qui ressemblerait à une « somme » de type encyclopédique.

Ne peut-on cependant se référer à des manuels de théologie ?

Les encyclopédies en tant que « manuels » d'information sur telle ou telle question, demeurent certes utiles, par exemple *Théo, l'encyclopédie catholique pour tous*. Les dictionnaires de théologie, c'est différent : le *Dictionnaire critique de théologie* dirigé par Jean-Yves Lacoste, où la problématique de chacune des grandes questions théologiques est traitée pour elle-même, est indispensable. Mais précisément, il en va de la théologie comme de la philosophie : en connaître l'histoire et en maîtriser les éléments essentiels est nécessaire, mais pas pour la prolonger simplement dans les conditions culturelles actuelles ; pour, au contraire, après avoir longuement ruminé « l'ancien », y produire du « nouveau ». C'est pourquoi la théologie d'aujourd'hui n'a pas à reproduire des *Sommes* comme celle de Karl Barth du côté protestant, ou celle de Karl Rahner du côté catholique.

De même on n'en est plus à l'époque où, avant le Concile et au moment du Concile, des biblistes ou des spécialistes de l'histoire de la liturgie ou de savants docteurs en histoire ancienne ou médiévale venaient faire aux jeunes étudiants en théologie que nous étions de grandes « révélations » censées bousculer la théologie dogmatique régnante. Ils nous disaient, en marquant à chaque fois leur nouveau savoir d'une pointe d'ironie : « Mais dans l'histoire de la liturgie, l'eucharistie cela a été très différent, on a pensé les choses très différemment, notamment chez les Pères de l'Église. » Ou bien « le fait que seul Jean, parmi les témoignages évangéliques, ait retenu cet épisode en manifeste la fragilité ». Nous n'en sommes plus, Dieu merci, à l'époque plus ou moins soupçonneuse des révélations historiques ou, par la suite, de leurs équivalents sociologiques ou psychanalytiques, censées remettre en cause le savoir théologique traditionnel.

Une théologie confessante

Alors, que doit être la théologie aujourd'hui ?

La théologie doit d'abord demeurer confessante, comme elle l'est d'ailleurs dans les Facultés de théologie que je connais à Paris ou ailleurs. Pourquoi cette insistance de ma part ? Parce que cela rejoint les raisons du titre que nous avons donné à cette série d'entretiens : *Dieu : un détour inutile ?* J'observe en effet, en préparant les baptêmes, les mariages ou les obsèques, combien sont nombreux, de plus en plus nombreux, les chrétiens qui identifient le christianisme à des « valeurs » : valeurs d'amour, de justice, de responsabilité, de tolérance, valeurs que je reconnais évidemment moi aussi comme hautement estimables, mais pour lesquelles le « détour » par Dieu n'est pas nécessaire. Du côté de nos confrères protestants, on a bien connu le courant de théologie dite « libérale » qui, à la fin du XIXe siècle, réduisait peu à peu le dogme chrétien à un symbole dont la vertu était d'exalter un certain nombre de valeurs issues du christianisme, opérant ainsi une réduction anthropologique de la Parole de Dieu. On sait aussi combien Karl Barth, à partir de 1920, a réagi de manière extrêmement vigoureuse contre ce courant, avec sa « théologie de la Parole de Dieu » et son insistance sur la « brèche » qu'ouvre cette dernière par rapport à toute sagesse humaine. J'insiste sur ce point : le christianisme n'est pas réductible à une manière de vivre.

« Dieu par-delà l'utile et l'inutile »

Donc, cette théologie libérale est une perversion de la théologie. Mais il n'est sans doute pas si simple de « dire Dieu »...

Mais oui ! Il faut donc affirmer Dieu immédiatement en théologie, étant entendu par ailleurs que le mot Dieu doit faire l'objet d'une permanente critique, faute de quoi il risque de ne plus représenter qu'une idole conceptuelle, celle de nos projections les plus primaires. Comme chrétiens précisément, nous sommes « servis » à ce sujet, si j'ose dire, puisque nous confessons en Jésus un « Dieu crucifié ». Dans cette perspective, ce qu'on appelle le courant de la théologie négative, telle qu'on la connaît par exemple chez Maître Eckhart ou chez saint Thomas est toujours nécessaire, parce qu'on y prend conscience que ce que nous pouvons dire de Dieu est toujours inadéquat. Mais attention : comme je l'ai déjà dit, si c'est inadéquat, ce n'est pas par défaut, mais au contraire par « suréminence ». Si je nie que Dieu est sage ou que Dieu est bon, ce n'est pas pour affirmer le contraire : « Dieu n'est pas sage et n'est pas bon », parce que la négative est fausse aussi. Je le nie par « suréminence », ce qui veut dire cette chose très simple : il est « suréminemment sage », il est « suréminemment bon », d'une sagesse et d'une bonté que nul être humain ne peut se représenter parce que Dieu est incommensurable par rapport à ce que nous disons de lui.

La « théologie négative », il est indispensable de passer par elle à un moment du parcours de théologie. Mais cela ne signifie pas que l'on pourrait s'en contenter aujourd'hui, parce que cela reste quand même très conceptuel. Nous avons besoin aujourd'hui d'une réflexion beaucoup plus existentielle. Je pense, par exemple, à une théologie comme celle de Marion Muller-Collard, dans des ouvrages comme *L'autre Dieu* ou bien *L'Intranquillité*. Non, il n'y a pas d'enclos réservé pour Job. Dieu ne nous protège de rien. Il faut donc affirmer Dieu, mais toujours en remettant ce mot sur le métier, parce que l'idolâtrie conceptuelle est toujours menaçante. On aboutit alors finalement à poser Dieu, et notamment le Dieu de la révélation biblique, comme étant, selon les mots de l'ancien collègue de la Catho que fut Antoine Delzant, « par-delà l'utile ou l'inutile », ou bien comme étant le « plus que nécessaire ».

De la foi à la foi par la raison critique

Est-ce que cela ne signifierait pas que, finalement, on a fait le tour complet des grandes questions, des questions de base ? Ne serait-on plus que dans l'adaptation au langage d'aujourd'hui ?

Faire le tour de toutes les grandes questions, c'était le cas des grandes *Sommes de théologie* du Moyen Âge. C'est la raison pour laquelle j'ai déjà dit que le fait d'avoir sérieusement travaillé celle de saint Thomas m'a été extrêmement précieux. En 1967 à la Faculté de théologie d'Angers, année où je me suis présenté à la maîtrise de théologie – on appelait cela la licence à l'époque, au terme de six années de théologie – nous passions tout le second semestre, sans cours, à rédiger un résumé de chacune des 80 thèses de théologie sur lesquelles nous pouvions être interrogés. On y faisait le tour d'à peu près toutes les questions : la Providence, les miracles dans l'évangile, le péché originel, le sacerdoce du Christ, la vertu de justice, le sacrement de pénitence, etc. Et nous étions censés être capables de répondre en un quart d'heure de manière claire et sans papier à chacune d'entre elles. Ce type d'examen, qui durait une heure (nous avions quatre thèses à commenter devant un jury de quatre professeurs), était évidemment hyper scolaire, mais il m'a fourni un background important sur tout l'ensemble de la théologie, jusqu'aux débats sur la prédestination dans les synodes du IXe siècle... Je crois que sans cela je n'aurais jamais pu élaborer la problématique théologique tout à fait différente qui a été la mienne.

Mais est-il si sûr que l'on soit en face d'une discipline où tout doit s'articuler correctement ?

Tout s'articule : c'est l'honneur de la théologie chrétienne d'avoir cherché à montrer la cohérence de l'ensemble en faisant constamment appel à la raison critique. Pourtant, rien de cela n'est suffisant aujourd'hui. Pas parce que tout cela aurait été inutile (je viens d'affirmer le contraire : je me suis juché en quelque sorte sur les épaules de saint Thomas), mais parce que nous habitons un âge de l'histoire tellement autre que nous ne pouvons pas ne pas penser autrement. Je ne suis donc pas thomiste : comment pourrait-on l'être, sauf à faire comme si nous pouvions nous protéger de l'air culturel ambiant ? Mais je suis thomasien !

Et donc aujourd'hui l'ambition d'un théologien ne peut être de refaire une synthèse comme a pu la faire saint Thomas ? C'est pourtant ce qu'a fait Karl Barth...

Non, je ne pense pas. En tout cas, ce qui pourrait aller en ce sens a une allure toute différente, comme on peut le voir avec les 500 pages serrées du fameux *Traité Fondamental de la foi* de Karl Rahner, ou, dans un genre encore tout différent, avec les sept volumes du *Dieu pour penser* du théologien belge Adolphe Gesché.

Dieu comme un « en-face » de dialogue

Vous disiez tout à l'heure qu'il faut affirmer Dieu. Mais vous le disiez comme si c'était contre vents et marées, et comme en serrant les dents. Est-ce que cela ne rejoint pas certaines postures théologiques assez rigides que l'on observe chez certains aujourd'hui ?

Dieu m'en garde, c'est le cas de le dire. Je voulais simplement affirmer que l'objet de la théologie, c'est Dieu, et pas des valeurs de générosité. Cela rejoint d'ailleurs la prière, puisque dans la prière, je pose Dieu comme un « en face », comme un TU, avec lequel je peux entrer en dialogue. Bien sûr, je ne confonds pas théologie et prière : on ne fait pas de théologie à genoux. Ce sont deux démarches très différentes : la prière vise à établir une relation avec Dieu ; la théologie met au contraire Dieu à distance pour pouvoir penser avec toutes les ressources de la raison critique. La grande théologie scolastique est née justement de cette prise de distance par rapport à la liturgie et à la *lectio divina* de l'époque précédente. Elle est alors passée du cloître monastique (rural) à l'université (urbaine), car il faut des lieux universitaires pour qu'une théologie critique puisse s'élaborer.

Cela n'empêche évidemment pas que la théologie puisse naître de la prière et conduire à la prière. Comment d'ailleurs pourrait-il en être autrement, si elle est bien confessante ? En théologie, on va de la foi à la foi en passant par la raison critique. Ce passage est souvent éprouvé par les débutants comme décapant, mais il est au service de la foi et de la croissance dans la foi, ce que les mêmes débutants ressentent rapidement. Pour avoir de nombreuses années enseigné la théologie à des laïcs au Cycle C de la Catho ou à l'Institut d'études religieuses (IER)[1], j'ai pu observer combien ces personnes mordaient à pleines dents dans une démarche théologique qui certes, les ébranlait parfois, mais qui les nourrissait tellement.

On y développe en effet une théologie vraiment incarnée. N'est-ce pas normal dans la religion de l'incarnation ?

L'incarnation comprise à partir de Pâques

Oui, mais… Mon « mais » porte sur l'importance de l'incarnation. Personnellement, quand je pense incarnation, je ne pense pas d'abord à Noël, même si je ne l'exclus pas bien sûr. Je pense à la croix et à la résurrection, donc à ce qu'on appelle le mystère pascal. Pour moi, ce point a été très important dans ma propre démarche. Pourquoi je dis cela ? Parce que la question n'est pas, comme on l'a pensé durant des siècles : « Comment est-il possible que Dieu, sous-entendu dont on sait bien *a priori* quel il est : incorporel, immortel et tout-puissant, ait pu se faire homme ? » Pour moi en tout cas, la question est en amont ; elle est devenue, dans la culture actuelle : « Mais qui donc est Dieu pour que nous puissions dire de lui : il s'est fait voir en l'homme Jésus ? », « qui donc est Dieu ? » ou « de quel Dieu parlons-nous donc ? » pour pouvoir dire de lui ce qu'il nous arrive de chanter par exemple dans l'hymne admirable

1. Le Cycle C et l'Institut d'études religieuses sont des formations diplômantes en théologie et en sciences religieuses de l'Institut catholique de Paris.

« Dieu au-delà de tout créé », où l'on affirme ceci : « Toi que nul homme n'a pu voir, nous te voyons prendre ta part de nos souffrances. Toi que nul homme n'entendit, nous t'écoutons, Parole enfouie là où nous sommes. Toi que nul homme n'a touché, nous t'avons pris : l'arbre est dressé en pleine terre. » C'est donc à partir de la croix que la question est posée de la manière la plus radicale.

Et là encore, je reviens sur mon propre itinéraire. Car ce qui m'a conduit à poser la question « de quel Dieu parlons-nous donc ? », ce sont encore une fois les sacrements. Pardon de me répéter : c'est le fait d'être confronté à quelque chose de tellement institutionnel, matériel, corporel qui m'a poussé à me dire : « Mais qu'est-ce que vient faire la grâce de Dieu, ce qu'il y a de plus hautement spirituel, de plus subtil, avec la matérialité de l'eau du baptême, du pain et du vin de la messe, de l'huile de l'onction ? Pourquoi ne puis-je me contenter de demander intérieurement cette grâce à Dieu ? Pourquoi faut-il que je me déplace dans une église et qu'on m'y fasse ce rituel rigoureusement prescrit ? »

Votre question est donc : « pourquoi la liturgie » ?

Oui, c'est bien cela. Tout le temps, la liturgie a été pour moi la butée. Une butée contre laquelle viennent déferler en quelque sorte les vagues de la subjectivité. Car c'est toujours la même question qui se pose : pourquoi ne pas se contenter de l'intériorité ? Pourquoi faut-il passer par le corps et par l'institution ? Mais, là aussi, la question s'est pour moi transformée. Au lieu d'en rester au « pourquoi ? », il vaut mieux se dire : étant entendu qu'il en a toujours été ainsi, c'est-à-dire qu'il y a toujours eu du baptême, de l'eucharistie, etc., dans la foi chrétienne comme l'attestent de nombreux textes du Nouveau Testament, qu'est-ce que cela nous dit donc de Dieu et de la manière d'entrer en relation avec lui ? Qui donc est Dieu pour que la relation à lui dans sa plus haute tenue spirituelle passe par les pieds ?

La butée, c'est le corps. On est là bien évidemment dans l'incarnation...

Philosophie et théologie : que de gros mots !

Absolument ! Et la théologie chrétienne doit être incarnée. Or, une théologie incarnée, c'est une théologie qui va intégrer au plus haut point les sciences humaines et la philosophie. Je commence par la philosophie. J'ai déjà dit l'importance qu'ont eue pour moi les deux grands courants majeurs de la philosophie contemporaine : la phénoménologie et l'herméneutique. La première s'intéresse plutôt, mais c'est une question de nuance, aux choses elles-mêmes, aux objets et aux gestes ; l'herméneutique s'intéresse davantage aux textes. En tout cas, on est sorti de la métaphysique aristotélicienne sur laquelle les grandes *Sommes de théologie* du Moyen Âge étaient arc-boutées.

Par exemple, on ne peut plus se contenter de penser le mystère de la présence du Christ dans l'eucharistie à partir d'une métaphysique de la « substance » et des « accidents », quels qu'en soient les mérites, et même les très grands mérites : j'ai déjà expliqué pourquoi. Mais on va la penser à partir de la *lex orandi* de l'Église : comment l'Église « fait » cette présence, comment elle la « confectionne ». J'emploie le mot confectionner, presque comme pour la confiture, parce que chez saint Thomas et chez les scolastiques, c'est *conficere corpus Christi* : on « confectionne » ou on « fabrique » le corps du Christ, en quelque sorte. C'est très concret. On va donc partir de la considération très concrète qu'il y a une assemblée d'Église (tiens, on n'est pas tout seul dans un coin), qu'on écoute la Parole de Dieu (tiens, cela vient toujours avant la prière eucharistique, jamais après). De même, on va prendre en considération les objets (tiens, c'est seulement du consommable : pain et vin), ainsi que les gestes (tiens, le même pain est rompu ; tiens, on ne se sert pas soi-même, on est servi). Le geste de la fraction du pain, dont j'ai déjà parlé, est quand même un geste majeur. Il nous demande de penser la présence du Christ, disais-je alors, à partir du vide que crée cette fracture, en tant qu'il s'agit d'un vide pour autrui, pour la communion avec autrui : « Un seul pain, un seul corps » (1 Corinthiens 10). Cela, seule la phénoménologie, en tant qu'elle déploie la « vérité » d'un tel geste, nous permet de le penser ; et, c'est cela l'important, de le penser comme expression de la vérité de l'eucharistie. Dès lors, cela parle. J'insiste : tout le problème est de reconnaître que là se dit la vérité même, étant entendu qu'il ne s'agit plus de la vérité abstraite de la tradition métaphysique.

Et l'herméneutique ? Comment intervient-elle ?

L'herméneutique intervient tout le temps. Il faut constamment, pour bien comprendre un texte biblique ou un texte venu de la tradition théologique, le décoder en le mettant en rapport avec la culture de l'époque, puis le transcoder dans notre culture... Interpréter un texte d'une autre époque à partir de notre culture d'aujourd'hui aboutit à un contresens. Avec un brin d'humour, je dirais : pour être formellement fidèle à la loi, il faut parfois lui être matériellement infidèle.

L'herméneutique est donc toujours à pratiquer. Nous en avons une grande expérience au niveau biblique : par exemple, comme je l'ai déjà expliqué, on aurait très bien pu traduire le « Ceci est mon corps » de la Cène par « C'est ma vie que je vous donne ». Mais on a voulu conserver le terme lui-même employé par Jésus. Avantage : cela nous oblige à faire le détour par nos racines juives ; inconvénient : la possible confusion du « corps » avec le simple organisme. On pratique également l'herméneutique pour les dogmes ; on l'a fait notamment pour le grand concile de Chalcédoine de 451[1].

Et les sciences humaines ?

Le passage par les sciences humaines est devenu indispensable. Les sciences humaines, c'est, par exemple, Christoph Theobald dans *Urgences pastorales*, avec un premier chapitre

1. Par exemple, dans les *Questions choisies de christologie* par la Commission théologique internationale en 1979.

qui est purement sociologique. On voit bien ici que la prise en compte sérieuse de ce que l'on peut dire du point de vue sociologique sur l'état de l'Église aujourd'hui dans notre monde occidental est une vraie ressource pour la théologie. On ne peut pas s'en passer. Comment parler des ministères aujourd'hui si l'on ne prend pas en compte la manière nouvelle dont l'état actuel du lien social et de la culture requiert la théologie de remettre en question le cléricalisme et donc de repenser le rapport entre prêtres et laïcs, de même que le rapport entre hommes et femmes dans l'Église ? L'ouvrage d'Anne-Marie Pelletier, *L'Église, des femmes avec des hommes* est à mes yeux un petit chef-d'œuvre sur le triple registre théologique, spirituel et culturel. Pas plus qu'elle, je n'entends aucunement que la théologie devrait être à la remorque de la sociologie, surtout pas ! Mais la dimension proprement théologique de ce genre de question est inévitablement perçue à partir des conditions historiques dans lesquelles la question est posée. Et, dois-je ajouter immédiatement en le soulignant de trois traits, cela n'est pas un mal, tant pourraient le regretter les nostalgiques d'une théologie métaphysique qui devrait s'abstraire de ces conditions pour se contenter d'énoncer des vérités éternelles : c'est au contraire la condition pour que la Parole de Dieu soit « reçue » par nos contemporains. Je retrouve ici ce que nous disions précédemment d'une théologie incarnée et de l'herméneutique.

Les sciences humaines, c'est aussi pour moi la linguistique, et, plus largement, tout ce qui a trait à la philosophie du langage, qu'elle soit enracinée dans la linguistique elle-même, comme chez Émile Benveniste, ou qu'elle en soit plus éloignée comme chez Heidegger, deux penseurs qui ont beaucoup marqué mon propre parcours. En théologie des sacrements, la prise en compte de la dimension symbolique de tout acte de langage a été pour moi une grande révélation. Quand les théologiens du Moyen Âge analysaient les paroles « ceci est mon corps » *(Hoc est enim corpus meum)*, ils s'en tenaient strictement au point de vue logique et au rapport entre signifiant et signifié. Une universitaire reconnue comme Irène Rosier a écrit un ouvrage très savant, *La Parole efficace*, sur les analyses linguistiques des théologiens du Moyen Âge, notamment dans le domaine des sacrements. Elle y a montré combien ces scolastiques, bardés de grammaire et de logique, avaient tout décortiqué des possibilités des actes de langage, jusque dans le moindre détail. On se demande alors : mais comment se fait-il qu'aujourd'hui nous ne puissions pas nous contenter de prolonger leur pensée à ce sujet ? La réponse, à mes yeux, est simple : parce qu'ils n'ont pris en compte que la logique grammaticale, et non pas ce qui compte tellement pour nous aujourd'hui, pour moi, en tout cas : la dimension symbolique de la communication. Par exemple, en répondant à vos questions, je déploie bien sûr une logique dans mes réponses ; mais, en deçà de cette logique, il y a le « moteur » de notre communication : le désir réciproque d'être reconnus et estimés comme compétents dans ce que nous disons. La voilà, la dimension symbolique de la communication, cette dimension qui fait que, dans bien des cas, le contenu logique des propos que nous tenons a bien moins d'importance que le simple fait d'échanger ; parce que, en échangeant, nous existons comme « sujets » dans les regards et les réactions d'autrui. Mais j'ai déjà parlé de tout cela.

Oui, mais nous avons le sentiment que c'est si important dans votre démarche que cela vaut la peine d'y revenir.

J'y reviens en quelques mots. Comme on dit aujourd'hui à la suite de Jean-Louis Austin et d'Oswald Ducros, dans un acte de langage, il y a du locutoire, du perlocutoire et, c'est le plus subtil à saisir, mais pas le moins important, de l'illocutoire. Ce sont là des mots savants, mais ils sont très simples et importants. Je m'explique. Si je vous dis : « veuillez fermer la porte », vous comprenez le sens de ma phrase (c'est le locutoire), vous exécutez ma demande (c'est le perlocutoire comme action), ou bien vous refusez de l'exécuter en pensant : « mais de quel droit me demande-t-il cela ? Je ne suis quand même pas son valet ! » (c'est le perlocutoire au niveau de la pensée ou des sentiments) ; et puis, il y a le fait que, en disant cela, je me positionne comme ayant autorité sur vous : voilà l'illocutoire, c'est-à-dire cette dimension du langage qui exprime le rapport de personne à personne, de sujet à sujet, parce qu'elle situe chacun à sa place. Par exemple, dans l'eucharistie, cet illocutoire est ressenti par chacun pour peu qu'il se dise : « Je compte pour Dieu, j'ai du prix à ses yeux. » N'est-ce pas cela qui s'exprime dans la manière d'ouvrir les mains et de les tendre, ainsi que de répondre Amen ?

Ce que je viens de dire fait comprendre, je crois, que l'illocutoire dépend largement du ton de voix employé, du type de regard ou d'attitude qui accompagne les paroles, au point que le geste ou la mimique peut se substituer entièrement à la parole elle-même. C'est cela qui fait que la communication, « cela nous travaille », comme on dit. Ici et maintenant, je vous parle comme celui qui est interviewé par rapport aux interviewers que vous êtes. Le moteur principal de ce que je vous dis est moins le contenu (même si, bien sûr, ce contenu a de l'importance) que ma demande (non dite, bien sûr, et même non consciente) de paraître compétent à vos yeux, grâce justement à ce contenu ; sinon – et cette expression dit bien ce qu'elle veut dire – j'aurai le sentiment de perdre la face. Quand on applique cela à la théologie, notamment à la théologie de la liturgie, on aboutit à quelque chose de fort. Cela entraîne, par exemple, que je ne peux plus penser « Ceci est mon corps » sans le « pour » relationnel que cet acte de langage implique : « Je compte aux yeux de Dieu, puisqu'en Jésus il donne sa vie pour moi. »

Pour dire l'importance que vous reconnaissez au passage par les sciences humaines en théologie, vous avez évoqué la sociologie, puis la linguistique. Compte tenu de votre parcours, nous sommes étonnés que vous n'ayez pas encore parlé de la psychanalyse.

Ah, la psychanalyse ! Celle-ci n'est certes plus à la mode aujourd'hui comme elle l'a été voici un demi-siècle. J'ai envie de dire à ce sujet : « tant mieux » ! Tant mieux, parce qu'une psychanalyse à la mode se donne des prétentions qu'il lui a bien fallu revoir à la baisse (ah, « l'Allacan » !), et parce qu'elle devient, elle aussi, un objet de consommation, ce qui est tout simplement contradictoire avec sa visée. Pourtant, son point de vue est unique pour comprendre l'être humain. De ce fait, je regrette qu'elle ne soit plus suffisamment prise en compte par les théologiens. Un ouvrage comme celui du psychanalyste et théologien Antoine Vergote, de Louvain, *Interprétation du langage religieux*, publié en 1974, a été décisif pour moi : pour la première fois de ma vie, j'ai lu un discours théologique intelligent qui passait par la psychanalyse de A à Z, tout en ayant besoin d'asseoir par ailleurs ses propos sur l'approche philosophique de Heidegger. J'espère en tout cas que la théologie de demain n'oubliera pas de passer par là.

Pensez-vous que Marie Balmary et Françoise Dolto, en utilisant la psychanalyse, ont apporté quelque chose au discours religieux ?

Oui, Marie Balmary, avec notamment son *Sacrifice interdit* où elle relit la Bible à partir de Freud, ou bien encore « tante Françoise », comme on disait familièrement, avec son *Évangile au risque de la psychanalyse* : ces ouvrages m'ont également marqué, même si c'est à un degré moindre que ceux de Vergote, lequel était plus immédiatement théologien. J'ai évoqué Marion Muller-Collard tout à l'heure : elle ne parle pas de psychanalyse, mais il est évident pour moi qu'elle en a intégré la démarche. Tant et si bien que ses propos théologiques pourraient donner envie à tous les sceptiques de croire en Dieu, si Dieu est comme cela. Ce genre de discours ne met en communion avec Dieu qu'en créant simultanément de la distance par rapport à lui.

N'est-ce pas le rôle de la théologie de maintenir cette distance ?

Les médiévaux savaient aussi maintenir de la distance, utilisant, pour nous faire comprendre que « c'est un peu comme cela », outre la démarche de théologie négative que j'ai déjà évoquée, des termes latins comme *quasi* ou *quodammodo*, ou bien grecs comme *oion*. Ils manifestaient ainsi fréquemment qu'ils n'étaient pas dupes. Pourtant, le passage par la psychanalyse, c'est autre chose ; c'est plus radical, au sens étymologique du terme : cela touche à la racine même du discours. Et cela affecte notamment des domaines auxquels les scolastiques ne pouvaient pas penser comme tout ce qui touche au sacré (sacerdoce, sacrifice, etc. : voir René Girard) et à la culpabilité. Quand, par exemple, la personne du prêtre paraît tellement collée à son ministère (sa « fonction » en terme sociologique), il y a danger : impossible de critiquer la fonction, puisqu'on donne alors le sentiment d'attaquer la personne. En jargon psychanalytique, il y aurait beaucoup de désinvestissement à faire à cet égard.

Outre les sciences humaines que je viens d'évoquer, il me faut mentionner le passage de la théologie par la psychologie de la religion et bien sûr par la science historique. La première a sans doute été trop vite étouffée en France par le succès de la psychanalyse. Quant à la seconde, il ne me semble pas utile de m'y arrêter longuement. La raison n'en est pas qu'elle serait de moindre intérêt : comment comprendre, par exemple, la grande diversité des régimes qu'a connus notre sacrement de la réconciliation sans les mettre en rapport avec les évolutions culturelles et sociales que nous atteste cette science ? On ne peut que se méprendre, par exemple, sur le régime de la pénitence dite « tarifée » si on ne le met pas en rapport avec le droit féodal germanique du Haut Moyen Âge. Le recours à l'histoire n'est donc pas facultatif en théologie. Il y a effectivement bien longtemps qu'on l'a compris. On peut dire qu'il fait partie des acquis en ce domaine : par exemple, la réforme de la liturgie voulue par Vatican II n'aurait jamais pu voir le jour sans les immenses progrès faits en histoire de la liturgie et en patristique tout au long du XXe siècle, et même déjà auparavant.

La théologie comme mode d'être, ou pourquoi Luther est devenu luthérien

Il y a quelques années, le doyen de la Faculté de théologie de la Catho de l'époque, Henri-Jérôme Gagey, disait que la théologie devait être « clinique ». Quel est l'enjeu de cette affirmation ?

La théologie, selon Gagey, doit être clinique au sens où elle a charge d'être attentive à la bonne santé de la foi effectivement vécue par les chrétiens. Il relie cela au fait que la vérité de la théologie n'est pas l'objet d'un simple savoir, comme si on pouvait se situer vis-à-vis d'elle dans un rapport plus ou moins neutre d'extériorité. Cette vérité nous implique ; elle nous implique même tellement qu'elle « s'accomplit », comme il le dit, dans la personne qui l'accueille. Je suis bien d'accord avec cette double idée. Dans votre propre parcours de théologie, vous avez sûrement ressenti la difficulté : celle de maintenir à distance critique une vérité dans laquelle on se sent pourtant pris, sinon il est impossible de progresser, et on ferait de la théologie comme on ferait de la géologie. J'aime particulièrement l'idée d'« accomplissement dans le croyant ». C'est là en effet que doit aboutir la trajectoire de la théologie. Là, c'est-à-dire dans la conformation du croyant à l'objet pascal qu'il confesse.

Selon Heidegger, on ne s'occupe pas de philosophie comme on s'occupe de tas d'autres choses ; on ne « fait » pas de la philosophie, on est philosophe, c'est quasiment un mode de vie, comme c'était d'ailleurs le cas notamment chez les grands philosophes stoïciens ou néoplatoniciens, pour qui la philosophie était devenue une ascèse, un chemin de vie, et pas seulement un chemin intellectuel pour résoudre des problèmes. Cela est également vrai en théologie, et même davantage encore, au sens où elle implique le sujet croyant jusqu'à lui demander d'y « exposer » sa propre vie. Pour des gens comme Karl Barth ou Karl Rahner, mais pour bien d'autres encore, la théologie était vraiment un mode d'existence. Par conséquent, toute question qui leur venait à l'esprit en circulant dans la rue, en lisant le journal ou en regardant la télévision pouvait leur donner à penser quant à son possible rapport avec le Dieu de l'Évangile. À l'inverse, la tentation existe de faire de la théologie un simple exercice intellectuel qui « occupe » du temps en vue d'un diplôme universitaire. Dans l'histoire, peut-être est-ce la période « nominaliste », aux XIVe et XVe siècles, qui a le plus favorisé cette tentation d'une théologie qui se prend à son propre jeu intellectuel. Il se trouve d'ailleurs que la réforme de Luther n'aurait peut-être jamais vu le jour si Luther n'avait pas été formé par la théologie nominaliste de Gabriel Biel. En ce sens, je disais récemment à un collègue protestant : si Luther avait été directement tributaire de saint Thomas, peut-être ne serait-il pas devenu luthérien. Mais on ne refait pas l'histoire.

Oui, il faut que la théologie s'accomplisse dans la conformation du croyant à l'objet pascal (le Christ dans son mystère de mort et de résurrection) qu'il confesse, et cela évidemment au sein de la communauté ecclésiale qui est porteuse de ce mystère. C'est pourquoi, on n'est vraiment théologien que si l'on y est missionné par l'Église. Cette mission « s'accomplit » (décidément, j'aime ce terme) lorsqu'elle permet aux chrétiens qui viennent à la messe le dimanche de s'approprier l'Évangile comme étant vraiment parole de vie pour eux et pour le monde aujourd'hui. En ce sens-là, je rejoins Barth et je rejoins Rahner : l'homélie est peut-être le lieu majeur de la théologie. Si différente de la pastorale qu'elle soit et doive impérativement être, c'est en pastorale que la théologie s'accomplit.

Dans des cultures écartelées, une nouvelle annonce

Vous parlez d'accomplissement ; mais, compte tenu de l'évolution de la société et de la culture, est-ce que l'on ne va pas se trouver dans un écartement tel qu'on n'arrivera plus à faire le pont entre les paroles du Notre Père, par exemple, et le langage d'aujourd'hui ? Et le langage n'est pas le seul concerné...

C'est une vraie question que cet écartement. Aujourd'hui, cela provoque en nous un sentiment pénible d'écartèlement. Autrefois, on y était sans doute bien moins sensible. Certes, il existait un écart considérable entre les sermons du curé de mon enfance, formaté au néothomisme régnant à l'époque, et ce que les paysans de mon village pouvaient en entendre ; mais on n'en souffrait pas, étant entendu que c'était dans l'ordre des choses : les *minores* (les non-théologiens, c'est-à-dire les non-clercs, le peuple) faisaient confiances aux *majores*, puisque ces derniers avaient reçu mission d'en savoir plus que le commun des mortels. On développait même volontiers la thèse selon laquelle la foi des « humbles » était « impliquée » ou « enveloppée » dans celle des savants. Il faut dire que cette mentalité remontait loin dans le temps : « Il y a deux genres de chrétiens », disait Gratien au XIIe siècle, les laïcs appartenant évidemment au genre inférieur. Plus près de nous, en 1906, le pape Pie X affirmait dans son encyclique *Vehementer nos* (j'ai le texte sous les yeux) :

> L'Église est par essence une société inégale, c'est-à-dire une société comprenant deux catégories de personnes : les pasteurs et le

troupeau [...] ; et ces catégories sont tellement distinctes entre elles, que, dans le corps pastoral seul, résident le droit et l'autorité nécessaires pour promouvoir et diriger tous les membres vers la fin de la société. Quant à la multitude, elle n'a pas d'autre devoir que celui de se laisser conduire et, troupeau docile, de suivre ses pasteurs.

Ce genre d'affirmation passerait très mal aujourd'hui. Mais, dans son contexte polémique de protestation contre une France de plus en plus laïque (1905 : la loi de séparation de l'Église et de l'État) on peut comprendre la véhémence du ton. Faut-il d'ailleurs rappeler que l'affirmation forte d'une hiérarchie n'était pas propre à l'Église : elle existait dans toutes les couches de la société (État, classes sociales, école, famille, etc.). Quoi qu'il en soit, l'écart que vous évoquez n'est sûrement pas nouveau. Mais il est sûrement perçu et vécu bien différemment.

Assez différemment en effet : même quand cet écart était grand, tous partageaient un même mode de pensée, qui était finalement assez proche de celui des médiévaux. Alors qu'aujourd'hui, ce sont les codes eux-mêmes qui ne sont plus les mêmes, si bien que l'écart paraît infranchissable.

Vous avez raison de parler de codes. Le problème est bien là, en amont même des mots. Quand il m'arrive de parler à des jeunes, je sais bien qu'ils comprennent les mots que j'emploie, et pourtant, j'ai le sentiment peu agréable d'avoir du mal à communiquer en vérité avec eux. Comme si les mots que j'emploie, les phrases que je fais évoquaient pour eux des représentations autres que les miennes. Voilà bien un effet majeur de notre postmodernité : elle touche à la matrice même où s'engendrent les codes de langage et de comportement. En même temps pourtant, je n'ai pas du tout envie de jouer à « faire jeune ». Du moins, la difficulté que j'évoque me paraît-elle appartenir à la déstabilisation générale de la communication dans tous les domaines. En ce sens-là, je ne panique pas : la foi chrétienne est appelée à habiter cette difficulté et à y grandir en y trouvant un sens. Sans doute est-ce ce qui fait le succès actuel des micro- « récits de vie ». Autrefois, on ne racontait pas sa vie, on répétait la bonne doctrine.

Ce problème de codes que vous évoquez, on le retrouve jusque dans la communication avec des personnes venues d'ailleurs (Europe de l'est, Afrique, Asie). Un slogan tel que « mille cultures, une même foi » est magnifique mais difficile à vivre...

Effectivement, l'écart dont nous parlons, je le ressens également entre les discours que j'essaie de tenir comme curé théologien et le mode d'appropriation du religieux d'un certain nombre de paroissiens venus des « ethnies ». C'est vrai également pour les prêtres venus d'Afrique. Le problème n'est pas celui de la langue : chacun des quatre prêtres africains avec lesquels j'ai partagé la responsabilité pastorale depuis quatorze ans parlait très couramment le français ; j'ai d'ailleurs été fort vigilant à ce sujet, ne supportant pas l'idée que je pourrais laisser subir aux paroissiens chaque dimanche des homélies qu'ils ne comprendraient pas. Ce n'est même pas un problème d'acculturation – à la cuisine française par exemple. Il s'agit de quelque chose de beaucoup plus profond, qui relève de l'inculturation au sens fort du terme ; quelque chose qui touche au « savoir-être », un savoir-être très lié à la culture : je pense, par exemple, au code de comportement dans la manière « démocratique » d'être curé, c'est-à-dire de chercher constamment le consensus au lieu de s'appuyer sur le statut que confère le sacrement de l'ordination pour imposer sa volonté. Et ce, même si l'Église n'est pas une démocratie où la vérité de l'Évangile se mettrait aux voix et où serait ordonné prêtre celui ou celle qui aurait obtenu la faveur de la majorité. Cela, vous le sentez bien, relève fondamentalement de la culture dans laquelle on a été façonné. Or, on ne quitte pas une culture par un simple acte de volonté : elle nous colle à la peau en quelque sorte.

Quant aux paroissiens habités par une autre culture que la nôtre, la plupart sont sensibles d'abord aux gestes (toucher la statue du saint, mettre un cierge, etc.), aux paroles répétées comme dans le chapelet, aux processions organisées avec des symboles religieux bien visibles. Nous avons pu vérifier cela tout récemment lors du centenaire de Fatima : la communauté portugaise était particulièrement nombreuse et fervente (mais aussi les communautés d'origine française, africaine ou antillaise), manifestement heureuse de pouvoir participer à cette forme de « religion populaire » qui parle facilement au cœur de chacun et au sujet de laquelle le pape François a écrit de bien belles choses dans *La Joie de l'Évangile*. Et nous-mêmes n'avons eu aucun mal à vivre quelque chose qui nous ramenait sensiblement vers les manifestations religieuses de notre enfance.

Cela ne signifie évidemment pas que nous souhaiterions revenir à une pastorale de ce type, ce serait sûrement une grossière erreur. Cela signifie qu'il y a place aussi pour cela dans la pastorale en postmodernité. Je crois pouvoir dire sans prétention que, parce que nous avons fait un détour intellectuel suffisant, nous sommes capables, vous et moi, d'accepter sans condescendance que ces personnes vivent leur foi de cette manière et de nous associer avec bonheur à elles. Je le dis souvent : ma grand-mère était aussi croyante que moi, peut-être même davantage ; mais je ne peux plus l'être de la même façon qu'elle.

Mais plus globalement, l'écart entre ce que disent les croyants et ce que dit l'ensemble de la société ne s'accroît-il pas ?

Oui c'est le drame pour moi, celui dont je suis parti dès le début de nos échanges, vous en avez été témoins : ils sont où les « Gaulois » ? C'est à ceux-là que je pense d'abord, c'est-à-dire à ceux qui partagent la même réserve critique que nous à l'égard des discours établis, que ce soit dans le domaine religieux ou ailleurs. Personnellement, je suis habité par la conviction de la « vérité » de l'Évangile et j'ai vraiment le désir de la leur faire partager. Il m'arrive au cours d'une homélie de me laisser aller à une exclamation du genre : « Si Dieu c'est cela, alors vive Dieu ! Si la religion c'est cela, alors vive la religion ! » Je suis convaincu en tout cas que l'écart sur lequel vous insistez à juste titre est largement lié à une méconnaissance de ce qui est en jeu dans l'Évangile. Et c'est précisément en vue de cette redécouverte de l'Évangile qu'est requis le passage de la théologie par les sciences humaines et la philosophie contemporaine.

La théologie ne perd rien de la rigueur scientifique qui doit être la sienne à se faire beaucoup plus existentielle. Elle peut alors, sans artificielle sentimentalité, mettre en valeur le mot « Dieu » comme un mot « joyeux » (Karl Barth), et la foi en lui comme « bonne nouvelle » de salut. Évidemment, je ne me fais aucune illusion, autant il est assez facile de nouer un vrai dialogue à ce sujet avec les personnes, dans le cadre d'une préparation au baptême, au mariage ou à des obsèques, autant est ponctuelle leur adhésion : le travail de sape qu'a fait la sécularisation ramène presque inévitablement la distance ensuite. Mais qu'importe, ai-je envie d'ajouter : des rencontres de ce type ont valeur par elles-mêmes, pour ce qu'elles permettent de liens sur de l'essentiel entre les interlocuteurs, pour la « foi élémentaire » (Christoph Theobald) qu'elles permettent d'activer. Dans bien des récits évangéliques d'ailleurs, Jésus exprime son admiration pour des personnes qui ne sont pourtant pas « dans les clous », telles la Cananéenne qui se contente des « miettes » de la religion juive, miettes qui sont pourtant bien encore du pain ; ou bien encore la femme hémorroïsse qui, même à travers un geste de type magique, manifeste une immense confiance en Jésus, une confiance qui lui donne l'audace de sortir devant tous, libre, dirions-nous aujourd'hui, des préjugés dont elle était l'objet.

Quelles conséquences sur la pastorale ?

Par rapport à la pastorale d'autrefois, où l'on n'avait pas besoin de nouer le dialogue parce que tout le monde était censé connaître l'Évangile, celle d'aujourd'hui est sûrement plus complexe, mais plus riche aussi : comme prêtres ou comme laïcs, nous sommes presque constamment en situation de première annonce, ou de première ré-annonce. Décrispés par rapport au résultat, puisqu'il ne s'agit pas de convaincre l'autre par des arguments théologiques ou moraux ; simplement, laissant à Dieu le soin de faire porter du fruit à ce que nous avons essayé de semer. Dans cette posture intérieure et spirituelle, au lieu de se lamenter sur le fait qu'ils ne viendront pas pour autant à la messe, on éprouve au contraire du bonheur à avoir rencontré des personnes et à avoir pu réciproquement grandir humainement et spirituellement grâce à l'objet de la rencontre : l'Évangile de Dieu.

La conclusion des conclusions : les ressources de l'Évangile

Finalement, qu'est-ce que vous pensez de la façon dont la théologie se pratique concrètement en France ou dans d'autres pays aujourd'hui ?

Je crois que la théologie, partout où elle est confessante, est bien dans son rôle : c'est clairement le cas à la Catho, au Centre Sèvres et, je pense, un peu partout en France. Ceci étant, à la Catho de Paris, l'intégration de la phénoménologie, de l'herméneutique et des sciences humaines demande à être maintenue. Il faut un effort vigilant à ce sujet car, me semble-t-il, on a un peu décroché dans ces matières. Mais je me dis parfois que c'est peut-être là un esprit d'ancien combattant, ce qui est toujours dangereux. L'époque a changé. Je suis de l'époque où l'on venait de découvrir en théologie l'importance du tournant linguistique ou du tournant psychanalytique. Les étudiants, dans les années soixante-dix, attendaient que mes cours de théologie des sacrements soient nourris par la linguistique, la ritologie, les réflexions de René Girard sur le sacrifice, etc. Ma thèse, *Symbole et sacrement*, en 1986, est d'ailleurs le fruit de tout cela. Nous avons changé d'époque, c'est normal. Mais je crains qu'on ne fasse aujourd'hui un peu trop l'économie de ce bénéfique décapage qu'offrent les sciences humaines.

Si les grands « systématiciens » en théologie du siècle dernier (Barth, Rahner, Balthasar) demeurent évidemment des incontournables, ils ne peuvent plus représenter, à mon sens, la fine pointe de la théologie aujourd'hui. Des recherches comme celles de Christoph Theobald ou d'Henri-Jérôme Gagey me paraissent beaucoup plus pertinentes. Je précise tout de suite que l'un et l'autre élaborent une théologie vraiment confessante, où l'Évangile constitue la référence majuscule constante. Je le dis notamment à propos de l'ouvrage de Theobald, *Urgences pastorales*. Son regard est particulièrement large ; si large que certains l'ont soupçonné de n'être pas assez chrétien. Or, c'est justement l'inverse : si son regard est si ouvert, c'est en raison de l'ouverture trinitaire de Dieu, ouverture qui se concrétise pastoralement dans les rencontres de Jésus selon l'Évangile. L'auteur ouvre tout simplement à un changement de paradigme, comme on aime à dire aujourd'hui, quant à l'intelligence théologique du rapport du Dieu de l'Évangile avec le monde dans notre société postmoderne (diversité des cultures et des religions, individualisme et singularité de chaque récit de vie, auto-compréhension de l'Église et de sa mission) et, par conséquent, quant à la pastorale. Le livre est préfacé à partir d'un obscur petit village du fin fond de la Creuse où Theobald passe quelques semaines pastorales : j'aime que ce soit justement la pastorale concrète qui, chez ce grand intellectuel, paraît commander l'ensemble de la démarche théologique. Il en va de même, quoique sur un autre plan, chez Gagey, tellement soucieux d'entrer en dialogue avec les grands courants actuels de pensée, notamment avec ce que j'ai appelé au début de nos entretiens le courant LCM (« le christianisme, merci ! »). Ainsi, dans son livre *La Vérité s'accomplit*, il discute avec les positions de Luc Ferry (hélas, la réciproque ne semble pas se vérifier, nous sommes en France), animé par la conviction de départ que la foi chrétienne nous donne des « ressources », terme qu'il affectionne, pour penser les questions contemporaines. Voilà bien un point qui me paraît important aujourd'hui : pouvoir montrer en effet que si la foi chrétienne doit se laisser secouer par la raison critique contemporaine, elle offre aussi, en retour, des lumières pour la raison.

Ce mot de « ressources » pourrait être la conclusion de la conclusion. C'est ce que fait Jean-Marc Ferry (pas Luc) dans *La Lumière des Religions* : il essaye de montrer comment la religion est un plus, du point de vue strictement philosophique, pour pouvoir penser la société aujourd'hui. Là où le discours largement dominant est de dire « la religion, c'est obscurantiste, source de violences, etc. », voilà que nous pourrions en redécouvrir les lumières. Le christianisme ne serait sûrement pas en reste à cet égard.

ÉPILOGUE

Finalement, nos entretiens répondent-ils au point d'interrogation du titre que nous leur avons donné : *Dieu : un détour inutile ?* C'est évidemment au lecteur d'en juger...

Pour ce qui me concerne, je tiens que Dieu est par-delà l'utile ou l'inutile, mais que le détour par lui change pourtant bien des choses...

Ma première affirmation est liée à ce que si le christianisme, comme toute religion, a de multiples utilités, notamment d'ordre psychique (assurance par rapport à l'au-delà, gestion de la culpabilité) et d'ordre social (régulation des mœurs, festivité, etc.), Dieu, en revanche, fait office d'idole dès qu'on prétend se servir de lui pour cautionner une vision du monde, légitimer un ordre politique, garantir une bonne conscience. Comme l'a si bien écrit Marion Muller-Collard dans *L'Autre Dieu*, il n'y a pas d'« enclos » pour Job. Sa foi en Dieu et ses efforts pour bien agir ne l'ont protégé de rien. Il faut bien reconnaître que défaire ainsi l'idole, faire le deuil d'un Dieu dont nous pourrions nous servir demande une conversion jamais achevée parce qu'elle touche à la racine même de notre désir... Mais la bonne nouvelle, c'est que Dieu, tel qu'il s'est ultimement révélé en Jésus, est si humain dans sa divinité même qu'il nous accueille quand même : notre « justice », c'est le Christ.

C'est précisément pourquoi le détour par ce Dieu change bien des choses. Certes, ce détour n'« explique » rien, surtout pas la souffrance de tant et tant d'innocents. Il n'est pas nécessaire pour vivre, jusqu'à l'héroïsme parfois, des valeurs de justice, de responsabilité, de générosité, ce dont témoignent bien des personnes qui ne sont pas chrétiennes, ni même croyantes. Il vaut certes la peine de rappeler que ces valeurs ont été largement développées et inculturées par le judéo-christianisme, mais cela ne change rien à ce qui vient d'être dit, et qui est de l'ordre du simple constat. Mais, là encore, l'Évangile est bonne nouvelle. Il l'est en ce que le double commandement d'amour pour Dieu et pour autrui qui commande, par principe même, tout le reste et, plus encore, le fait que, au bout du compte, ait pu émerger l'idée, enracinée dans le destin de Jésus, que « Dieu est Amour », demande à celles et ceux qui s'en réclament la plus belle attitude qui soit : non seulement la non-récupération d'autrui au bénéfice de la cause chrétienne, non seulement la tolérance, mais l'admiration et l'action de grâce. En vérité tous ceux-là, si nombreux, ne sont « pas loin du Royaume de Dieu », pour reprendre ce jugement de Jésus à propos du scribe (Marc 12,34). « Pas loin de... » : je l'entends au sens d'une litote, comme on dit « c'est pas mal » à quelqu'un dont on admire l'œuvre et « ce n'est pas complètement stupide » à un autre qui vient de faire une remarque pertinente.

Mais alors, c'est toute la vie qui s'éclaire d'une lumière nouvelle. Les chrétiens qui, concrètement, m'inspirent le plus sont ceux, qu'ils soient laïcs, prêtres ou religieuses, qui baignent en quelque sorte dans l'action de grâce. Ce n'est pas un simple slogan que le titre donné par le pape François à son Exhortation Apostolique *La joie de l'Évangile*. Reconnaître que chacun peut être rejoint par le Dieu de l'Évangile au plus intime de son existence, ce n'est assurément pas secondaire. Cela vous change le regard, cela vous change la vie. « Heureux les hommes au cœur pur, ils trouvent Dieu en toute chose » : j'affectionne particulièrement la traduction de cette béatitude.

Et c'est là sans doute que le détour par Dieu s'avère « plus qu'utile » ! Plus qu'utile, car toi qui soignes patiemment tes vieux parents, toi qui donnes de ton temps pour animer le club de foot que fréquentent les enfants du quartier, toi qui as engagé le meilleur de tes compétences au service des habitants de ta cité, toi qui prends le temps d'écouter tes enfants ou tes petits-enfants, etc., tu n'as certes pas besoin de Dieu pour vivre ainsi... Pourtant, comme le dit Jésus dans l'Évangile, « tu n'es pas loin du Règne de Dieu » et tu vis sans doute quelque chose de ce que le pape François appelle joliment « la sainteté de la porte d'à côté ». Et moi, chrétien et prêtre, cela me réjouit de voir l'œuvre de Dieu en toi et à travers toi.

Alors, la vie change de couleur et je rends grâce, et je me dis, une fois encore : « Si Dieu, c'est ça, vive Dieu ! Et si la religion, c'est ça, vive la religion ! »

Au bout du compte, n'avez-vous pas envie de dire avec moi quelque chose comme : « L'Évangile, c'est drôlement bien ! » ?

TABLE DES MATIÈRES

Composition : Nord Compo

Achevé d'imprimer en septembre 2020
sur les presses de la Nouvelle Imprimerie Laballery
58500 Clamecy
Dépôt légal : juin 2020
Numéro d'impression : 009193

Imprimé en France

La Nouvelle Imprimerie Laballery est titulaire de la marque Imprim'Vert®